문화의 역동성과 신화

Cultural Dynamics and Myth

1판 1쇄 발행 | 2009년 7월 10일
1판 2쇄 발행 | 2010년 2월 10일
지은이 | 표정옥
펴낸이 | 홍덕률
펴낸곳 | 열린길
경북 경산시 진량읍 내리리 15
전화 053) 850-8661~4 | 팩스 053) 850-5669
http://press.daegu.ac.kr/
등록 | 2007년 4월 19일 제2007-3호
찍은곳 | 남경기획
ISBN 978-89-959583-7-7-04300
정가 | 10,000원

문화의 역동성과 신화

Cultural Dynamics and Myth

표정옥 저

프롤로그

– 움직이는 문화의 공감대를 찾아서

문화는 마치 살아 움직이는 유기체처럼 유동적이다. 가만히 그 흐르는 물결을 들여다보면 지나가는 많은 문화의 담론들이 보인다. 그 중 그 시대의 자장에 가장 부합되는 담론들은 마치 자석에 붙는 쇳가루처럼 그 시대의 문화의 바닥에 우둘투둘하게 다양한 모양의 퇴적물로 남는다. 그런 퇴적물들을 하나하나 들쳐보는 지적 여행은 현대를 살아가는 문화인의 커다란 즐거움이 아닐 수 없다. 나는 운이 좋게도 이러한 소소한 작업을 그동안 강의실에서 대학생들과 함께 나누었다. 처음에는 어떤 것을 공부할지 막막해하던 학생들도 어느새 이 시대를 살아가는 신화인임을 스스로 확인하는 작업에 몰두한다. 그러니까, 이 책은 최근 몇 년 동안 강의실에서 학생들과 함께 나눈 이야기들의 일부를 추려서 읽을 수 있게 정리한 것이라고 할 수 있다.

문화의 담론에 관심을 가지게 된 것은 포스트모더니즘의 이론가들을 접하면서라고 감히 말할 수 있을 것이다. 타자 사이의 장벽을 허물기 위하여 혹은 중심부와 주변부 담론의 가역성을 논하기 위하여 자크 데리다와 미셸 푸코를 만났다. 타자에 대한 논의를 펼쳤던 푸코는 정신 분석학과 문화 인류학, 철학의 영향을 받았기에 푸코를 이해하기 위해 나 역시 인류학과 정신분석학과 철학을 이해하려고 했고 얼마간의 미숙한 이해를 학생들과 나누려고 했다. 움베르트 에코가 〈장미의 이름〉에서 보여준 방대한 직물 같은 이야기는 나의 문화적 초보의식에 질타를 가했고, 어쩌면 한편으로는 천부적 재능이 없는 나에게 많은 자신감과 힘을 주기도 했다. 수많은 텍스트들을 섭렵한 후에 그것들을 이용해 다시 쓰기의 창조적 과정을 거친 에코는 천부적인 자질을 가진 자만이 학문을 하고 글을 쓸 수 있다는 지금까지의 천부인권적인 재능주의에 알게 모르게 주눅들어온 나에게 학문에 대한 열정이 그러한 미덕을 얻을 수 있게 해 준다는 단순한 진리를 알려주었다.

내가 학생들과 가장 역동적으로 만날 수 있었던 것은 바로 신화라는 물결을 만나면서였다. 그리고 기호학과 서사학이라는 노를 가지고 종교학, 인류학, 철학, 문학 등의 돛을 펴고 거친 풍랑을 간신히 건너 조금씩 큰 바다로 항해하려고 했다. 가끔은 학생들과 토론하면서 그 배는 좌초되기도 하고 가끔씩은 성공적인 순항을 이루어내기도 하고 가끔씩 나침반을 잃어 망망대해에서 길을 잃을 때도 있었다. 그때마다 힘이 되 준 지남거 는 학생들의 열정이었다. 나는 항해하는 배에 겁도 없이 문화라는 깃발을 달고 문화 콘텐츠라고 이름 붙여진 많은 짐들을 실었다. 어떤 학기에는 영화만을 신화라는 배 안으로 가져오고, 어떤 학기에는 애니메이션이라는 것을 신화의 배에 건져 올리고, 어떤 학기에는 게임과 놀이라는 테마를 신화의 배에 올리고, 심지어 어떤 학기에는 광고, 드라마, 개그 프로 까지도 거침없이 올려놓았다. 그리고 어린이들의 문화에 생소하고 관심도 없는 대학생들에게 미래의 부모가 되면 알아야 한다는 이상한 논리를 펴면서 우리 시대의 포스트모던 사상을 담은 전복적 내용의 동화까지 그 배에 싣는 것을 서슴지 않았다. 또 어떤 여름 계절 학기에는 현대 동시대 젊은 작가들의 단편 소설들을 신화라는 퇴적물로 읽어보라고 유도했다. 그리고 이제 나는 심지어 고정적인 텍스트가 아닌 축제라는 유동적인 텍스트까지 신화라는 배에 싣기로 했다. 그래서 몇 년 전에 나를 거치고 간 학생들을 길에서 만나면 그들은 항상 묻는다. 이번 학기에는 무엇으로 재미있게 항해를 하시나요? 라고. 그런 질문을 받을 때면 좀 쑥스러워 진다. 너무 좌충우돌했던 그 당시 강의실 안의 광경 때문일 것이다. 사실 나는 가르쳤다는 표현보다는 함께 배웠다는 표현이 맞을 것 같다.

신화라는 배로 역동적인 문화의 바다를 건너는 것은 참으로 매혹적인 학문의 작업이다. 왜냐하면 이러한 작업은 지식의 고고학을 밝혀내는 지적 탐험이기도 하고 거대한 이야기의 세계와 만나게 되는 이유이기 때문이다. 현대 사회는 지구촌이 네트워크화 되는 구조이기 때문에 한 공간의 이야기와 사유가 매우 개방적이고 유동적으로 글로벌화된다. 얼마든지 알고자 하면 해답에 찾아갈 수 있는 방법이 너무나 다양하다. 이러한 현대 사회의 혜택을 누리면서 나는 감히 전 세계의 신화 이야기를 모두 즐긴다. 수메르 신화에서부터 중국 신화, 이집트 신화, 그리스 로마신화, 북유럽 신화, 인도 신화, 인도네시아 화양 신화, 중국 소수민족의 신화, 일본 신화, 시베리아 신화, 아이누 신화, 에다 신화, 아프리카 신화, 바이칼 신화 그리고 우리의 민간 신화까지 신화라는 이름의 이야기들을 탐독하는 지적 유랑을 즐긴다. 그리고 그것들을 늘 분류하고 내용의 유사성을 따지고 차이점을 따지고 그것의 현대적 의미를 되새겨 보는 것을 좋아한다. 유형화 시키면서 나는 세상을 해석하는 나만의 방법들을 하나씩 체계화 시키고 있는 것이다. 가끔씩, 세상의 모든 사물에는 이야기가 있다는 사고를 나의 아이들에게 알게 모르게 펼쳤던 모양이다. 어느 날, 식탁에 앉은 아이는 숟가락과 젓가락 신화를 이야기해 달라고 한다. 그럴 때면 나는 존재하지 않은 젓가락 신화와 숟가락 신화를 창조 신화와 영웅 신화로 급조해서 세상에 존재하지도 않는 가짜 신화를 이야기해준다. 무척 진지하게 들을 만큼 아이들은 아직 나의 거짓말에 반문하지 않는다. 그러나 거짓말을 했다는 죄책감은 가지지 않아도 된다. 신화는 어쩌면 거짓말을 통해 진실을 알려주는 이야기 공간이 아니던가.

신화에 더더욱 매진할 수 있는 것은 아마도 영상매체의 발달에 톡톡히 빚을 지고 있다고 말 할 수 있을 것이다. 과거에는 상상 속에서만 떠돌던 이야기가 이제는 눈앞에서 현실처럼, 아니 현실보다 더 생생하게 펼쳐지고 있으니 말이다. 가끔 우리는 현실의 삶이 가상의 삶이 아닐까하는 착각을 하기도 한다. 마샬 맥루한이 펼친 미디어론과 이미지론은 현대의 영상 세대를 이해하는 단초가 되고 있다. 하지만 우리는 맥루한에 못지 않게 그와는 반대방향에서 미디어의 역할을 논한 장 보드리야르의 시뮬라시옹의 세계에 깊은 공감을 보내게 된다. 짐 케리 주연의 영화 〈트루먼 쇼〉는 인식의 전환을 가져다주는 획기적인 이야기이다. 우리가 살고 있는 현실이 가짜의 드라마 속의 삶은 아닐까. 영화 〈매트릭스〉는 거기에서 한발 더 나아가 현실과 환상의 세계가 전화벨 소리로 교호한다. 그리고 어떤 세계가 현실적인지 가상의 세계인지 보는 사람들을 혼동시킨다. 이제 현대인들은 현실의 담론에 열을 올리는 것이 아니라 가상의 시뮬라시옹의 세계에서도 싸우며 부대껴야 하는 것인가. 슈퍼 개라는 특이한 주인공을 다루고 있는 애니메이션 〈볼트〉에서 볼트라는 개는 헐리우드 세트장 안에서 자신이 진짜 초능력을 가진 개라고 착각하고 산다. 현실의 세계에 나온 볼트는 초능력이 사라진 자신을 보면서 심한 자기정체성의 혼란을 겪는다. 오늘날 우리가 현실과 가상의 경계를 구분할 수는 있는 것인가.

나는 이 책에서 신화라는 이야기에서 느껴지는 삶의 진리들을 현재 유통되는 문화에 적용해서 살펴보려고 애를 썼다. 현실과 신화의 경계, 알파걸과 양성성, 선과 악의 기호작용, 하이브리드 상상력, 수수께끼 구조, 트랜스 컬쳐의 교차적 상상력, 호모 루덴스와 트릭스터, 문화의 자기 반영성, 이미지와 메타언어, 생태학과 신화 상상력, 이분법적 신화 상상력, 트라우마와 가면놀이, 영웅의 신화 구조, 유토피아와 디스토피아, 자기 찾기의 신화, 디아스포라의 공감 등 다양한 테마로 신화와 문화를 이야기해볼 것이다. 나의 이야기에는 나와 만났던 학생들과의 수많은 교감이 스쳐간다. 이 책은 그들에게 빚 진 바가 크다. 나의 이야기를 들어주고 함께 동참해주고 또 그들이 느끼는 것을 볼 수 있게 해주었기 때문이다. 다시 고마움을 전한다. 그리고 엉뚱하고 끝없는 질문으로 항상 나를 당혹하게 하는 귀여운 아들들에게 고마움을 전하며, 엉뚱한 답을 찾는 나를 향해 조용히 웃어주는 남편에게도 늘 고맙다. 세상에 여전히 미숙한 나는 엉뚱한 질문에 대한 작은 단서조차도 내가 몰두하는 이 좁은 학문의 세계에 기댈 수밖에 없다.

마지막으로 이 책의 출판을 선뜻 허락해 주시고 적극적으로 지원해 준 대구대학교 출판부에 감사드린다. 특히, 대구대학교 양진오 선생님께 깊은 감사를 드린다.

• 차　례

II. 호모 루덴스

III. 호모 뮈토스

V. 공감과 치유

Ⅰ. 경계와 탈경계

1장 현실세계의 신화작용

1. 신화세계의 현실체험, 현실세계의 신화작용

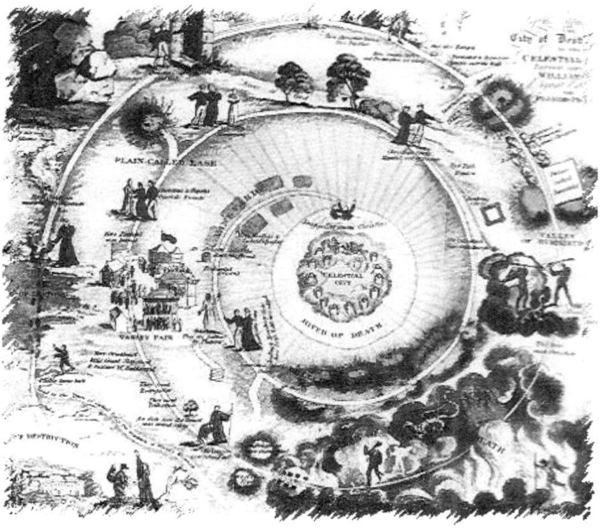

세속과 하늘나라 사이의 인생여정을 순환적으로 보여주고 있다.

우리는 가끔 현실의 원리를 신화의 사유 속에서 읽어내곤 한다. 특히, 삶과 죽음의 필연적인 운명을 신화의 기호작용으로 우리의 삶 속에 의미화 시키는 것을 반복한다. 그러한 신화의 의미작용은 현실의 원칙을 더욱더 확고하게 해준다. 사람들은 사랑, 삶, 죽음 등 인간의 힘만으로는 해결하기 힘든 난해한 문제들을 신화적 상상력에 기대어 해결하려는 나약한 존재들에 불과하다. 일찍이 사랑하던 아내를 잃어버렸던 오르페우스는 신들을 감동시키는 데는 성공했지만 자신과 아내의 운명을 바꿀 수는 없었고, 자신의 부인을 데리러 저승에 갔지만 아내의 추악한 모습을 보고 난 후 도망을 쳐버리는 일본 신화의 이자나기신은 인간의 나약함을 읽게 해주는 기호작용을 한다. 금기는 신들을 위해 존재하지 않는다. 오로지 인간의 나약함을 저울질하기 위해 존재할 뿐이다. 판도라와 프시케의 호기심은 욕망이라는 금기의 줄에 걸려 좌초된 원형적 인물들이며 아라크네와 다이달로스는 자신의 재주라는 교만한 금기 줄에 넘어진 인물들이다. 그렇다고 모두 다 인간이 신의 금기에 굴복한 것은 아니다. 생명의 약수를 구하러 떠난 한국 신화의 바리공주는 저승에 가서 성공하는 인물로서 자신의 죽은 아비를 살려내는 역할을 한다. 하지만 그녀의 약수 구하기는 험난하기 그지없는 여정이다. 그런데 이렇게 이승과 저승의 분화된 상상력이 철저하게 현실 원칙에 의해 존재한다는 것은 매우 흥미롭다. 인간들은 천상과 지상으로 이분화 되어 버리는 공간에 일종의 공포심을 가지고 있는 듯하다. 여기 아니면 저기라는 철저한 이항대립의 기호작용은 인간의 인식구조에서 쉽게 일어나지 않는다. 우리는 이것도 아니고 저것도 아닌 영역을 마치 보험처럼 간직하고 싶어 한다. 왜 우리는 이러한 모호한 영역을 설정하고 거기에서 위안을 얻고자 하는가.

삶과 죽음이라는 이분화는 인간들에게 공포를 제공한다. 그렇기 때문에 인간은 습관적으로 '정을 떼는' 과정을 수반한다. 삶에서 정이 떨어져야 죽음으로 가는 것일까. 사람들 관계도 마찬가지다. 사랑이었다가 이별인 법은 없다. 늘 사랑도 아니고 이별도 아닌 모호함의 영역에서 무수한 시련의 통과제의 시간과 리미널리티의 시간을 겪어야 한다. 그리고 어떤 사안에 대해 결정하는 것은 오롯이 인간의 몫이다. 죽음이든지, 삶이든지. 사랑이든지, 이별이든지, 행복이든지, 불행이든지. 우리에게 삶은 언뜻 보기엔 명확한 이분화의 영역으로 보일 지도 모른다. 그런데, 생각해보라. 신은 우리를 아무렇지도 않게 경계를 넘나들도록 허락하지 않는다. 우리는 역사처럼 언제나 이곳에서 저곳을 향하는 중간단계를 거쳐야 한다. 그 중간단계에서 일어나는 것은 철저하게 현실의 실존원리를 따른다. 인간이 실존적 존재라는 것은 아마도 이러한 것을 두고 말하는 것이리라. 〈반지의 제왕〉에 등장하는 중간계가 실제로 있다면 우리는 현실을 어떻게 받아들일까. 〈헤리포터〉에서처럼 9와 3/4의 승강장 기둥으로 연결된 중간세계가 존재해서 우리가 호그와트 마법학교와 같은 곳에 간다면 어떨까. 우리나라의 영화 〈중천〉은 바로 인간의 세계와 신의 세계 사이에 존재하는 중간계에 대한 이야기이다. 중간계는 신의 원리와 인간의 원리가 겹치는 지점이다. 그런데 우리는 반 신화와 반 인간세계에서 신의 원리보다는 역시 현실의 원리와 동일한 체험을 하게 된다는 것을 알게 된다. 〈중천〉은 바로 현실의 욕망들이 조금도 사라지지 않는 곳이었다. 중천이란 공간은 죽은 영혼들이 환생을 위해 49일간 머무는 중간 단계의 공간이라고 한다. 이 중천이라는 중간계에서 일어나는 현실원리는 어떤 것이 있으며 우리는 그러한 현실 원리로부터 무엇을 생각해야 하는가.

영화 '중천'이 그리는 중간세계.

중천은 죽은 사람의 영혼이 저승으로 가기 전에 49일 동안 7일씩 7개의 공간에 머무르며 저승으로 가기 위한 7단계를 거치는 중간계의 공간이라고 한다. 영화 속에서 나오는 공간은 7개의 공간을 포함해서 좀 더 많은 공간이 나온다. 중천마을, 탄취탕, 차명정, 참선의 마을, 참선관, 수로마을, 이승의 거리, 창부신 정자, 위령수, 천기관 등이다. 중천의 공간에서 현실의 원리가 두드러지는 특이한 공간이 이승의 거리와 천기관이라는 곳이다. 이승의 거리는 이승의 일을 잊지 못하는 사람들을 위해 만들어졌고 천기관은 반추의 무리와 수만명의 원귀가 장악하고 있는 악의 세계이다. 현실의 원리란 인간의 선악이 교차하는 것을 두고 이르는 말일 것이다.

중천의 세계에는 영혼의 기운인 음기가 흐른다. 양기를 가진 생인에게 음기가 스며들면 생인은 조금씩 힘을 잃고 소멸해서 환생할 수 없다고 한다. 중천에는 인간의 기억을 지우고 해탈한 존재인 천인이 살고 있는데, 이들은 중천의 질서를 유지하고 영혼들을 제도하는 역할을 부여받는다. 영화 속에서처럼 중간 세계인 중천에서 49일 동안을 인간이 거쳐야 한다면 어쩐지 좀 우울한 생각마저 든다. 중천에 작용하는 현실원칙이 현실보다 더 현실적이라는 생각이 들기 때문이다. 현실과 천상의 경계 영역인 중천은 빅터 터너의 용어로 본다면 리미널리티의 세계인 것이다. 우리는 이 리미널리티의 세계에서 현실의 짙은 그림자를 찾아볼 수 있는데, 그 중 가장 중요한 개념은 선과 악의 양성성이라는 점이다. 중천의 세계에서 영채목걸이를 물려받고 최고의 지도자가 된 소화는 그야말로 약한 인간의 모습이다. 소화는 이승에서의 기억을 잊어버렸지만 그녀의 무의식에는 아직도 인간의 본성이 가장 많이 남아있다고 한다. 그만큼 인간을 사랑하는 마음이 남아있다는 이야기이다. 결국 인간이 그리는 신들의 모습이 인격신일 수밖에 없다는 논리가 나온다. 소화는 현실세계에서 연화로 나오는데, 그녀는 전염병에 걸린 사람을 구해준 것 때문에 귀신을 부른다는 누명을 쓰고 죽음을 당한다. 그녀는 사랑하는 연인 이곽을 두고 죽게 되고 중천에 잘못 들어온 생인 이곽을 알아보지는 못하지만 뭔가 가슴속에서 그를 특별하게 맞이하는 자신을 느낀다.

이 중천이라는 곳의 현실원리는 선과 악이 현실세계처럼 똑같이 공존하고 끊임없이 그 둘이 갈등을 빚는다는 것이다. 선의 대표적 수호자가 천인 소화라면 악인은 반추라는 인물이 중천의 한부분인 천기관에 머무르고 있다는 것이다. 반추는 소설가 이상의 수필 〈권태〉에서 생각을 반추한다는 의미로 자주 활용하고 있는 단어다. 그런데 악인의 이름이 반추라면 무엇을 계속해서 되새김질하면서 기억한다는 것일까. 반추의 기억을 따라 가보자. 그는 이승에서 왕족에게 아내가 강간당하는 불행한 기억을 가지고 있다. 그래서 사랑했던 것을 떠올린다는 것만으로도 그는 고통을 느낀다. 그래서 반추에게는 기억이 바로 고통인 것이다. 그러나 기억을 잃어버린 소화에게 창부신은 모든 사람들이 순수한 기억을 떠올리는데 그것은 사랑이라고 말한다. 인간은 사랑을 통해 희망을 가지고 더 나은 세상을 만들고자 하는 것이다. 소화가 사랑했지만 중천의 공간에서는 기억을 못하는 연인 이곽은 이승에서 반추의 부하였다. 그리고 반추의 부하들은 모두 이곽과 의형제를 맺었던 형제지간들이다. 그러나 반추가 중천의 세계에서 얻고자 하는 영채목걸이는 소화에게는 중천의 세계를 지키는 상징적인 수호물인 것이다. 중천의 세계 질서를 지키는 수호물이 이승의 질서를 무너뜨릴 수 있는 거대한 파괴력을 함께 가진다는 것이다. 절대선과 절대악은 어쩌면 야누스의 얼굴인지도 모르겠다. 미르치아 엘리아데의 선과 악의 양성성이 바로 이 부분에서도 읽혀진다. 절대악도 절대선도 존재하지 않는 것은 어쩌면 이들이 매우 밀접한 관련을 가지고 있다는 역설이 되지 않을까.

중천의 세계에서 실현되는 현실의 원칙은 선과 악의 개념에만 한정되지 않는다. 천인의 능력이 매우 인간적이라는 점과 천인이 인간의 애증관계에서 자유로울 수 없는 인격신이라는 점, 사랑을 위해 인간인 이곽이 중천의 세계를 지키는 영웅성을 발휘한다는 점 등은 영화 〈중천〉에서 찾아볼 수 있는 현실원리들이다. 그렇다면 우리는 이 영화를 통해 현실의 세계에서 찾아볼 수 있는 신화작용을 유추해 볼 수 있지 않을까. 어쩌면 중천의 49일이 현재를 살고 있는 현재인들의 시간과 공간이 아닐까. 중천의 세계는 바로 현실의 세계인 것이다. 사랑하는 사람들을 위해 기억을 간직하고 또 선한 사람이 악한 마음을 가지게 되기도 하고 사랑하는 마음이 받아들여지지 않아서 마음아파하기도 하는 현실이 바로 중천의 세계와 하나도 다르지 않다. 소화는 결국에 천인이지만 인간이 느끼는 따뜻한 가슴을 느끼기도 하고 이승의 기억을 떠올리기도 한다. 결국 신화라는 것은 현실과 다르지 않는 이야기를 했을 때 그것의 진정성을 획득하는 것이다. 우리는 자신의 사랑하는 친구인 엔키두를 잃은 길가메쉬가 영생을 얻고자 깊은 바다의 심연까지 가서 불로초를 얻지만 허무하게 뱀에게 빼앗기는 것을 보면서 우리는 신화의 이야기에서 냉정한 현실의 원리를 읽어가는 것이다.

영화 '마법에 걸린 사랑'에서 맨홀을 통해 동화 속 인물이 현실로 나오다.

신화의 세계와 현실의 세계의 중간계로서 동양의 중천이라는 공간을 들여다보았다. 그런데, 동화의 세계에서 펼쳐지는 신화의 세계와 현실의 세계는 어떻게 연결되면서 이해될 수 있을까. 동화와 현실의 중간 문은 어쩌면 미야자키 하야오의 〈하울의 움직이는 성〉에서 소피가 열었던 환상적인 문이 아니라 디즈니가 스스로를 패러디 한 〈마법에 걸린 사랑Enchanted〉에서 보이는 더러운 뉴욕의 맨홀 뚜껑이 아닐까. 이 영화는 동화 속의 주인공 지젤 공주가 마녀의 꼬임에 넘어가 현실의 세계로 나오게 되면서 신화와 현실의 세계가 서로 교호하는 이야기이다. 동화 속 주인공 지젤이 현실의 공간으로 나오는 중간적 장소는 바로 더러운 하수구의 맨홀 뚜껑이다. 동화의 세계에서 보면 뉴욕은 추악한 하수구와 같은 곳이며 '영원한 행복이 없는 세계'인 것이다. 그와 반대로 주인공 지젤과 왕자 애드워드가 사는 동화의 나라는 '영원한 행복이 존재하는 세계'인 안달루시아인 것이다. 맨홀을 중심으로 어디가 안이고 어디가 밖인지 잘 구분이 되지 않는다. 어쩌면 동화의 세계가 맨홀 위의 세상이고 현실의 세계가 맨홀 아래의 하수구와 같은 곳일 수 있다는 상징성을 읽을 수가 있다. 이 영화는 우리에게 반문한다. 맹목적인 사랑의 공식만 존재하는 동화의 세계가 과연 영원한 행복이 존재하는 세계인가. 아니면 갈등과 번민을 통해 사랑이라는 것이 자신의 선택이어야 하는 현실이 반드시 영원한 행복이 없는 세계인지 생각하게 하는 이야기이기도 하다. 이는 사랑의 전도현상이다. 이러한 전도 현상은 영화 〈캐리비언의 해적〉에서 보이는 전도의 상상력을 떠올리면 쉽게 이해될 수 있을 것이다. 선장 데비 존스가 이끄는 배는 바다 위에서 뒤집히면서 세상은 바다 안이 바다 위가 되고 바다 밖이 다시 바다 아래의 세상이 되는 것이다. 얼마나 신선하고 재미난 발상인가. 이러한 발상을 문학에서도 전도(Subversion)라는 용어로 풀이하곤 한다. 포스트모더니즘의 문화이론이 가장 즐겨하는 발상 전환의 사고이다. 우리가 오우거 괴물 〈슈렉〉을 보면서 느끼는 통쾌함의 근원적 상상력은 바로 여기에 근거를 둔 상상력이라는 것이다.

다시 〈마법에 걸린 사랑〉으로 돌아와 동화의 신화적 세계가 어떻게 현실의 세계와 만나는지 살펴보아야 할 것이다. 동화 속 주인공 지젤은 나무 위에 만들어진 집에서 새들과 노래를 부르며 왕자를 기다리는 일만이 유일한 일과인 인물이다. 그런데, 어느 날 왕자의 계모의 꼬드김에 속아 현실세계로 떨어져버린다. 아름다운 목소리로 노래만 부르던 지젤이 맨홀 뚜껑을 열자 애니메이션의 캐릭터가 아니라 현실의 사람이 되어 등장한다. 맨홀에서 힘겹게 나온 지젤은 노래 대신 욕을 하면서 등장한다. 우연히 로버트와 그의 딸 모건이 사는 집에 머물 수 있게 되는데, 그녀는 이곳에서 쥐와 바퀴벌레와 새를 이용해 집안을 청소하고 커튼으로 아름다운 옷을 만들어 입는다. 그녀는 동화의 존재 방식을 현실의 세계로 그대로 이어오면서 현실세계에 살고 있는 로버트에게 동화와 같은 사랑을 보여준다. 지젤을 구하기 위해서 동화의 세계에서 나온 왕자 에드워드는 동화의 세계를 벗어나자마자 매우 비현실적인 인물로 전락해버린다. 지젤은 동화의 세계에서 가졌던 사랑이 자신의 진정한 모습에서 나온 것이 아니라 동화의 구조가 만들어 낸 허상임을 느끼게 되는 것이다. 지젤은 더 이상 안달루시아로 되돌아갈 필요가 없다. 그녀가 사랑하는 왕자는 동화 속 왕자가 아니라 현실 속에서 자신을 진심으로 이해하는 사람이라는 것을 깨닫는다. 동화적 운명을 가진 지젤은 자신의 현실 경험의 진리에 의해 현실적인 사랑을 찾아가는 것이다. 유치하기 짝이 없는 이야기인 것 같아도 잘 들여다보면 엄청난 신화적 사유가 들어있음을 알게 된다. 곧 사랑이라는 신화 속 진리는 동화처럼 맹목적으로 운명 지어지는 것이 아니라 고통을 공유하고 서로를 이해하는 관계 속에서 사랑이 진정으로 이루어지는 것이다. 우리는 신화 속 사랑의 주인공들이 평탄하고 쉬운 길을 가면서 사랑이라는 서사시를 완성하는 것이 아니라 자신의 목숨까지 나누어주면서 혹은 모진 고통을 겪고 나서야 드디어 성취하는 것임을 다시 한 번 느끼게 되는 것이다. 우리는 우리의 민간 신화 〈세경본풀이〉에서 자청비가 자신의 사랑을 성취하기 위해 불길 위에 거꾸로 놓인 칼날 위를 걸었던 것을 떠올려 볼 수 있을 것이다. 자신의 사랑을 위해서라면 자청비처럼 지젤 역시 안달루시아라는 동화의 세계를 포기해야 하는 고통을 감수해야 할 것이다.

2. 미디어 가상공간의 시뮬라시옹

현실의 우리에게 가족이란 어떤 의미를 가지는가. 또한 결혼이란 어떤 의미를 가지는가. 장 보드리야르는 가짜의 파생실재의 세계가 현실을 대체한다고 말한다. 즉 시뮬라시옹이라는 용어의 정의이다. 그런데, 우리는 요즘 바로 이 세계에 산다고 해도 과언이 아니다. 드라마와 영화는 이러한 미디어의 가상성을 진작부터 잘 활용해왔지만 쇼프로나 연예 오락프로까지도 이러한 시뮬라시옹의 세계를 적극적으로 활용하고 있다는 사실에 주목해 볼 필요가 있다. 가족의 범위가 해체되고 있으며 새로운 가족의 개념이 형성되기도 하고 심지어 애완용 가축이 가족이라는 범주에서 이야기되는 사회가 오늘날의 사회이다. 외국의 한 부자는 그의 유산을 애견에게 물려주었다고 한다. 개가 자식과 같은 개념이라는 의미이다. 가족의 범위가 매우 광범위하게 넓어졌다는 의미는 역설적으로 전통적인 가족의 범주가 해체되고 있다는 증거이다. 이러한 시대에 텔레비전 프로그램 〈패밀리가 떴다〉라는 오락프로는 인기를 끌고 있고, 결혼 정년기가 점점 늦어지고 심지어 결혼을 거부하는 골드 미스가 기하급수적으로 늘어나는 시대에 〈우리 결혼했어요〉라는 가상의 결혼 프로그램이 선풍적인 인기를 끌고 있다. 이러한 현상은 이해하기 힘든 아이러니한 사회현상이라고 밖에 할 수 없다. 가족과 결혼이라는 매우 사적인 영역의 일이 놀이화되고 가상 체험화 되면서 공적 이야기의 공간으로 이동한다.

이와 비슷한 맥락에서 오락프로 〈무한도전〉 역시 이 시대의 특징을 담고 있는 이야기 놀이이다. 포스트모더니즘에서 주장하듯이 거대서사가 사라져 가고 있는 시대적 흐름 안에서 인간이 무한에 도전한다는 생각은 구시대적인 광기 정도로 이해되는 시점에 〈무한도전〉이라는 프로그램에 사람들은 배우들이 자신의 열정을 마치 대신해주는 것처럼 착각을 하는 것은 아닌지 생각해 볼 필요가 있다. 또한 무한이라는 것에 대한 도전이 매우 사소한 영역으로 전락하는 것을 볼 수 있다. 이 시대에 무한이란 거대 담론이 아니라 매우 개인적이고 사소한 담론인 것이다. 각 시대의 개그 프로와 쇼 프로 등의 오락프로를 보면 동시대 문화의 현재적 흐름을 읽을 수 있을 것이다. 특히 가족이라는 고유 영역을 놀이화시키는 매체가 현실과 가지는 시뮬라시옹의 의미를 자세히 살펴보기로 하자. 장 보드리야르의 시뮬라시옹 이론은 영화 〈매트릭스〉와 마치 쌍둥이처럼 쌍을 이루어 이야기되고 있다. 그런데 이 개념은 현대의 학생들에게 생각보다 더 잘 이해되는 것 같다. 아마도 게임과 인터넷의 가상공간의 선지식들이 이 개념을 보다 잘 이해하게 도움을 주었을 것이다. 친구들과 가상의 공간에서 만나 레포트를 논의하고 가상의 친구를 만나고 가상의 집을 짓고 가상의 애완동물을 키우는 세대가 요즘세대 인 것이다. 그들은 게임 〈리니지〉의 세계에서 게임도구를 현실에서 거래하기도 하고 닌텐도 게임의 스테이지 안에서 만날 약속을 한다. 더 이상 찻집에서의 만남을 고집하지 않는다. 가상의 공간도 이들에게는 약속 장소가 되고 함께 쉬는 공간이 되는 것이다.

가정과 부엌의 여신 '헤스티아'.

부엌의 화덕과 벽난로의 불을 보호하는 여신인 헤스티아는 시대가 지나면서 가정의 불을 주관하는 일차적 차원을 넘어서 나라의 안녕을 지키는 여신으로 변화하게 되었다. 동양에서 家和萬事成이 治國平天下로 이어지는 상상력과 일맥상통한다고 하겠다. 따라서 가정과 가족이라는 개념은 시대를 초월해서 인간에게 던져주는 의미가 매우 크다고 하겠다. 특히 우리나라처럼 가족중심주의가 강한 나라에서 이렇게 놀이화시키는 가족은 자칫 심각한 문제를 야기할 수 있지만 어쩐지 현실 속 대중의 반응은 그런 것 같지가 않다. 여성학자들은 가족의 해체를 공동체와 개인주의의 대립적인 각도에서 보지 말고 개인성을 유지하면서 상호배려와 책임윤리를 바탕으로 한 연대로 봐주길 제안한다.[1] 그렇다면 이 가상의 가족 만들기라는 놀이에 쉽게 빠져들어 즐길 수 있는 우리 시대 신화적 담론은 무엇일까. 오락프로 〈우리 결혼 했어요〉를 우선 살펴보도록 하자. 우리는 지금까지 결혼의 문제가 부정적으로 공론화되는 것을 자주 목격한다. 그리고 실재의 결혼과 갈등 그리고 이혼의 문제를 〈사랑과 전쟁〉과 같은 실제의 이야기를 기반으로 하는 다큐드라마에서 매우 심각하게 다루어왔다. 그래서 결혼이라는 것은 놀이적 상상력을 떠올릴 수 없는 매우 현실적이면서 심각한 문제를 가져오는 것으로만 생각되었다. 어쩌면 현실에서 그렇게 녹녹치 않은 주제이기 때문에 놀이화가 된 〈우리 결혼했어요〉가 대중에게 사랑을 받는 요인일 수 있을 것이다. 기획측 역시 현대인의 연애와 결혼법칙을 유쾌하게 풀고, 나아가

---

1 김혜경, 「가족, 허물기와 다시 쌓기」, 『새 여성학 강의』, 동녘, 2008. p. 215.

늘어나는 이혼률 등 심각한 사회문제들을 풀어 보고자 하는 것이라고 밝히고 있다. 이는 분명 놀이적 상상력이라고 칭할 수 있는 문화담론이다.

장 보드르야르는 현실과 유사한 상황을 창조하는 인간의 가상적 행위를 시뮬라시옹이라는 말로 정의한 바 있다.[2] 진짜보다 더 진짜 같은 가상의 세계는 파생실제인 것이다. 〈우리 결혼했어요〉의 주인공들은 엄밀히 말하면 모두 가짜 부부들이다. 가짜 부부들은 현실의 실제 부부들처럼 사랑하고, 서로를 이해하려고 하고, 갈등을 빚고, 싸우기도 하고 눈물을 흘리며 화해하기도 한다. 네 쌍의 다른 결혼 생활을 보여줌으로써 보는 사람들로 하여금 결혼 생활의 공감대를 끌어내려고 한다. '새로운 부부'라든가 '진짜 부부'라는 항목으로 이야기의 실제성을 높이고 있다. 이들이 보여주는 결혼 놀이는 어쩌면 키덜트의 문화를 반영하고 있는 것이 아닐까. 키덜트라는 말은 그야말로 키드(kids)와 어덜트(adults)의 조합어이다. 즉 어린이와 어른의 경계가 모호해지고 있는 사회적 현상을 들 수 있다. 동화에서도 0세부터 100세라는 말이 나올 정도로 동화의 상상력 역시 그렇게 만만치가 않다. '새로운 부부'가 맺어지는 광경의 놀이성을 한번 살펴보도록 하자.

'새로운 부부'는 대학생 동갑내기 부부가 이제 막 결혼을 한다는 상상력에서 시작하는 이야기이다. 이들은 제작진에 의해서 서로를 결혼의 상대로 맞이하는 가상 결혼 대상자들이다. 어린아이들이 성인을 모방하는 놀이 중에서 결혼하기와 엄마 아빠놀이는 아이들의 성장에 반드시 거치는 통과의

---

2 장 보드리야르, 하태환 옮김, 『시뮬라시옹』, 민음사, 2007.

례의 놀이이다. 그런데, 이미 다 커버린 성인들이 조금은 어색하게 이러한 유치한 결혼 놀이를 시작했다. 그것도 전 국민이 보는 텔레비전이라는 가상의 공간을 통해서 말이다. 처음 만난 상대들은 주어진 미션을 따라서 결혼식장으로 이동하고 가짜 주례, 가짜 사회, 가짜 아버지, 가짜 하객들을 모시고 가짜 결혼식 놀이를 한다. 인간에게 가장 신성한 통과의례인 결혼이라는 제의가 한순간에 놀이로 전락하는 것이다. 그런데, 신기한 것은 하나도 새로울 것 없는 가짜 결혼식의 따분한 절차에 심지어 그 결혼식이 가짜라는 것을 알면서도 보는 사람들은 흥미를 가지고 바라보며 즐거워하는 것이다.

이 가짜 결혼은 50명의 하객으로부터 인정을 받아야만 게임 효력이 발생하게 되는 것이다. 가짜 결혼식에서는 실제의 결혼식에서 펼쳐지는 복창이 이어지고 비슷한 벌칙을 수반한다. 그리고 너무나 진부한 이들의 대응을 관객들은 신기하게 바라본다는 것이다. 네 부부의 서로 다른 모습을 보여주고 있는 이 가상의 공간에서 가부장적인 남편이 그려지기도 하고 요리를 잘 하는 남편이 그려지기도 하고 노래를 불러주는 남편이 등장하기도 하며 부인의 비위를 맞추려는 남편이 보이기도 한다. 이에 맞게 부인들의 모습도 다양하게 그려진다. 그리고 주인공들은 가상의 공간에서도 실제의 자기 직업을 계속적으로 수행해 나간다. 현실의 직업이 연예인인 그들은 똑같이 공연을 하고 학교에 가고 쇼에 출현한다. 마치 가상의 공간이 실제의 이야기처럼 보이는 지점이다. 그들은 가상의 관계를 맺고 있지만 현실의 일에 대해 서로 솔직히 이야기하고 위로 해준다. 실재와 비실재의 영역이 겹치면서 〈우리 결혼했어요〉는 빅터 터너가 이야기한 리미널리티의 세계를 역시 떠올리게 한다. 빅터 터너는 리미널리티의 개념을 이야기하면서 친숙한 개념들을 가지고 놀면서 그것들을 새롭고 낯선 것들로 변화시킨다고 말한다.[3] 결혼이라는 매우 친숙한 통과의례의 장을 가지고 놀면서 그 안에 펼쳐지는 결혼의 절차들은 놀이의 스테이지처럼 유쾌해지고 있는 것이다. 반지를 교환하는 장, 축가를 불러야 하는 장, 신부 앞에서 맹세를 하는 장 모두가 새로운 놀이의 한바탕 장이 되는 것이다. 여기에 현대인들은 자신들의 신성한 경험이 가볍고 즐거운 이벤트와 겹치게 되고 그 일종의 향수와 로망을 가지고 놀이에 몰입하게 된다.

'리얼 버라이어티 가상 결혼 생활'이라는 광고 문구에서 가상 결혼 생활이 어쩌면 현실의 부부들이 가지지 못하는 실재 즉 '리얼'을 보여주기 때문에 이 결혼 놀이가 재미를 끄는 이유일 것이다. 가상의 허구화된 혹은 조작된 부부의 이야기가 현실 공간에 사는 사람들에게 가끔씩 자문하게 한다. 실제의 공간에 사는 현실의 우리는 서로의 일에 대해서 가상의 공간처럼 무관하게 여기는 것은 아닌지. 〈우리 결혼했어요〉가 분명 가공된 허구의 이야기이지만 그 속의 부부들은 서로의 일에 대해서 진솔하게 이야기하고 이해하려고 노력하는 모습을 보이고 있으며 바로 이러한 진실 된 모습이 허구의 가상공간이라는 것의 한계를 극복하고 진실성을 얻고 있는 이유이다. 분명 〈우리 결혼했어요〉는 가상의 이야기이다. 그러나 현실을 반영한다. 리미널리티의 세계가 대상을 소멸하거나 대체하는 것이 아니기 때문이다.

---

3 빅터 터너, 이기우, 김익두 공역, 『제의에서 연극으로』-인간이 지니는 놀이의 진지성, 현대미학사, 1996, p.46

마치 거울이 대상을 반대 방향으로 뒤집지만 그 대상을 반영하기도 하는 것과 같은 이치라고 말이다. 리미널리티는 현실을 전복시킬 뿐이다. 결코 현실을 소멸시키는 것은 아니다. 전이과정과 경계를 통해 우리는 지금까지 발견할 수 없었던 것들을 발견하게 되는데, 〈우리 결혼했어요〉라는 가상의 리미널리티의 공간은 현실의 결혼 생활을 보다 긍정적으로 조망하게 해주는 기능이 가능해 질 수 있지 않을까.

오늘날 결혼 문화는 결혼 전문 대행업체라든지, 배우자 알선 업체가 등장하는 것을 통해 보더라도 전통적인 결혼의식에서 벗어나고 있다는 것을 알 수 있다. 결혼연령이 고령화되고 결혼을 거부하는 골드 미스가 시대의 트랜드가 되기에 이르렀다. 그래서 결혼은 놀이로라도 재현되어야 하는가. 아니면 가족이라는 개념을 더욱 확장해서 생각해보아야 할 것인가. 〈패밀리가 떴다〉는 그래서 〈우리 결혼 했어요〉의 신성한 결혼의 놀이화라기 보다는 가족놀이에 해당한다. 즉 엄마 아빠 놀이, 언니 동생 놀이, 계모와 신데렐라 놀이, 못된 형과 착한 동생 놀이 등 가족의 이야기를 소재로 한 세계 전래 동화의 이야기는 어쩌면 가족놀이의 유형들이라고 할 수 있다. 그렇다면 〈패밀리가 떴다〉는 오래된 전래동화 속의 가족 놀이의 한 형태가 아닐까. 어느새 어린이 동화 속 이야기가 놀이로 느껴진다. 그리고 그러한 동화의 이야기들이 놀이동산의 테마로 들어가 있는 것을 알 수 있다. 백설공주, 신데렐라, 신바드 모험, 전래동화들이 어린이 놀이동산에 들어간 이유를 동화의 놀이성으로 이야기해 볼 수 있지 않을까.

〈패밀리가 떴다〉의 동화적 상상력은 바로 〈신데렐라〉 이야기를 패러디한 김계모와 천데렐라의 이야기이다. 사실, 전복의 상상력으로 동화가 읽히면서 동화의 놀이성은 더욱 더 잘 활용되는 듯하다. 기본적으로 동화의 전복적 상상력은 기존 동화의 선지식이 쌓여진 어른들의 세마타 독서의 일종이다. 페리노들만[4]이 주창한 셰마타 독서는 현재의 독서가 과거 독서들의 바탕에서 이루어질 때 독자는 진정한 의미를 이해할 수 있다는 것이다. 즉 〈흑설공주〉 동화는 〈백설공주〉를 이해한 후의 독서체험이어야 하며 애니메이션 〈빨간 모자의 진실〉은 동화 〈빨간 모자〉를 이해 한 후에야 제대로 이해할 수 있다는 것이다. 우리는 흔히 애니메이션 〈슈렉〉을 어른을 위한 동화 같은 영화라는 수식어를 붙인다. 이는 〈슈렉〉을 제대로 이해하기 위해서는 기존의 정전화 된 수많은 동화를 이미 숙지하고 있어야 하며 각각의 캐릭터 역시 선 경험을 통해 다른 모습으로 기억되는 인물이어야 한다. 기존 동화의 고정된 역할을 기억하고 있을 때 〈슈렉〉의 캐릭터들은 의미해석이 풍부해진다. 슈렉 안에는 무수한 고전동화가 들어있다. 피터팬의 후쿠선장, 개구리왕자, 요정이야기, 잠자는 숲속의 공주, 장화신은 고양이, 동키호테, 신데렐라, 백설공주, 라푼첼, 진저브래드 맨, 피노키오, 헤리포터와 마법사, 몬스터이야기, 빨간 모자, 아더왕, 아기돼지 삼형제 등의 동화가 본래의 의미와는 전혀 다르게 활용되고 있다.

잭 자이프스는 동화 담론이 역사적 문명화 과정을 구성하는 역동적 요소라는 점을 강조하며 동화의 상징 작용이 공적 영역에서 사회화에 개입하

4 패리 노들먼, 김서정 옮김, 『어린이 문학의 즐거움』, 시공주니어, 2004.

는 행동이라고 주장한다.[5] 우리는 현대 사회의 역동적 담론을 동화 속에서 적극적으로 찾아볼 수 있을 것이다. 이를테면, 답답한 콩쥐, 민첩한 팥쥐, 미련한 흥부, 실속파 놀부, 바보 같은 심청 등 기존의 사고 체계를 전복시키는 식의 발상인 것이다. 현대 사회에 민첩하게 움직이는 인간형들을 두고 약삭빠른 팥쥐와 자기의 실속을 잘 챙기는 실속파 놀부라는 식의 발상이 가능해진 것이다. 그러한 상황에서 과거의 백설 공주의 계모는 더 이상 비난만 받는 대상이 될 수 없는 것이다. 이미 〈슈렉〉 시리즈에서 우리는 동화 속의 고정된 인물의 상상력이 유쾌하게 뒤집히는 것을 목격했기 때문이다. 악당들에게도 그들의 이유가 존재했고, 절대악은 존재하지 않는다는 것이다. 〈패밀리가 떴다〉에서 천데렐라를 구박하는 김계모는 마냥 미워할 수만은 없는 이 시대의 계모인 것이다. 또한 구박덩어리인 엉성한 천데렐라는 어쩐지 상황파악이 더뎌서 마땅히 구박을 받아야 할 것처럼 보인다. 여기에서는 또 하나 재미있는 오누이의 이야기를 큰 모티프로 설정한다. 우리나라에서 가장 유명한 전래동화와 신화의 이야기는 〈해와 달이 된 오누이〉가 아닌가. 이 오누이는 엄마를 잡아먹은 늑대를 피해 나무에 올라 하늘로부터 동아줄이라는 구원을 받았다. 그리고 그들은 해와 달로 재탄생하는 것이다. 현대 사회에는 출산률 또한 저조하다. 오누이라든가 형제라든가 자매라는 말이 어색해져 가는 세대가 되어 버렸다. 한 자녀 가족이 대폭적으로 늘어나고 있는 형국에 우리는 이제 아이를 함께 키우기 운동까지 전개해야

5 잭 자이프스, 김정아 옮김, 『동화의 정체: 문명화의 도구인가, 전복의 상상인가』, 문학동네, 2008, p. 28.

할런지 모른다. 이미 이러한 문화는 시작된 지 오래다. 이러한 사회 문화적인 흐름 속에서 '국민 오누이'라든가 '국민 형제'라는 용어는 현대인의 향수를 자극할 수 있는 가족용 용어들이라고 할 수 있다.

〈패밀리가 떴다〉는 '국민 오누이'와 '국민 형제'라는 향수를 자극함으로써 가족의 범위가 해체되어 가는 것에 대한 비관적인 전망을 잠시 잊게 한다. 시청하고 있는 사람들로 하여금 무의식적으로 가족의 느슨한 유대를 느끼게 함으로써 마치 국민이 하나의 가족인 것 같은 착각을 들게 하는 심리작용을 일으킨다. 가족이라는 개념 역시 포스트모던 시대의 문화흐름에 맞게 변화해오고 있다. 사회학자들은 '포스트모던 가족'이라는 용어를 사용하기도 한다. 즉 포스트모던 유연 가족은 한 가지 관계가 아닌 다양한 관계를 포함하고 있다. 혈연 구조의 진정한 혼성품이라고 주장한다. 맞벌이 부부 가족, 편모 가족, 편부 가족, 재혼 가족, 다세대 가족, 입양가족, 결혼하지 않은 가족, 동성 가족, 대리모 가족, 다문화 가족 등이 모두 가족이라는 이름으로 존재하고 있다는 것이다.[6] 현대 우리사회에는 다문화라는 특이한 가족 형태도 많이 나타나고 있다. 가족이라는 개념이 꼭 피를 나누어야 하는 것은 아니라는 무의식적 사회 담론을 펼치고 있고, 현대인들은 알게 모르게 그것에 공감을 하는 것 같다. 이러한 사회적 흐름에서 〈패밀리가 떴다〉가 인기를 끄는 문화적 현상의 의미를 독해해 볼 수 있을 것이다.

〈패밀리가 떴다〉에서 우리는 엉성한 구박대기 천데렐라가 남성이라는

6 데이비드 엘킨드, 이동원 외 옮김, 『변화하는 가족』, 이화여자대학교 출판부, 1999, p. 47.

점과 달콤살콤 예진 아씨라는 인물이 여자인데도 불구하고 살아있는 것을 거리낌 없이 죽이는 역발상의 전복된 상상력을 보여주는 인물이라는 것을 알 수 있다. 아마도 영화 〈달콤, 살콤 한 연인〉에서 킬러였던 예쁜 여주인공의 이미지를 살리기 위한 장치로 보인다. 여자 주인공인 국민 오누이의 주인공 여자 역시 털털한 남성적 이미지를 보여준다. 아니무스가 더 강한 여성들과 아니마가 더 강한 남성들을 보여주고 있는 것이다. 아니마는 남성 속의 여성이고 아니무스는 여성 속의 남성이라고 한다. 남성과 여성은 두 가지 방식으로 존재한다고 한다. 하나는 아니마와 아니무스의 원형적 영역이고 다른 하나는 외적 사회가 원하는 남성과 여성의 외적 인격인 페르소나라고 한다. 아니마와 아니무스는 남성으로서 또는 여성으로서의 페르소나에 대응하는 무의식의 내적인격이다. 그래서 아니마와 아니무스는 태초로부터 인류가 남성과 여성에 대해 상상하고 체험한 모든 것에서 우러나온 원형의 조건을 토대로 하는 시대와 사회를 초월한 인류보편의 공통성을 지닌다는 것이다.[7] 융에 의하면 아니마와 아니무스는 인간이 남성과 여성이라는 단순한 성의 구분에 의해 존재하는 것이 아니라 남성은 여성적인 요소를 가지고 여성은 남성적인 요소를 통해 의식통합이 이루어져야 함을 강조한다. 그렇게 되면 의식의 중심적 자아는 전체정신의 중심에 접근한다고 말한다. 아니마와 아니무스의 이야기는 미르치아 엘리아데의 개념으로 오면 양성성의 문제에 해당된다. 여성 안의 남성성이라든가 남성 안의 여성성이라는 문제는 양성성

7 이부영, 『아니마와 아니무스』, 한길사, 2007, pp. 34-36.

의 문제이기도 하다. 이러한 이야기는 바로 다음 장에서 이야기 할 양성성이라는 부분과 교집합이 되는 부분이다. 융이 말한 전체정신의 중심을 이룬 인간은 미르치아 엘리아데의 논리대로 보면 양성성을 얻어가는 총체적인 인간이며 완성적인 인간이라고 다시 부를 수 있을 것이다.

2장 문화 생성의 동력: 양성성

소녀와 소년을 함께 연상시키는 아폴론.

현대의 눈부신 영상기술은 인간이 심층에서만 상상할 수 있었던 신화의 이미지들을 현실의 구체적인 이미지로 육화시켜 현현하는데 성공하고 있다.

그러한 영상의 힘에 의해 우리는 더 이상 신화가 먼 과거의 화석에 묻혀있는 이야기가 아니라 우리의 삶 하나하나에 뿌리를 내리고 이미지 생성 작용에 의해 형상을 얻어가며 새롭게 진행되는 현재 이야기임을 알게 된다. 신화를 다룬 이야기가 혹은 전설을 다룬 이야기가 유치하다거나 허무맹랑하다는 일차적인 의미를 넘어서 동시대인들의 공감을 얻어내게 된 것은 영상의 발전에 힘입은 바가 크다. 최근 〈헤리포터〉와 〈반지의 제왕〉의 폭넓은 관객층은 우리 시대의 담론을 신화적으로 읽어가게 해주는 초석이 되고 있다. 〈캐리비언의 해적〉이 시리즈로 제작된 것 역시 그러한 신화적 흐름을 읽어가게 해준다. 어느덧 어른의 문화는 어린이의 문화와 공유점을 찾아가면서 문화 중심부의 담론을 확장하고 있다. 〈나니아 연대기〉 〈찰리의 초콜릿 공장〉 〈비밀의 숲〉 〈그림형제〉 〈에반올마이티〉등 최근 제작되는 영화의 흐름은 어른과 어린이가 동시에 향유하도록 제작된다. 신화를 만드는 사람은 어떤 특정한 동기 때문에 신화를 만들어내지만 신화를 이용하는 사람은 신화가 이성화되어 작용함으로써 신화를 매우 자연스런 이야기로 받아들인다. 이러한 작용이 신화의 숨은 힘[8]이라고 불린다.

〈슈렉〉시리즈는 신화의 다양한 변주를 일으키면서 탈신화적 구조를 보여준다. 이 탈신화적 구조 역시 신화작용을 통해 의미해석으로 이어진다. 고정적인 영웅의 모습에서 다양한 변주를 보이고, 신화의 전형적인 공주의 모습을 더 이상 고수하지 않으며, 악당조차도 긍정적으로 해석될 수 있는

---

8 김경용, 『기호학이란 무엇인가』, 민음사, 2004, p. 190.

것이 바로 〈슈렉〉의 새로운 신화작용이다. 현대의 문화는 매우 복합적이며 다층적인 특징을 가진다. 앞에서 언급한 영화의 전 연령화는 그러한 현상 중에 하나라고 볼 수 있다. 영화가 성인의 영역에서 어린이의 영역으로 확대를 꾀할 수 있는 주된 이유는 신화적 사유의 영상화 때문이라고 볼 수 있다. 비단 이러한 신화의 영상화 작업은 영화에서만 일어나고 있는 것은 아닌 듯하다. 애니메이션의 세계가 신화적 상상력에 의해서 어린이의 세계를 어른의 세계로 그 영향력을 강하게 내뿜고 있음을 목도할 수도 있을 것이다. 미야자키 하야오의 작품들이 점점 근대와 전쟁이라는 영역에서 벗어나 우주적인 신화 상상력을 기반 스토리로 하여 전 연령층에 호소력을 가지게 된 것은 어린이의 문화가 더 이상 어린이의 영역에 한정되지 않는 실증적인 예가 된다. 영상에 의한 신화적 사유의 확장이 애니메이션이나 영화에서만 일어나는 현상이 아니라 TV드라마에서도 적극적으로 활용되는 상상력이라 할 수 있다. 드라마 〈주몽〉에 의해서 고구려 건국신화와 백제의 건국신화가 대중에게 너무도 친숙하게 보급되었으며, 아이들의 애니메이션 매체에서 〈아이 삼국유사〉는 자라나는 영상세대의 어린이들에게 문자세대가 경험하지 못한 신화이미지를 영상을 통해 형성하는데 일조하고 있다. 영상은 이미지를 중요하게 생각하는 매체이며 그 이미지에 의해 그것을 향유하는 문화소비자들은 또 다른 새로운 이미지를 형성하게 되는 것이다.

우리는 신화학의 대가들이 왜 그들의 후기 연구에서 꼭 이미지에 대한 사유를 빠뜨리지 않고 중요하게 다루고 있는지 곰곰이 생각해보아야 한다. 조지프 캠벨은 〈The Mythic Image, 1974〉를 통해 우리에게 우주적 꿈의 세계를 보여주고자 한다. 책의 첫 장에 펼쳐지는 비슈누의 꿈에서 시작하는 이미지의 판타지는 꿈에서 죽음으로, 죽음에서 부활로, 탄생으로, 여신으로 보이기 시작해 우주공간 속의 시공간의 화음을 보여주며, 연꽃을 통한 천상세계와 지상세계의 이미지를 보여주며, 요가를 통한 내면의 빛, 희생의 이미지, 마지막으로 꿈과 삶의 신화 세계의 여정을 통한 깨어남의 이미지를 보여준다.[9] 뒤랑은 이러한 이미지의 기능을 중재자라고 보고 있다. 즉 이미지는 그것이 표현되는 그 자리에서 고백하기 어려운 무의식과 고백된 의식화 사이의 중재자라고 말한다. 따라서 이미지는 표현 가능한 기표가 흐릿한 기의를 지시하는 간접적 사고의 유형이라는 의미에서 하나의 상징으로서의 지위를 가지게 된다는 것이다[10]. 뒤이어 뒤랑은 집단 무의식 즉 특유의 무의식이 문화적 환경에 의해 석고가 거푸집 속에서 굳어지듯이 상징적 이미지 속에서 굳어진다는 논리를 전개시키고 있으며 더 나아가 전 우주의 이미지를 '낮의 체제'와 '밤의 체제'로 나누어 우주 생성의 원리를 보여주고 있다.[11] 낮의 체제는 '왕홀'과 '검'이라는 원형의 이미지로 보여주고 있으며 밤의 체제는 '잔'의 하강과 내면 구도와 지팡이 즉 나무의 세계를 보여준다. 이러한 이항 대립에 의한 이미지를 보여줌으로써 세계의 형성원리에 대한 신화적 사고를 심도 있게 보여주고 있다. 이미지에 대해 논의할 때 미르치아 엘리아데 역시 반드시 점검해야할 대상이 된다. 그는 중심,

---

9 조지프 캠벨, 홍윤희 옮김, 『신화이미지』,살림, 2006.

10 질베르 뒤랑, 진형준 옮김, 『상상력의 과학과 철학』, 살림, 1997, pp. 46-48.

11 질베르 뒤랑, 유평근 옮김, 『신화비평과 신화분석』, 살림, 1998, p. 197.

시간과 영원, 결박과 매듭, 조개의 상징, 물의 상징 등 이미지와 상징에 대한 논의를 통해 세상을 읽어가는 신화적 사유를 보여주고 있다.

현대 문화가 이미지라는 장치를 통해 신화를 어떻게 소비하고 있는가에 대한 궁금증은 문화의 담론을 활성화시킨다. 현대는 눈부신 영상의 발전으로 신화를 문화의 표층으로 이끌어오고 있다. 뒤랑의 말에 따르면 신화라는 의미의 물줄기에서 스며 나오는 이미지를 현대문화는 적극적으로 받아들이고 있는 셈이다. 애니메이션의 세계에 나타난 의미의 물줄기를 통해 현대 신화의 이미지를 찾아보는 작업은 문화텍스트의 확장을 꾀하는 의미가 있을 것이다. 뒤랑의 이미지의 담론을 적극적으로 받아들이는 유평근과 진형준은 〈이미지〉라는 책을 통해 이미지란 인류학적 윤리 정립에 적극적으로 관여하기도 하고 창의적이고 균형 잡힌 인간을 교육하는 데 필수적이라고 말한다. 이미지를 이 시대의 담론으로 가져오자면 피겨스케이트 선수 김연아의 몸짓을 광고에서 적극적으로 활용하는 것을 통해 이해해 볼 수 있을 것이다. 경제적으로 불황의 골이 깊어지고 매출이 떨어지는 상황에서 김연아의 시원한 몸짓의 이미지는 그러한 우울한 현실을 희석시켜주는 이미지를 창출한다. 대중은 제품의 개선점을 전달 받지 못하고 오로지 제품의 이미지를 소개받을 뿐이다. 그리고 광고된 제품은 이전보다 훨씬 더 많은 판매기록을 보인다. 〈이미지〉라는 책에서 이미 언급하고 있듯이 하나의 이미지는 그것을 해석해 내는 주체의 능력과 경험과 인식의 폭에 따라 얇은 기호적 의미로서 우리의 희망을 자극하는 이미지가 되기도 한다. 그래서 한 사람의 존재 의미를 인식시켜주기도 하고 삶을 바꾸어주기도 하며 삶의 원동력이 될 수 있는 이미지가 된다.[12] 그런데 나카자와 신이치는 최근에 불어 닥친 일본 애니메이션의 신화적 이미지 차용을 '양식만' 사용한다고 비판하고 있다. 즉 인류 최고의 철학으로 생겨나 성장해온 신화의 '내용'은 제거되어버렸다고 지적하면서 문화는 쾌락원칙의 괴물이 되어버렸다고 비꼬고 있다.[13] 이러한 비판은 게임과 애니메이션의 상업적 시도를 살펴볼 때 일견 타당한 지적임에 틀림없다. 그러나 우리는 미야자키 하야오와 우리나라의 이성강의 애니메이션에서는 신화의 이미지의 양식만이 아니라 신화의 진정한 내용을 잘 보여주고 있다. 그들의 신화 이미지의 생산 동력의 중심에는 소녀 이미지가 놓여 있다.

한, 일 두 작가의 애니메이션을 비교하여 바라보고자 하는 이유를 세 가지로 상정해볼 수 있다. 첫 번째는 이 두 작가의 작품들이 차용하는 원천 스토리텔링이 신화의 의미작용에 의한다는 사실에 기인한다. 이 두 작가의 세계에 펼쳐지는 이야기는 신화, 전설, 민담, 설화가 직접적으로 차용되기도 하고 간접적으로 이야기의 화소만을 제공하는 경우도 있다. 다양한 신화소들이 원천 스토리텔링으로서 어떤 의미작용을 거치는지 살펴보는 것이 첫 번째 비교의 부가설명이다. 두 번째는 이 두 작가의 주인공들이 비슷한 나이의 소녀들이라는 점에 주목하기로 한다. 근대화를 거치는 과정에서 이 두 나라는 독특한 민족체험을 겪는다. '소녀'는 매우 중요한 모티프가 된다. 여기에서 소녀는 엘리아데가 말하는 '양성인'의 속성을 가진다. 이

12 유평근, 진형준, 『이미지』, 살림, 2005.

13 나카자와 신이치, 김옥희 옮김, 『신화, 인류 최고의 철학』, 동아시아, 2001, pp. 205-206.

소녀는 아버지이기도 하고 어머니이기도 하고 남자이기도 하고 여자이기도 하다. 왜 10대 초,중반의 여자아이가 이러한 문화생성코드로 작용하는지 그 기호적 측면을 찾아 볼 수 있다. 세 번째는 이 두 작가가 그리는 이분법적 세계원리를 통해 의미생산이 이루어지는 과정을 살펴보기로 하자. 이때 영상이 어떻게 의미생산에 기여하는지 아울러 살펴보아야 할 것이다. 궁극적으로 이 두 작가를 비교함으로써 우리는 바르트가 정의한 신화라는 개념, 즉 역사에서 선택한 파롤이라[14]는 연역적 개념을 살펴볼 수 있을 것이다. 신화는 그 자체로 원형적인 것이 아니라 역사 속에서 수용되고 해석되는 언어의 사용 방식에 의해 항상 새로운 의미체계를 생산한다. 바르트에 의하면 신화의 의미작용은 끊임없이 도는 일종의 회전문과 같다. 회전문은 기표의 의미와 형식을 교대로 나타낸다. 그 기표 안에서 형식은 비어있지만 현존하고 의미는 부재하지만 가득 차 있게 된다. 더불어 최근 불어 닥치는 알파걸과 양성성의 문화 담론을 동화를 통해 살펴봄으로써 우리는 문화의 양성성의 의미를 살펴볼 수 있다.

1. 신화의 의미작용

신화에서 가장 많이 등장하는 화소는 무엇일까? 그것을 읽어낸다는 것은

---

14 Lavers Annette, *Mythologies Roland Barthes,* (Hill and Wang, 1972), pp. 109-111.
멀리 떨어져 있든, 아니든 간에 신화학은 역사적 바탕만을 가질 수 있다. 신화는 역사에서 선택된 파롤이기 때문이다. 사물의 본성(nature)에서는 신화가 나올 수 없다.

인간이 현실에서 가장 관심을 가지는 것이 무엇인가를 밝혀내는 데 유용한 담론이 될 것이다. 무엇에 관심을 두고 인간은 수 천 년 동안 이야기를 생성시키고, 변형시키고, 전승해 왔을까. 신화의 이야기를 들여다보면 그 대답이 보일 수도 있을 것이다. 이러한 근원적 이야기를 원천 스토리텔링이라고 칭할 수 있을 것이다. 그렇다면 신화는 어떤 기능을 가지고 그 이야기를 역사가 바뀌는 수많은 장들을 채워왔는가. 조지프 캠벨과 대담을 나누던 빌 모이어스는 신화가 가시적인 세계의 배후를 설명하는 메타포라고 정의한다. 캠벨은 이 때 신화의 기능을 네 가지로 규정하고 있다[15]. 신화는 신비적인 기능을 하며, 우주론적 차원을 열어가고, 한 사회의 질서를 발생시키면서 유지해가고, 어떻게 살아야 할 것인지에 대한 답을 제시한다. 이러한 네 가지 기능을 염두 하면서 신화 재현의 양상을 살펴보면 가장 많이 등장하는 원천 스토리텔링으로 영웅의 이야기, 사랑의 이야기, 죽음의 이야기, 창조의 이야기가 있음을 살펴볼 수 있을 것이다. 예를 들면 신화 속 영웅의 삶은 현실을 살아가는 인간에게 이정표 같은 기능을 하기 때문이다. 왜 우리시대가 영웅을 원하고 그러한 영웅들이 우리의 삶을 어떻게 변화시키는지에 대해서 끊임없이 반문하게 된다. 영웅은 그의 신이한 능력 때문에 우리의 삶에 가깝게 다가오는 것이 아니라 그들의 단 하나의 약점과 그로 인한 시련을 통해서 우리 안에 육화되어 현현되어 간다고 할 수 있다. 길가메쉬, 시지포스, 다이달로스, 아킬레우스, 프로메테우스, 헤라클레스 등 수많은

---

15 Campbell, Joseph, *The power of myth with Bill Moyers*, Broadway Books, 1988, pp. 31-33.

영웅들의 영웅적인 면이 긍정적이고 영웅적인 삶에 현현되기 보다는 우리의 절망적이고 고통스런 모습 속에서 현현되는 속성을 보인다.

신화 속의 사랑이야기 역시 수없이 많이 등장하지만 문화 속에 면면히 이어지는 원천 스토리텔링의 뿌리는 사랑의 밝고 행복한 면보다는 그것을 얻기 위해 벌이는 신들의 고뇌에 맞추어져 있다. 사랑의 끝없는 장애들과 그것을 극복하는 이야기들이 신화의 원천스토리를 형성하고 있음을 살펴볼 수 있을 것이다. “그래서 행복하게만 잘 살았더래요”식의 결말을 보이는 신화의 생명력은 그렇게 강하지 못하다. “그럼에도 불구하고 사랑을 이루었더라”와 “그럼에도 불구하고 사랑은 이루어지지 않았더라”가 신화의 원천을 이루는 사고라고 볼 수 있다. 신화 속의 사랑은 프시케의 사랑처럼 시련을 통과해야만 하는 통과제의의 시련의 장이기 때문이다. 신화에 등장하는 죽음 역시 자연사는 의미를 가지지 못한다. 죽음이 삶과 맞닿아 있어야 하는 우루보로스적인 논리가 신화에는 등장한다. 죽음은 삶의 옆에 웅크린 채 아쉬움을 간직해야만 한다. 금방 삶으로 전환할 수 있을 것 같은 개연성을 던지지만 영원히 돌아올 수 없는 필연적 세계로 설정되는 것이다. 오시리스처럼 부활하지만 결국 죽음의 영역에서 부활할 수밖에 없는 것이 신화가 보여주는 죽음의 세계일 것이다. 그래서 오르페우스의 부인 에우뤼디케와 이자나기의 부인 이자나미는 죽음의 세계에 살고 있다는 것만 확인된 채 삶의 영역으로는 다시 돌아오지 못한 것이다. 신화는 죽음을 삶과 친밀한 이웃처럼 유연하게 그리지만 그 유연함은 영역을 넘을 수 없다는 무의식이면서 삶과 죽음이 함께 할 수 없다는 견고한 사유를 받아들이게 한다. 세상이 창조되는 논리를 다소 황당하게 펼쳐 보이는 것 같은 이야기를 보여주는 것이 신화이다. 그러나 창조신화의 원천 스토리텔링은 세상의 질서를 가시적으로 보여주려는 시도라고 볼 수 있다. 반고신화가 인간과 자연의 형성원리를 자연스럽게 풀어간 것은 바로 우리 안에 존재하는 창조의 불가사의에 대한 성찰일 것이다.

우리는 이와 같은 원천 스토리텔링의 신화작용을 상기시키면서 미야자키와 이성강의 일련의 애니메이션을 바라볼 수 있을 것이다. 이들 애니메이션의 스토리텔링의 주된 모티프는 무엇일까. 어떠한 요소가 이들 작품들을 현실의 신화원리를 구성하고 있는가. 우리가 이들 작품에서 찾아야 하는 원천적 스토리텔링의 의미작용은 영웅 신화와 사랑신화라고 칭할 수 있을 것이다. 시미지 미사시[16]는 〈이웃집 토토로〉를 죽음과 재생의 판타지, 〈센과 치히로의 행방불명〉은 허무와 욕망의 끝에서 피어난 사랑, 〈천공의 성 라퓨타〉는 불행한 현대인들을 위한 서사시, 〈바람계곡의 나우시카〉는 위대한 현실 긍정으로 허무를 뒤집는 이야기라고 평가한다. 그런데, 그의 애니메이션에는 공통된 한 명의 주인공이 등장한다. 바로 10대 여성들인데, 미야자키의 여성 인물들을 자세히 들여다보기로 하자. 〈바람계곡의 나우시카〉의 나우시카, 〈이웃집의 토토로〉의 사츠키, 〈천공의 성 라퓨타〉의 시타, 〈원령공주〉의 산, 〈센과 치히로의 행방불명〉의 센, 〈하울의 움직이는 성〉의 소피 등은 모두 영웅서사의 특징을 보여주는 인물들이다. 이들의 영웅서사는

---

16 시미지 미사시, 이은주 옮김, 『미야자키 하야오 세계로의 초대』, (좋은 책 만들기, 2004).

사랑신화와 밀접한 관련을 맺으면서 현재성을 획득하고 있음을 확인해 볼 수 있다. 마찬가지로 이성강의 작품들에 등장하는 여성 인물들도 미야자키의 주인공들과 같은 의미작용을 거친다고 볼 수 있다. 〈마리이야기〉의 마리, 〈오늘이〉의 오늘이, 〈천년여우 여우비〉의 우비 등도 영웅적 서사작용과 사랑의 서사작용을 거친다. 애니메이션에 나타난 영웅의 서사를 두 가지 유형으로 나누어보기로 하자. 영웅의 출현에 대한 욕망은 하나의 단결된 힘을 초인적으로 묶어줄 수 있는 메시아적 희망의 상징이 하나일 것이고 자신의 정체성을 찾아가는 매우 소박한 의미에서의 영웅성이 나머지 하나일 것이다. 나우시카, 시타, 산은 민족을 구원하는 영웅에 해당하며 단결된 힘에 대한 욕망의 투사체이다. 반면에 사츠키, 센, 소피 등은 자신의 정체성을 찾아가는 소박한 의미의 영웅이라고 칭할 수 있을 것이다. 〈오늘이〉의 오늘이 역시 거대 영웅 서사의 틀 안에서 생성되는 의미를 가지며 마리와 여우비는 자신의 의미를 찾아가는 소박한 의미의 정체성을 찾는 영웅의 서사구현물이다.

이들 영웅 신화의 원천 스토리텔링의 추동력은 단연 사랑이다. 인류구원을 위한 거대한 사랑의 대명사인 나우시카는 부해로 뒤덮인 세상을 구하기 위해 병든 자연을 더욱 적극적으로 사랑하는 역할을 한다. 세계의 주도권을 쥐고자하는 토르메키아는 천 년 전에 잠든 옛 문명의 유산인 거신병을 부활시켜 부해와 곤충들을 한꺼번에 불태워버리고 인간만이 지배하는 세상을 만들려고 한다. 오무라고 불리는 거대한 곤충들의 분노를 잠재우고 나우시카는 예수의 십자가처럼 자신의 몸을 던져 전쟁과 곤충들의 분노를 온몸으로 막는다. 이 나우시카의 구원자적 이미지는 성경의 예수의 형상과 〈오디세이아〉의 공주 나우시카의 모습 그리고 일본 중고 설화집인 〈츠츠미추나곤 모노가타리〉에 나오는 '벌레를 귀여워하는 공주'의 이야기가 모아진 결정체이다. 〈천공의 성 라퓨타〉의 시타 역시 이러한 메시아적 기능을 한다고 보이는데 다소 약화된 모습을 보인다.[17] 시타는 비행석 목걸이를 가지고 인류를 구원하기 위해 또 다른 라퓨타의 후계자이면서 라퓨타를 자신의 야욕을 위해 정복하려고 하는 무스카와 대적한다. 시타는 세상을 구하기 위해 그와 함께 죽을 결심을 하고 멸망의 주문을 외운다. 나우시카가 인류의 비극을 온몸으로 막으면서 세상을 바꾸려고 했다면 시타는 자신만을 희생함으로써 악과 절연하고자하는 다소 축소된 의미의 영웅의 모습을 보인다.

원령공주 산은 여기에서 더 나아가 인간을 적으로 설정하고 자연을 지키려는 영웅의 모습을 보인다. 늑대신 모로에게 키워진 원령공주는 타타라 마을의 에보시를 상대로 혹은 인간의 문명을 상대로 싸우는 인물이다. 이들은 인간이 지켜야하는 세상을 위해 자신의 몸을 희생하는 인물로써 켐벨의 영웅의 분리로 치자면 전사로서의 영웅쯤에 해당한다. 그런데 〈센과 치히로의 행방불명〉의 센, 〈하울의 움직이는 성〉의 소피, 〈이웃집의 토토로〉의 사츠키는 다소 다른 행보를 보여주는 영웅상이다. 이들은 자신이

---

17 김준양, 『이미지의 제국-일본 열도 위의 애니메이션』, 한나래, 2006, pp. 363-365.
<천공의 성 라퓨타>는 걸리버 여행기 3부 '하늘을 나는 성 라퓨타'에서 차용되었다. 스위프트는 소인국, 거인국, 하늘을 나는 성 라퓨타, 후이늠(인간을 쓰레기처럼 취급하는 말들의 나라)로 나누어 계몽주의 시대의 인간주체를 풍자하였다.

누구인지 찾아가는 소자아적인 영웅이라고 할 수 있다. 〈센과 치히로의 행방불명〉에서 이사를 가던 중 치히로는 신들의 온천장에서 돼지로 변해버린 부모님을 구하고 자신의 이름을 되찾기 위해 마고토(誠) 정신으로 열심히 일을 한다. 〈하울의 움직이는 성〉의 소피 역시 갑자기 90세의 노인으로 변해버린 자신을 탓하기 보다는 열심히 일을 하며 자신을 되찾아간다. 〈이웃집의 토토로〉에서 사츠키도 아픈 엄마를 대신해서 자신의 일을 잘하고 4살짜리 동생 메이까지 돌본다. 이들은 민족이나 자연의 순리를 위해 싸우지는 않지만 역시 전형적인 영웅 신화의 면모를 지닌다. 우리 시대의 진정한 영웅은 초인적인 목적 달성에 있는 것이 아니라 작은 인간으로서 자기의 소임을 다했을 때 비로소 현실적인 큰 영웅이 되는 것이다. 시드니 후크는 이러한 현대적 영웅을 '모든 사람은 영웅'이라는 슬로건으로 차용하고 있으며 이를 민주주의 사회의 이상으로 설정하고 있다[18].

이성강의 애니메이션에서 〈오늘이〉와 〈천년여우 여우비〉는 전형적인 신화의 원천 스토리텔링에 의존한 작품이다. 특히 〈오늘이〉는 민간 신화인 〈원천강 본풀이〉를 그대로 영상화시킨 애니메이션이다. 부모도 모르고 성도 나이도 모르는 오늘이라는 인물이 학의 도움으로 성장을 하고 오늘이라는 이름의 정체성을 찾아가는 이야기이다. 이는 〈센과 치히로의 행방불명〉의 센이 자신의 잃어버린 이름을 찾고 부모를 찾아가는 구조와 비슷하다. 이때 치히로와 오늘이는 자신의 이름을 찾아가는 과정에서 세상의 무질서에

18 박지향, 『영웅만들기-신화와 역사의 갈림길』, 휴머니스트, 2005, P. 30.

질서를 부여하는 조력자로서 영웅성을 발휘한다. 치히로는 온천장에서 오물 신을 씻겨주거나 자본주의적 일본의 과잉 소비를 상징하며 감성과 이성의 과잉된 텅빈 결핍과 부재의 얼굴 없는 신[19] 가오나시를 치유하는 역할을 한다. 오늘이 역시 원천강에 있는 부모를 찾으러 가면서 왜 앉아서 공부만 해야 하는지 이유를 모르는 장상이, 꽃이 피지 않는 연꽃 나무의 이유, 여의주를 많이 가지고 있어도 용이 되지 못하는 뱀, 하늘의 죄로 매일매일 글을 읽어야하는 매일이의 수수께끼를 풀어준다. 신동흔은 이러한 오늘이를 두고 고독한 인간의 모습을 상징하는 것이라고 말한다. 그렇다면 오늘이는 자신의 존재감에 제압되지 않고 주변의 삶에 끊임없이 관심을 가져주는 작은 소영웅이라고 할 것이다. 〈천년여우 여우비〉의 그 원천 스토리텔링은 우리나라의 구미호 전설에 바탕을 두고 있다. 100년을 넘게 살았지만 인간의 나이로 치면 10살 사춘기의 소녀에 불과하다. 어느 날 또래의 인간을 보고 인간 세계를 동경해서 아이들이 다니는 학교에 다니면서 모험을 펼치는 구조를 지닌다. 인간이 되고 싶었던 구미호는 인간과의 사랑으로 인간이 되지 못하는 비극적 운명을 지니는데 이 애니메이션도 이러한 원천 스토리텔링을 고수하고 있다. 지금까지 살펴본 원천 스토리텔링은 현실의 이야기가 아니라 마치 과거의 환상속의 이야기를 전해주는 착각을 주지만 그것은 신화의 파롤에 지나지 않는다. 그런 의미에서 우리가 신화라는 막대한 재산을 물려받은 상속인과 같다는 프레이저[20] 말은 충분히 공감이

---

19 박규태, 『애니메이션으로 보는 일본-소녀와 마녀 사이』, 살림, 2005, P. 70.

20 제임스 조지 프레이저, 박규태 옮김, 『황금가지1』, 을유문화사, 2005, pp. 623-624.

간다. 즉 우리와 원시인 사이에는 차이점보다는 유사한 공통점이 훨씬 많으며 우리는 미개한 조상들로부터 많은 철학을 물려받은 것이다. 따라서 현실의 이야기는 아니지만 결국 현실을 이야기하는 것이 바로 신화가 가지는 의미작용이자 기호작용이다.

2. 소녀 이미지의 기호작용

수잔 네피어는 미야자키 하야오의 '소녀'를 현실을 벗어난 존재의 매력이라고 정의한다. 미야자키는 빼어난 영상을 통해서 특정한 주의주장을 초월하여 한없이 매력적인 '다른'세계를 창조하는데 이것은 잃어버린 세계에만 국한된 담론이 아니라 가능한 것에 대한 담론이라고 말한다.[21] 미야자키와 이성강이 그리는 소녀는 남자다움의 전형적 요소인 자립심이 강조된 용감한 이미지이다. 따라서 '소녀의 가면을 쓴 소년'이라거나 '비여성적'이라는 용어로 비평되곤 한다. 이 두 작가의 소녀들은 고아이거나, 어머니가 없거나, 부모의 지원을 받지 못하는 인물들이다. 그렇다면 왜 두 작가 모두 고아나 다름없는 소녀를 등장시켜야 했으며 그들은 남성적인 속성을 가지고 세상을 용감하게 맞서야 하는가에 대한 질문을 던져봐야 할 것이다. 미야자키 하야오는 자신의 여주인공의 판타지 세계를 창조하기 위해 신화, 일본

---

21 수잔J. 네이퍼 지음, 임경희, 김진용 옮김, 『인문학으로 읽는 제패니메이션 아니메』,투비박스, 2005, pp. 202-203.

전래의 궁정문학, 일본의 역사, 전래동화 등 폭넓은 소재들을 차용하고 있다고 한다. 이성강의 경우에도 민간신화와 전설이 소녀의 이미지를 형성하기 위해 차용되고 있다. 소녀는 어떠한 기호작용을 거쳐서 문화의 생성코드로 차용되고 있는지 세 가지 측면에서 검토될 수 있을 것이다. 먼저 소녀가 양성인으로서 가지는 속성을 검토하기로 하자. 양성인은 괴테가 말한 것처럼 '삶을 부정한 악마가 모순적으로 신의 가장 소중하고 믿음직한 동료'처럼 등장하는 것과 같은 원리이다. 박규태[22]가 '소녀와 마녀사이' 라고 미야자키의 여성성을 규정하는 근거도 이러한 양면적인 소녀의 이미지를 간파한 것이기 때문이다. 두 번째로 소녀의 차용을 샤먼적 주술효과라고 부를 수 있겠다. 생명과 교감하는 캐릭터로서 소녀는 인간과 자연의 중간자이면서 이 두 세계를 넘나드는 문지방적 존재이기 때문이다. 세 번째로 소녀의 문화생성코드는 모성성이라는 용어로 정의할 수 있을 것이다. 모성원리는 미래 사회의 담론으로 바라볼 수 있는 포용적인 대지모신의 원리를 보여준다.

사냥을 하는 아르테미스.

먼저 소녀의 양성성에 대해서 좀 더 심도 있게 살펴보기로 하자. 우선 양성

---

22 박규태, 『애니메이션으로 보는 일본-소녀와 마녀 사이』, 살림, 2005.

성에는 두 가지의 의미가 읽혀진다. 먼저 성자와 마녀의 남매관계, 혹은 선과 악의 혈연관계 등을 생각해볼 수 있을 것이다. 이러한 예로 이집트의 오시리스와 세트가 선과 악을 상징하는 형제로 등장하고 인도신화의 데바와 아수라 역시 천지창조 이전에는 동일한 존재였음을 들 수 있겠다. 최근 극장가를 강타했던 〈트랜스포머〉역시 옵티머스 프라임과 메가트론은 선과 악으로 나뉘어 싸우지만 원래 쌍둥이 형제였음을 알 수 있다. 선과 악은 태초부터 같은 뿌리를 두고 시대에 따라서 다른 양식으로 재현될 뿐이다. 미야자키는 누구보다도 이러한 양성성에 관심을 가진 것으로 보인다. 〈원령공주〉에서 시시신이 삶을 관장하기도 하고 동시에 죽음을 관장하는 신이기도 한 점을 예로 들 수 있겠고, 〈센과 치히로의 행방불명〉에서 마녀 유바바와 제니바는 쌍둥이 자매였었고, 〈천공의 성 라퓨타〉의 후계자인 시타와 무스카 역시 원래는 동일한 라퓨타 사람이었다. 절대악도 없고 절대선도 없는 미야자키의 인물구도는 그 자체가 어쩌면 양성성을 보이고 있는 것인지도 모른다. 이를테면 〈원령공주〉의 산과 애보시의 관계에서 누가 선인지 악인지 구분이 모호해지는 경우를 그 예로 들 수 있을 것이다. 또 하나의 양성성의 의미는 남성과 여성이 하나의 성으로 통합된 존재로 등장하는 것이다. 플라톤의 『향연』에서 최초의 인간을 구형의 양성적인 존재로 묘사한 것이나 예수가 사도들을 향해 '남성도 아니고 여성도 아닐 때 왕국에 들것'이라고 한 말은 양성성의 완전함을 묘사한 것으로 읽을 수 있다. 미야자키와 이성강이 사용하는 소녀의 이미지는 남성과 여성이 혼재된 혹은 통합된 양성성을 가진다. 10대의 소녀는 자유분방하면서 여성이라는 사회적 이데올로기가 아직은 고착화되지 않는 발랄한 이미지를 상징한다. 소녀의 순수성은 정화의 기능까지 함축하는 것으로 읽을 수 있는 개념이다. 〈센과 치히로의 행방불명〉에서 센이 신들의 온천장을 청소하면서 오물 신을 씻기는 의미, 〈바람계곡의 나우시카〉에서 나우시카가 부해로 오염된 세상을 다시 소생시키는 역할을 담당하는 것, 〈원령공주〉에서 숲의 파괴를 막고 시시신의 소생을 위해 온 몸을 던지는 것, 〈하울의 움직이는 성〉에서 괴물로 변해가는 하울을 소생시키는 생성력은 모두 소녀라는 기표 안에 함축된 기의들이다. 마찬가지로 이성강의 〈오늘이〉는 얼음으로 얼어버린 원천강을 푸른 대지로 바꿀 수 있는 소생의 기능을 담당하거나 〈천년여우 여우비〉에서는 소심한 남자주인공 금이의 목숨을 살리기 위해 자신을 희생하는 인물로 등장한다.

두 번째로 제시한 소녀의 샤먼적 주술효과 즉 문지방적 존재로서의 특성을 살펴보기로 하자. 이는 양성성이라는 부분에 일부 걸쳐있는 개념인데, 시공간의 영역을 자유롭게 왕래한다는 측면을 부각하기 위해 따로 분리해서 논의의 심도를 높이기로 하겠다. 10대의 소녀는 시간과 공간에 있어서 무한한 자유로움을 함의한다. '꿈꾸는 10대 소녀'라는 말이 있다. 이 말은 10대의 소녀가 가지는 신기한 힘을 함축하는 신화이다. 실제로 미야자키나 이성강의 경우에만 10대의 소녀를 생성의 혹은 생산의 기호로 차용한 것은 아니다. 일찍이 루이스 캐럴은 앨리스를 통해서 이상한 나라에 여행을 가능하게 했고 영화 〈제5원소〉에서 소녀는 시공간의 제약에서 벗어난 샤먼적인 존재로서 문화에서 차용되었었다. 실제로 미야자키와 이성강의 소녀들은 현실에서 불가능한 것을 구사할 줄 하는 존재들로 등장한다. 자연과의 교감이 가능하고(원령공주), 바람을 읽고서 마음대로 나는 것이 가능하고(나우시카), 돌의 신비한 의미를 주술적으로 이용해 공중에서 떠있을 수 있고(시타), 나무의 틈으로 들어가 미지의 세계를 경험하거나 사람들에 눈에 보이지 않는 정령을 보거나 신기한 버스를 타는 것이 가능하고(사츠키), 저승으로 가는 기차를 탈 수 있으며(센), 곤충과 이야기를 나눌 수 있고(나우시카), 학과 교감하고 학에 의해서 키워지기도 하고(오늘이), 하늘을 자유자제로 날면서 현실의 주인공을 어린 시절로 데려가주고(마리), 삶과 죽음의 공간을 자유자제로 이동하고(여우비), 심지어 짐승으로 변한 사람을 사랑할 수 있는 능력(소피)까지 가지고 있다. 수잔 네피어는 비상하는 소녀들이 현실의 구속원리를 초월한다고 말한다. 비상은 서사에 카니발적이고 페스티발적인 요소를 더해준다고 말하고 있다. 결국 난다는 것은 축제적인 이미지를 보여주는데 그 안의 나는 주체는 다분히 샤먼적인 속성을 지니게 된다. 〈마리이야기〉에서 마리는 자유롭게 비상하는 남자 주인공의 유년에 머물렀던 신비의 소녀로서 그가 성인으로 성장하는데 필요한 용기를 주는 인물이며, 오늘이는 악당에게 잡혔지만 오히려 자신의 고향인 원천강을 찾는 과정에서 자연과의 교감을 통해 많은 사람들에게 인생의 해결책을 제시해주는 인물이다. 여우비는 지구에 불시착한 외계인 요용들 6마리와 한 지붕에 살고 있는데 여우비는 삶과 죽음의 시간과 공간 이동이 자유롭다. 두 세계를 자유롭게 오갈 수 있는 의미를 소녀가 함축하는 기호작용은 무엇이든 가능하다고 생각하는 소녀의 상징성 때문일 것이다.

세 번째로 소녀의 모성성의 원리를 자세히 들여다 볼 수 있을 것이다.

모성원리의 하나인 포용력을 소녀의 특징으로 바라볼 수 있을 것이다. 박규태는 "모성원리가 가지는 일본의 병폐"라는 용어를 사용한다. 모성원리는 좋은 것이든 나쁜 것이든 모든 것을 끌어안으려 한다는 것이라고 말한다. 이러한 모성원리 때문에 미야자키의 애니메이션이 선과 악의 구분이 모호하다는 비판이 제기되는 것도 사실이다. 그런데 우리가 주목하고자 하는 것은 그의 애니메이션에 하나같이 정상적인 엄마가 부재하다는 것을 들 수 있다. 이는 이성강의 경우에도 동일하게 적용되는 것인데, 엄마가 없다는 결핍과 고아의식이 던져주는 의미를 살펴볼 필요가 있겠다. 미야자키의 작품에 등장하는 소녀들은 소녀라기보다는 엄마의 존재를 대신해주는 역할을 하고 있다. 엄마가 죽어서 원래 없거(시타, 나우시카, 산, 소피)나 있더라도 아팠거(사츠키)나 혹은 돼지(센)로 변해버린다. 즉 엄마는 있으나 없으나 마찬가지로 소녀에게는 아무런 보호막이 되지 못한다. 스스로 세상을 보듬어 가는 것을 배우는 이미지를 보여주고 있는데, 이는 모성의 대리자로서 작용하는 것이라 할 수 있다. 〈이웃집의 토토로〉에서 사츠키는 초등학교 6학년이지만 4살 동생 메이에게는 엄마와 같은 존재이다. 동생과 아빠를 위해 아침 일찍 일어나 밥을 하고 집에 있는 동생과 아버지의 도시락을 싸며, 〈바람계곡의 나우시카〉에서는 몸이 굳어지는 아버지를 대신해서 바람계곡의 실질적인 지도자의 역할을 수행한다. 〈원령공주〉의 애보시는 사회에서 소외받은 사람들과 문둥병 환자들을 자신의 국민으로 받아들이고 모든 사람으로부터 존경을 받는 여자 지도자상을 보여준다. 이러한 지도자로서의 여성성을 '성숙한 남성'과 '근대적 아버지'로부터의 도주선이라고 칭하기도 한다[23]. 자연을 지키고자 문명과 맞서는 원령공주나 마녀의 계략을 극복하고 부모를 구하는 센은 미래 사회의 대안이 여성적 사유에 있음을 보여주는 것이라 하겠다. 에코 페미니즘이라고까지 논의가 진행될 수 있는 지점이다. 미래사회의 종말의식은 어쩌면 미야자키와 이성강이 제시하는 소녀 이미지의 복원을 통해 구제될 수 있을 지도 모르는 일이다.

3. 탈이분법적 기호작용

시바와 칼리: 남자와 여자의 합일된 모습은 완성적 인간상을 의미한다.

23 김준양, 『이미지의 제국-일본 열도 위의 애니메이션』, 한나래, 2006, P. 385.

이분법적 사고는 애니메이션의 영상을 기호학적으로 배치시키는 효과를 낳는다. 기 고티에는 영상을 지배하는 약호들은 문화를 지배하는 약호들이라고 말한다. 영상읽기는 비판적인 생각 없이 자연스럽게 학습되는 결과를 가져온다. 이러한 학습을 통해서 우리가 속해 있는 문화는 우리 안에서 내면화된다. 그는 영상을 향유하는 주체들이 영상에 의해서 그 사회의 이데올로기에 젖어들게 마련이라고 말한다.[24] 우리는 미야자키와 이성강이 제시하는 영상의 이분법에 주목할 필요가 있겠다. 이들이 제시하는 이분법적 요소는 어떠한 의미 생산적 효과를 지니는가. 공간의 이분법과 이미지의 이분법을 통해 제시되는 기호작용을 알아보고 거기에서 생성되는 의미생산 과정을 살펴볼 수 있다.

이 두 작가에게 세상은 이분화 된 공간으로 존재한다. 가장 대표적인 것이 〈천공의 성 라퓨타〉의 공간과 〈오늘이〉의 공간이라고 할 수 있다. 하늘을 떠다니는 라퓨타 성의 모습은 흡사 북유럽 신화의 우주목인 이그드라실을 상기시킨다. 나무는 마치 원을 형성하듯이 구성되어있는데, 지상의 나무의 잔가지는 신들의 세계인 아스가르드이고, 거대한 뿌리가 세 개 있는데 하나는 거인의 나라 니폴헤임이며, 또 하나는 인간의 세계인 미드가르드이고, 마지막 하나의 뿌리는 신들의 세계로 뻗어있다. 이 우주목의 세계에는 신과 인간 그리고 거인족이 함께 형성되어 있다. 〈천공의 성 라퓨타〉의 공간은 흡사 이 이그드라실의 세계를 그려 보이고 있다. 라퓨타

24 기 고티에, 유지나, 김해련 옮김, 『영상기호학』, 민음사, 1997, p. 199.

성의 상층부는 자연 생태가 아름답게 조성된 이상 세계이고 하층부는 기계 문명으로 비인간화된 공간으로 그려진다. 라퓨타는 유토피아적인 장소와 공포의 이분화 된 장소가 공존하는 곳이다. 라퓨타의 하층부에 있는 기계의 세계가 악을 상징하는 공간이라면 땅에 기반 한 상층부의 세계는 선을 기반으로 한 세계이다. 상층부가 라퓨타의 후계자인 시타의 세계라면 하층부는 라퓨타의 또 다른 후계자인 무스카의 세계라고 할 수 있다. 라퓨타의 세계는 이러한 대립된 세계를 보여주면서 동시에 자연의 형상에 닮아있는 기계를 보여준다. 즉 사람을 닮은 로봇이나 잠자리와 새를 닮은 비행기들은 라퓨타의 하층세계를 비판하는 영상기법으로 작용한다. 이 대립적인 공간이 공존하면서 이 두 세계의 운명은 함께 멸망해야 하는가라는 염려를 낳는다. 그런데 비행석이 가지는 멸망을 암시하는 주문의 주술성은 상층부의 세계를 온전히 남겨둔 채 하층부의 기계로 만들어진 반구만을 파괴시켜 떨쳐낸다. 주문을 실행시킨 비행석은 라퓨타의 나무에 박히게 되고 파괴의 중심이었던 비행석이 상층부의 자연을 지탱한다. 이는 자연을 해치는 무분별한 과학의 몰락이라는 상징적 의미를 획득한다. 이 지점에서 미야자키가 사용하는 이분법의 독특한 면을 살피게 된다. 선과 악이 뚜렷하게 구별되기보다는 마치 그것들은 자웅동체처럼 항상 공생하는 형국을 보여준다. 궁극적으로 악이라는 것도 선 안에서 수용될 수 있는 유연한 사고를 보여준다.

〈오늘이〉가 찾아가는 원천강이라는 곳은 '야'라는 학이 오늘이를 키운 이상세계의 상징이다. 어느 날 오늘이를 납치하고 야에게 활을 쏘아버린 도둑들은 오늘이를 데리고 가다가 바다에서 배가 뒤집혀 죽게 되고 오늘이만 살아남아 원천강을 다시 찾아가게 된다. 오늘이가 없고 학이 상처를 입은 원천강은 얼음으로 뒤덮여버리고 더 이상 아무것도 살지 못하는 공간으로 변해버린다. 오늘이는 용이 된 이무기의 도움으로 드디어 원천강에 이르게 된다. 이성강에게도 공간은 이분화 되는 것을 볼 수 있다. 오늘이가 야를 찾게 되고 오늘이의 울음으로 원천강은 녹게 되고 다시 이상공간이 된다. 곧 이것은 라퓨타의 공간인식과 같은 의미로 바라볼 수 있을 것이다. 이상세계와 지옥은 선과 악이 자웅동체의 한 몸에서 생성되는 것처럼 한 곳에서 생성되는 의미구조인 것이다. 미야자키나 이성강에게 공간의 이분법은 매우 형식적인 것에 불과하다. 결국 공간의 이분법은 내면의 사유에 의해서 얼마든지 생성되기도 하고 파괴되기도 하는 메타적인 공간이 되는 것이다.

바람계곡을 지키는 지도자이자 대지모의 상징 나우시카.

이미지의 이분법은 애니메이션을 형성하는 중요한 원리가 된다. 서론에서 이미지의 세계에 살고 있음을 역설한 것에서도 중요성은 충분히 강조되고 있다. 켐벨이 보여준 신화 이미지는 꿈꾸는 것에서 시작해 꿈에서 깨는 거시구조를 보인다. 뒤랑에게 이미지는 낮과 밤의 이원화에 의해서 분류되는 체제를 가진다. 태초에 빛과 어둠으로 세상이 창제되었다는 것부터 세계는 이미지의 이분화에 의해서 나뉘어 질 수밖에 없다. 박규태는 미와자키가 애니메이션을 통해 잃어버린 전통과 사라져가는 역사에 대한 비판을 하고 있으며 공허한 물질주의가 팽배한 현대사회를 비판하고 있다고 바라본다. 이러한 이미지를 나타내기 위해서 부패와 깨끗함, 청소와 정화, 식용과 오물, 가면과 이름, 숭고와 추악, 결핍과 과잉의 이분화된 이미지를 차용하고 있다. 숲은 인간이 살아가는 공간과 이분화된 신성의 공간으로 설정된다. 인간 세상의 상처는 숲에서 치유되며, 물에서 씻겨 지고, 하늘에서 자유롭게 비상하는 것으로 치유된다. 그러나 인간의 적으로 등장하는 〈바람계곡의 나우시카〉의 오무, 〈원령계곡〉의 들개신, 〈천공의 성 라퓨타〉의 기계로봇, 〈센과 치히로의 행방불명〉의 마녀와 〈하울의 움직이는 성〉의 마녀들은 절대악으로 이분화 되지는 않는다. 나우시카의 마음을 알아듣는 오무, 인간인 산을 키우면서 결국 아시타카를 믿어주는 들개신 모로, 꽃을 가꾸고 있는 인간미를 가진 로봇, 센과 소피에게 기회를 주는 마녀들은 미야자키의 이분화가 가지는 구조를 보여주는 이미지들의 유연성이다. 결국 이미지의 이분화 역시 공간의 이분화 이미지와 서로 상응되는 의미를 창출해내고 있다. 이미지의 세계를 통해 관념이 어떻게 배열되고 있는지 살펴볼 수 있을 것이다. 이분화 된 이미지 형식은 단지 세상을 메타적으로 바라볼 수 있게 하는 것이지 대립적 사고를 보여주고자 하는 것이 아니다. 따라서 이미지의 이분화가 작용하는 기호작용은 기존의 기호학의 이항대립과는 다소 차이가 있는 개념이라고 할 수 있다.

가오나시(顔無し)란 얼굴이 없음을 뜻한다. 〈센과 치히로의 행방불명〉에서 나오는 이 캐릭터는 문명의 과잉과 모순을 보여주는 기이한 얼굴을 하고 있다. 사실 얼굴이 없다. 문명이라는 것은 이렇게 가오나시처럼 우리 곁에서 웅크리고 있는 괴물 같은 형상을 하고 있는지도 모르는 일이다. 한국 영화 〈괴물〉은 여러 가지를 함축하는 형이상학적 의미를 가진다. 괴물의 형상은 사실 우리에게 보이는 것처럼 단순한 모습이 아닐 것이다. 어쩌면 영화 〈괴물〉이 보여준 괴물의 형상은 이 시대가 상상할 수 있는 모습 중에 하나일 뿐이다. 미노타우로스가 그리스 인들이 가지는 괴물의 형상이라면 가오나시는 현대인들이 상상할 수 있는 괴물의 대명사가 아닐까 한다. 이미 애니메이션은 더 이상 문화의 주변텍스트가 아니다. 요즘 인문학을 하는 사람들이 애니메이션을 텍스트로 적극적으로 수용하는 의도는 우리 시대가 영상 시대이자 동시에 신화적 시대이기 때문일 것이다. 문화텍스트에서 원소스멀티유즈(One Source Multi-Use)라는 개념은 애니메이션에 가장 잘 어울리는 용어인데, 우리가 중요하게 생각해야하는 것은 원소스(One Source)의 창조적 재생산이라고 하겠다. 애니메이션을 신화로 바라보는 과정은 원천 소스에 대한 근본적인 고민을 함의한 개념이다. 신화가 메타 언어적이라는 바르트의 견해를 이해하면 신화가 이데올로기를 숨기고

축소되어 왜소하게 작용하는지 반대로 확대되어 즐겁게 전개되는지 알게 될 것이다. 메타 언어적 의미에서 신화는 텍스트의 확장을 꾀할 수 있는 유용한 방법이 될 것이다.

4. 알파걸의 양성성과 문화화

미야자키 하야오와 이성강의 애니메이션에 나오는 양성적인 소녀의 이미지를 통해 우리는 문화의 양성성에 대한 심층적인 이해를 도모하고자 하였다. 그런데, 동화에서도 그러한 현상은 두드러지고 있었다. 우리는 애니메이션 〈슈렉〉시리즈에서 공주들의 엽기적인 행동을 통해 무엇을 느끼는가. 더 이상 수동적으로 기다리거나 선택되는 것을 원하지 않고 자신의 삶을 스스로 개척해 나가는 알파걸들을 통해 심리적인 통쾌한 해방감을 느낄 것이다. 이는 보는 사람이 남자이건 여자이건 동일하게 느껴지는 일탈적인 해방감이다. 어린이들이 보고 있는 동화 몇 편을 통해 양성성을 드러내는 인물들의 의미를 살펴보고 댄 킨들런이 주장하는 알파걸의 현재적 문화 의미를 들여다보기로 하자. 동화 속에는 용감하고 힘세고 자기주장이 강한 〈당글 공주〉 〈내 멋대로 공주〉 〈종이봉지 공주〉등이 새로 이사 왔다. 동화의 세계를 지키던 백설공주, 잠자는 공주, 신데렐라 등은 모두 〈슈렉〉의 세계로 이사가버린 지 오래다. 이제 아이들이 만나는 동화 속 공주들은 모두 내적인 아니무스의 세계가 외적인 페르소나에 반영된 전사적인 공주들이다.

새로 탄생한 공주들은 누군가에게 자신을 의탁해야 한다는 생각이 유전적으로 존재하지 않는 진정한 알파걸들이다. 스스로 악당과 싸우면서도 더 이상 왕자가 자신을 구하러 올 것이라는 헛된 생각조차 하지 않는다. 남자아이들에게 신사의 남성성을 가르치면서 여성을 먼저 돌봐주라고 가르치는 것을 계속 고수한다면 이 알파걸들은 아마도 분개할 런지도 모른다. 동화 속의 공주들의 자기 주장을 들어보자. 대표적으로 〈종이봉지 공주〉는 용에게 붙잡힌 왕자를 구하기 위해 용감히 길을 떠난다. 가는 길에 용이 내뿜는 불 때문에 드레스가 타버렸어도 전혀 상관하지 않고 길거리에 널려있는 종이를 뒤집어 써서 종이봉지 공주가 된다. 얼굴엔 검정 칠을 하고 전투사가 된 공주는 왕자를 구하러 성에 도착하지만 왕자는 정작 아름답지 않은 모습으로 자기를 구하러 온 공주를 달가워하지 않는다. 왕자는 가서 곱게 차려입고 다시 구하러 오라고 말하지만 공주는 더 이상 자신들의 관계에 연연해하지 않고 유쾌하게 이별을 고한다. 그리고 자신의 길을 가는 것이다. 이쯤 되면 남성들의 생각도 수정이 필요한 것이 아닐까. 알파걸들과 공존하는 방법에 대해서 말이다.

어쩌면 현대 사회의 무의식은 남성 안에 있는 남성성을 더 이상 원치 않고 또한 남성성이 크게 육성되지 않도록 작용하는 지도 모른다. 동시에 여성성은 과감하게 사회의 표층으로 두드러지고 있으며 그 현상이 지극히 자연스러운 횡보처럼 보인다. 더 이상 가족을 위해 사냥을 하거나 추위를 막아주기 위해 나무를 베는 일이 없어진 형국에 남성성이라는 기질을 계속적으로 가지도록 강요하는 것도 무리일 것이다. 그런데 더욱 놀라운 것은 동화의 아니무스적인 속성을 가진 알파걸들이 자신의 길을 독창적으로 가는 것에서 만족하지 않는다는 것이다. 토미 웅거리가 보여주는 동화의 세계는 참으로 의미심장하다. 그가 쓴 대표적인 동화인 〈제랄다와 거인〉과 〈빨간 모자〉의 여자 주인공을 들여다보자. 그녀는 자기의 생각을 주체적이고 독립적으로 한다는 점과 능력과 심성에 있어서 양성성을 보인다는 점에서 알파걸의 유전자를 타고 났다. 그런데 이 여주인공들의 특징이 사회의 교화기능을 담당한다는 데까지 확장되고 있다는 점이다. 〈제랄다와 거인〉에서 6살 제랄다는 아버지와 함께 마을 외딴 집에서 살면서 스스로 요리도 하고 집안 살림도 하고 못하는 것이 없다. 아버지를 대신해서 마차를 끌고 시장에 나가 장사까지 할 수 있는 것이다. 그렇게 길을 가고 있는 제랄다는 마을에서 어린이를 잡아먹는 식인거인을 만난다. 그녀는 그 식인 거인에게 맛있는 음식을 만들어 주고 그의 성에 가서 그를 교화시켜 정상적인 인간으로 변화시켜 결혼까지 가능하게 된다. 그녀는 사회적인 고정관념에서 자유로울 뿐더러 자신의 의지에 의해 주변을 변화시켜가는 알파걸이다.

또 다른 그의 동화인 〈빨간 모자〉에서도 소녀는 늑대와 맞서지 않고 늑대를 진심으로 이해하고 그와 결혼까지 하는 적극적인 알파걸이다. 단순히 자기 자신을 지키고 고정적인 사회의 편견에서 자유로운 것에서 머물지 않고 더 나아가 새로운 사회를 만들 수 있는 인물인 것이다. 토미 웅거리의 〈빨간 모자〉 속의 소녀는 동화의 헛소리를 더 이상 믿지 않는 진정한 알파걸이다. 이 동화에서 할머니는 빨간 모자를 괴롭히고 구타하는 부정적인 인물인데, 숲 속에서 만난 늑대는 빨간 모자에게 할머니의 평판을 이야기하면서 자기를 따라서 궁전으로 가면 공주처럼 대접해 주겠다고 말한다. 소녀는 늑대의 속셈을 의심하면서 늑대의 이빨에 대한 질문을 한다. 그러는 과정에서 늑대를 믿게 되고 늑대와 결혼하기로 한다. 할머니는 여전히 심술쟁이로 살아간다는 이야기이다. 할머니와 부모님의 말에 복종적인 동화들과는 대조적으로 사회적으로 나쁘다고 인식되는 거인이나 늑대를 편견을 통해 보려고 하지 않고 스스로 자신이 판단하는 바를 믿는다.

물론, 거인이나 늑대가 모두 궁전에 산다는 설정은 왕자의 궁전을 연상시킨다는 비난을 받기 어려울 것 같지만 그것마저 동화에서 사라진다면 무슨 재미가 있겠는가. 우리는 토미 웅거리가 그리려고 하는 편견과 싸우는 알파걸들에게 높은 점수를 주기로 하자. 이러한 상상력이 처음으로 보이는 것은 아니다. 이미 〈미녀와 야수〉에서 미녀인 벨이 야수를 감동시키면서 교화시키는 것을 보았을 것이다. 그때 벨이 선택한 교화의 방법은 책과 도서관이라는 매개체를 통해서였다. 벨은 야수의 겉모습이 아니라 그의 진심을 사랑하게 되며 야수는 마법에서 풀려나게 된다. 그런데, 토미 웅거리의 여자 주인공들은 〈미녀와 야수〉의 벨보다 더 적극적으로 세상과 맞서고 있다는 것이다. 그녀들은 자신이 느끼는 것을 가장 중요하게 느끼는 주체적인 인물들이다. 잭 자이프스[25]의 주장처럼 동화는 그 자체로 초시간적이거나 보편적이거나 아름다운 것은 아니다. 또한 아이들을 위한 최상의 치료가

25 잭 자이프스, 김정아 옮김, 『동화의 정체: 문명화의 도구인가, 전복의 상상인가』, 문학동네, 2008, p. 29.

되는 것도 아니라고 한다. 동화라는 것의 역사적 처방은 내면화되어 있고, 강력하고, 가히 폭발적이라고 까지 할 수 있는데, 우리는 이 시대의 전복적인 동화들을 통해서 새로운 주인공들의 새로운 대응 방법들을 본다. 오늘날의 동화 속 주인공들은 분명 전통적인 동화 속 주인공들과는 상당히 다르다는 것이다. 그래서 동화를 통해 이 시대의 문화 담론의 한 가지 방향을 읽어가는 것이다.

3장 메피스토펠레스와 공감

1. 선과 악의 신화구조와 기호작용

야누스의 얼굴.

인간에게 선과 악의 문제는 천지장조에 대한 근원적 질문만큼이나 원초적이면서 영원히 풀리지 않은 질문으로 남는다. 신의 본성이 선하다면 이 세상에는 전쟁이나 살인이나 미움은 창조되지 않았어야 하지 않는가하는 유아적인 질문은 어쩌면 누구나가 느끼는 성장기의 통과의례적인 질문이었을 것이다. 이러한 통과 의례적인 질문은 비단 갑남을녀들의 조야한 고민만은 아니었던 것 같다. 성악설을 이야기한 순자나 성선설을 주장한 맹자의 논의 역시 이러한 고민의 범주에서 나온 고차원적 질문이었을 것이다. 니체 역시 이러한 선과 악의 문제를 깊이 있게 다루었다. 그래서 니체는 좋음과 나쁨, 선과 악의 대립적인 가치가 이 지상에서 수 천 년 동안 무서운 싸움을 지속한다고 보았다. 이 둘의 승패는 아직도 결정되지 못한 채 여전히 싸움은 지속되고 있다고 보았다. 그 사이에 싸움은 더욱 고조되고 깊어지면서 심지어 정신적인 것이 되었다고 말한다.[26] 현대 사회에서 벌어지는 갈등을 볼 때, 보다 깊어지고 정신적인 싸움이 되었다는 니체의 주장에 공감을 표시할 수밖에 없다. 사실 민족 간의 갈등에서 선과 악의 개념은 지극히 상대적인 것이어서 객관적인 입장에서 보면 어느 편이 선이고 어느 편이 악인지 판단을 내리는 것 자체가 위험한 속단이 되어 버릴 수 있다. 하여 현대인들은 사실 자기의 주장을 펼칠 수 없는 위험한 담론의 세계에 던져져 있다고 하겠다. 우리는 절대선과 절대악을 가늠할 능력조차 부여받지 못하였고, 선과 악의 끝없는 변주를 드라마, 영화, 뮤지컬 등으로 공감할 뿐이다. 선악의 신화 구조와 기호작용을 살펴보면 미래에 던져진 인간의 불안한 현재상을 객관화시킬 수 있을 것이다.

26 김정현, 『니체 전집 14: 선악의 저편, 도덕의 계보』, 책세상, 2008, p. 386.

앞 장에서 말하는 소녀의 양성성은 주로 미르치아 엘리아데의 견해대로 분류해보자면 신체적인 양성성에 해당하는 개념이라고 할 수 있겠고 이 장에서는 주로 심리적인 양성성, 즉 선과 악의 문제에 대한 문화적 고민을 담은 담론을 이야기해볼 수 있다. 선과 악의 문제는 이재선의 〈한국문학 주제론[27]〉의 한 장이 되고 있는데, 권선징악의 이야기 구도를 서술하고 있다. 동일한 사물이 선의 매개체가 되기도 하고 악의 매개체가 되기도 하는 것은 오래된 신화의 공식이라고 할 수 있다. 〈흥부전〉의 박씨가 보은이 되기도 하고 복수가 되기도 하는 구도는 그러한 예라고 하겠다. 재미있는 것은 문학이 바로 악이 될 수 있다는 논의를 펼치고 있는데, 문학이란 것이 일상적인 한계를 벗어나고 법의 외부에 존재하려고 하고 기존의 규범 질서에 도전하려고 한다는 점에서 악의 파괴적인 속성과 궤를 같이한다는 논리는 공감을 얻을 만하다. 그러한 맥락 하에서 예술의 미를 추구하기 위해 작품 안에서 살인을 주저하지 않는 김동인은 악의 미학을 추구한 작가라고 정의할 수 있다고 한다.

절대선이 우세하던 이야기 구도가 전복이나 탈신화라는 포스트모더니즘의 사상과 섞이면서 기존의 동화의 선과 악의 구도는 상당히 혼란을 겪고 있고 심지어 선과 악의 이야기 구도가 한국 영화 〈장화홍련〉과 〈신데렐라〉처럼 공포 스릴러의 심리극으로 확장되기도 하였다. 이 공포 스릴러의 근본적인 사유의 시작점은 역시나 선과 악이라는 기본 구도의 심층적인

27 이재선, 「한국문학의 악의 사상」『한국문학 주제론』, 서강대학교출판부, 1991, pp. 60-77.

활용이라고 생각해 볼 수 있다. 최근 문화에서도 선과 악의 구도는 여전히 가장 매력적인 문화담론임에는 틀림이 없다. 인류가 지속되어 오면서도 선과 악의 문제는 여전히 해결되지 않은 채로 끊임없이 인류에게 유전된다. 더욱 복잡해진 DNA구조로 진화하면서 말이다. 선과 악의 문제를 집중적으로 유표화 시킨 뮤지컬 〈지킬 앤 하이드〉의 지킬 박사, 영화 〈스타워즈〉의 다스베이더, 영화 〈배트맨: 다크나이트〉의 조커와 투페이스, 선과 악의 문제에 깊은 성찰을 보여준 드라마 〈마왕〉의 강오수와 오승하라는 인물들의 심층에는 악마에게 영혼을 팔아버린 파우스트의 그림자가 드리워져 있고 그들 주변에는 파우스트에게 악을 유도한 메피스토펠레스와 같은 인물들이 항상 공존한다는 것이 흥미롭다. 즉 메피스토펠레스는 악의 상징성을 가지며 인간의 야누스적 속성을 자극해서 양성적인 본성을 드러나게 하는 촉대적 속성을 가진다.

전래동화와 신화에서 선과 악은 이원적인 기호체계를 형성하고 있다. 결핍된 약자는 선과 미의 세계로 기호화되고 강자이면서 부를 얻은 자는 추의 세계로 기호화된다. 이를테면 동화 속에서 선을 대표하는 주인공들은 하나같이 가난하고 부모가 없거나 가족을 잃는다. 하지만 그들은 하늘의 도움을 받아 궁극적으로는 멋진 결말을 맞이한다. 구박만 받던 콩쥐, 가난한 흥부, 엄마를 잃은 오누이, 아버지를 대신해서 죽은 효녀 심청, 서양의 신데렐라 이야기들 등 모두가 그러한 구도를 가진다. 결국 동화와 신화 세계의 결핍은 선과 악이라는 구도로 이야기된다. 악이 되어버린 충족의 개념에 서 있는 인물들은 결말에 가서는 모든 것을 잃게 되고 결핍의

스타워즈: 악의 화신이 된 다스베이더.

대상자들은 그들의 선한 의지에 의해 모든 것을 얻는 복을 받는다. 이러한 선과 악의 전도와 가역의 원리가 현실을 살아가는 사람들에게 현실의 어려움을 견딜 수 있는 이야기의 기호작용을 담당하고 있는 것이다.

그러나 우리가 절대선이라고 느꼈던 영역과 절대악이라고 매도했던 부분들이 매우 다른 이야기가 아니라 서로 밀접한 관계 속에서 항상 함께 하는 개념일 수 있음을 현대 문화에서는 매우 잘 활용한다. 이는 인간이 파우스트 박사처럼 항상 메피스토펠레스와 협상할 준비가 되어 있는 존재라는 것을 입증하는 것이다. 〈스타워즈 에피소드3: 시스의 복수〉는 스타워즈 시리즈의 결정판이라고 불린다. 이는 지금까지의 파편적인 영상들이 구슬 목걸이처럼 하나로 이어지는 즉 지금까지의 〈스타워즈〉영화들을 모두 함께 아우르는 이야기이기 때문일 것이다. 신화를 연구하는 입장에서 보면 〈스타워즈 에피소드3〉는 하나의 거대한 창조신화의 서사이다. 악의 화신인 다스베이더가 탄생한 악의 기원 화소, 다스베이더가 되기 전 아나킨과 파드메의 사랑, 자식보다도 사랑한 제자가 스승을 배신하는 이야기 즉 스승 오비완이 제자 아나킨에게 배신을 당하는 이야기, 남편을 잃은 파드메가 쌍둥이를 낳고 죽음을 맞이하는 이야기, 그리고 서로 떨어져 키워진 쌍둥이 오누이가 다시 만나는 이야기, 아들 루크 스카이워커가 악의 화신이 된 아버지를 만나는 부자 상봉 이야기 화소, 악인이 되었지만 가슴 저 밑에서 자식을 사랑하는 부성애 등 신화에서 가장 아름답고 감동적인 이야기 화소들이 한 데 모인 우주 신화의 이야기가 바로 〈스타워즈〉 완결판의 이야기이다.

〈스타워즈〉는 거의 30년에 걸친 6편의 이야기가 진행되었고 감독은 그 이야기의 시작을 가장 늦게 만들었다. 그 시작의 이야기가 바로 〈스타워즈 애피소드3〉라고 할 수 있다. 모든 이야기의 열쇠가 가장 마지막에 해결되는 거대한 미괄식의 영화 구도를 보인 셈이다. 한 영화의 거대서사를 이해하기 위해 대중은 30년이라는 세월을 기다려야했던 것이다. 그런데 재미있는 것은 이야기 창조의 가장 근원적인 시발점이 바로 악의 상징인 다스베이더의 탄생이라는 점이다. 아나킨이라는 젊고 유망한 기사가 제다이가 되지 못하고 악의 상징이 되는 과정을 우주의 선과 악의 탄생신화로 바라보아도 될 것이다. 어두운 악의 상징인 시스 족이 은하계에 전쟁을 가져오면서 시작되는 이야기인데 시스 족들은 은하계의 평화를 수호하는 제다이들을 죽이게 되고 아나킨은 제다이가 되지 못하고 어둠의 왕인 다스 시디어스의 부하가 되어버린다. 자신의 아이를 잉태한 사랑하는 여인을 위해 아나킨은 더욱 강한 어둠의 힘의 유혹에 넘어가고 만다. 결국 아버지는 악의 전령이 되어버리고 엄마는 아들 루크와 딸 레아를 낳다가 죽게 된다. 다스베이더가 탄생하는 과정을 들여다보면 인간의 나약한 의지를 교묘하게 이용하는 메피스토펠레스의 악의 모습을 지켜볼 수 있다. 엘리아데의 말처럼 메피스토펠레스는 생을 부정하지만 신의 협조자임이 분명하다. 그래서 예지력이 뛰어난 신은 우리들 인간에게 악을 친구로 붙여준 것인지도 모른다. 인도의 데바와 아수라 역시 선과 악마이면서 빛과 어둠을 구분하고 있는 대립과 갈등의 관계이다. 이들은 눈앞에 펼쳐진 직접적인 현실에는 서로 싸우도록 운명지어 지지만 천지 창조 이전이나 세상이 현재의 모습을 갖추기 이전에는 피를 나눈 관계였다고 한다.

신화에서 악의 세력이 세상을 지배한 경우는 상당히 많다. 이집트의 오시리스와 세트 형제의 싸움에서 동생 세트가 지상의 왕의 되었던 이야기는 가장 유명한 선과 악의 창조 구도일 것이다. 우리나라의 경우에도 소별왕의 잔재주에 져서 지하의 세계를 다스려야 하는 대별왕 이야기는 창조 신화의 구도로 읽힌다. 마찬가지로 악의 세력인 시스가 젊은 제다이 기사 아나킨을 악의 세력인 다스베이더로 만들어 세상을 지배한다. 그러나 신화의 구도에서 보면 이 세계는 반드시 선의 세계에 의해 응징되는 불안한 세계이다. 오시리스를 물리치고 왕이 된 동생 세트는 오시리스의 아들 호루스에게 패배하고 만다. 애니메이션 〈라이온 킹〉의 동생 악당 스카는 형 무파사를 죽이고 왕이 되지만 무파사의 아들 심바의 등장으로 다시 왕국을 잃지 않는가. 제다이의 젊은 정신을 가진 아나킨의 선한 의지는 다스베이더라는 악에 의해 사장되지만 아들 루크 스카이워커에 의해 다시 질서를 잡게 된다. 신화에서 보면 재주 많고 사랑받는 제자가 결국엔 스승을 처단하는 이야기가 자주 등장한다. 그 중 가장 기억할 수 있는 것은 중국의 예를 죽인 봉몽이라는 제자를 들 수 있다. 스승의 사랑을 이해하지 못하는 재주 많은 제자의 이야기는 어쩌면 메피스토펠레스가 가장 좋아하는 대상일 것이다. 전 세계 창조 신화에 자주 등장하는 오누이 신화소 역시 이 거대한 〈스타워즈〉 신화의 서사에 들어있는 구도이다. 아버지와 아들의 관계를 이야기할 때 고전처럼 등장하는 오이디푸스의 신화소 역시 잠시 생각하게 하는 부분이 있다. 아마도 이 거대한 영화는 신화의 원형적 이야기 구도를 떠나서는 쉽게 이해할 수 없을 것 같다. 그러나 신화를 알지 못하는 사람들에게도 너무나 친근하게 다가가는 이야기가 될 수 있다. 인간은 어쩌면 신화서 이전의 신화의식을 이용한 수많은 이야기를 창조했기 때문일 것이다. 즉 인간은 신화 이전에 존재했었던 신화적 존재들이었다. 인간의 무의시적인 삶 자체가 바로 신화의 요소들을 현현하고 있는 것은 이 때문이다.

2. 감정 배출구로써 악의 기능

악의 역할이 생을 자극한다는 말은 어쩌면 역설처럼 느껴질지도 모른다. 삶을 파괴시키는 것이 어떻게 삶을 유지하게 한다는 말인가. 문학이 규범적인 삶에서 악의 기능을 담당한다는 말은 삶에서 가능하지 않은 것들을 상상의 이야기 공간에서 자유롭게 펼치기 때문일 것이다. 그렇다면 어쩌면 예술이란 바로 악의 상상력이 아닐까. 가능하지 않은 것들을 이야기함으로써 삶을 되돌아보게 하는 역할을 하고 있는 것이 예술이기 때문이다. 샤를 보들레르는 그의 시집 〈악의 꽃〉에서 무릇 '미'란 악에서 찾는다고 말하였다. 시인의 곁에는 악마가 살고 있고 시인은 악마와 결탁해서 시를 쓴다는 것이다. 구체적으로 〈유혹〉이라는 시는 악마의 모습을 자세히 설명하고 묘사하고 있다. 보들레르가 제시하는 악마에 대한 묘사를 들여다보면 여성인지 남성인지 애매하고 몸뚱이의 선에는 고대의 박카스와 같은 연약함이 서려있다. 왼손에는 바이올린을 들고 쾌락과 고통을 이야기하는 형상이다. 비극적이면서도 동시에 미소를 머금고 있는 듯한 표정도 없고, 간사한 미태도 없고, 섬세하고 향기로운 아름다움도 없다. 눈이 없는 커다란 얼굴을 가진 거인이며 불룩한 배지는 허벅다리까지 늘어져 있고, 비참함의 문신을 모두 새기고 있고 꿈틀거리는 조그만 얼굴들을 가지고 있다고 한다. 시가 혹은 문학이 혹은 예술이 악이 된다는 것은 바로 삶을 벗어나 삶을 들여다볼 수 있게 해주는 프리즘을 제공하기 때문일 것이다.

좀 더 가벼운 사유로 현대의 담론을 들여다보자. 현대의 미디어가 양산하는 언어를 들여다보면 현대인의 억압된 감정이 악의 언어를 차용해 해소방안을 마련하고 있는 것 같다. 최근 드라마에서는 그 어느 시대보다도 인간에 대한 조롱이 극성을 부리고 있다. 악의 문화라고 불러야 할까. 그런데 그 악의 기능은 의외로 현대인의 정신에서 해소의 기능을 담당하면서 놀이적 상상력을 통해 다시 현실로 복귀하는데 일조하는 순기능 또한 가지고 있다는 것을 부인할 수 없다. 지금까지 드라마의 한 장을 장식하던 영웅과 멋진 남성들의 이미지에 반해서 현대에서 활보하는 캐릭터들은 상당히 부정적인 악의 상징이었던 인물들이 담론의 중심에 서 있다는 것이다. 현실 속에서 보다도 더 못난 남성들은 바람을 피워 세상의 웃음을 사고, 아버지의 역할을 수행하지 못해서 창피당하고, 여성들에게 비굴하게 엎드리고, 여성들의 구타까지도 기꺼이 받아들이는 못난 남성들이 화면을 활보한다. 그러한 대중 프로그램의 주 시청자들이 여성이고 그러한 여성들이 못난 남성들에 대해 실컷 욕을 퍼부으면서 여성 시청자들은 억압된 감정의 해소를 경험하는 것이다.

인터넷의 댓글 문화는 사실 악플 문화라고 할 수 있을 것이다. 모 신문사의 분석에 따르면 댓글 중 상당한 비중을 차지하는 것이 악플이라고 한다. 그렇다면 악플은 왜 빠르게 증가하고 있는가 하는 것도 중요한 문제로 접근해야 할 것이다. 예로부터 우리는 놀이판을 통해서 풍자와 해학을 도구삼아 악의 배출구로서의 기능을 활발히 활용해 왔었다. 그러다가 어느새 현대 사회는 몰라볼 정도로 놀이판의 문화가 사라졌다. 즉 광장의 문화가 아니라 밀실의 문화인 컴퓨터의 문화로 빠르게 옮겨와 버린 것이다. 지난날 놀이와 극이 혹은 민담이 담당했던 악의 해소 방법이 인터넷이라는 사적 공간으로 옮겨져 버린 것은 아닌가. 그러나 보니 아무도 보지 않는 곳에서 인간은 자주 메피스토펠레스의 유혹에 넘어가는 것은 아닐까. 인간 내면의 본성에는 가장 뿌리 깊게 메피스토펠레스라는 악마가 존재한다는 파우스트의 사유를 영화 〈배트맨: 다크나이트〉의 조커와 투 페이스라는 인물을 통해 살펴봄직하다.

배트맨 다크나이트: 투페이스의 얼굴.

정의의 대명사였던 배트맨의 영웅성은 지극히 개인적인 가정사에서 비롯되었다. 하지만 배트맨은 어느새 고담시를 위한 존재가 되어버렸고, 급기야 배트맨은 이러한 공적인 영웅의 역할에 회의를 품게 된다. 〈배트맨: 다크나이트〉는 영웅의 자기 번뇌와 악마의 역할 때문에 어쩌면 더욱 공감을 얻게 되는 이야기인 줄 모른다. 우리는 조커의 행동에 주시해볼 필요가 있다. 이 조커라는 악당은 근본적으로 돈이나 밝히는 그런 저급한 악당이 아니라는 사실이다. 조커는 스스로도 말한다. 돈만 밝히는 악당은 필요하지 않다고 공언하면서 도시에서 강탈한 돈을 모두 태워버린다. 다른 악당 영화에서는 돈을 위해 사람을 죽이고 오로지 그들의 지향점은 돈을 손에 얻는 것뿐이다. 그런데, 조커는 그렇지가 않다. 조커에게 중요한 것은 '돈이 아니라 메시지다' 라고 말한다. 그가 원하는 것은 고담시의 영웅 배트맨을 조롱하고 인간의 악한 본성을 끌어내서 그것을 가지고 놀고자 함이다. 영화 전반부에서 배트맨은 사람들이 펼치는 가짜 배트맨 놀이를 보면서 씁쓸해 한다.

그리고 개인적인 사랑까지 희생하면서 배트맨으로 살 필요가 있는가에 대해 심각한 영웅의 존재적 회의에 빠진다. 설상가상으로 조커는 배트맨을 조롱하는 놀이를 벌임으로써 배트맨이라는 것이 고담시민들이 만들어낸 허상인 시뮬라크르라는 것을 만천하에 보여주고자 한다.

그런데, 역설적으로 자기 정체성을 잃어가던 절대선의 상징인 배트맨은 조커의 등장으로 자신의 정체성을 다시 찾아가는 것이다. 즉 신의 가장 절친한 협조자가 메피스토펠레스였던 것처럼 배트맨에게 조커의 존재는 절대적으로 필요한 것일 수 있다는 이야기이다. 조커는 오로지 배트맨 때문에 고담시를 무너뜨리려고 까지 한다. 사람들은 급기야 자신들을 구해준 영웅으로 배트맨을 좋아하는 것이 아니라 배트맨 때문에 혼란이 가중된다고 생각하고 그를 증오하기에 이른다. 악당을 무찌르는 영웅이 아니라 조커를 불러들이는 영웅이라는 지극히 이기적인 현대인들의 마음을 투영하고 있다. 즉 현대인은 자신만 안전하면 족하다. 굳이 영웅이 등장해서 삶을 복잡하게 하는 것을 원치 않는다는 것이다. 배트맨은 증오의 대상으로 살 수는 없다는 말을 한다. 그런데, 조커만큼 인간의 선악의 본질적인 문제를 생각하게 하는 인물이 등장한다. 바로 투 페이스의 탄생이다. 유능한 검사 하비덴트는 배트맨이 지목한 새로운 고담시의 실재적 영웅이다. 시뮬라시옹의 영웅인 배트맨은 세상에 자신의 실체를 들어 낼 수도 없다. 배트맨은 새로운 실존의 영웅이 배트맨의 이미지를 대신해줄 것이라고 믿는다. 결국 영웅은 이미지의 소산이기 때문이다. 그리고 배트맨이 사랑하는 여인인 레이첼까지도 하비덴트에게 양보하는 결단을 내린다. 하지만 조커는 배트맨의 이러한 실제

영웅 만들기를 순탄하게 바라보지만은 않는다. 결국 배트맨과 조커의 놀이는 바로 하비덴트라는 실존의 인물을 두고 펼쳐지는 영웅 만들기와 영웅 비틀기의 대립인 것이다.

하비덴트는 현실의 유능한 검사로서 정의를 실현하는 과히 배트맨을 대신할 고담시의 실존적 영웅으로 승승장구한다. 그러나 정작 그 자신은 배트맨이 될 수 없음을 알고 있고 배트맨의 존재가 반드시 고담시에 존재해야 한다는 생각을 한다. 하비덴트는 배트맨이 누구이냐 라는 기자들의 질문에 자신이 배트맨이라고 말한다. 그러나 이것은 〈아이언 맨〉에서 존 스타크가 "내가 아이언 맨이다"라고 했던 담론과는 상당히 다르다. 존 스타크는 자신의 존재가 새로운 영웅이 될 수 있다는 의미에서 영웅을 공표한 것이라면 하비덴트의 고백은 배트맨이라는 존재를 실제의 세계로 끌어들이지 않고 시뮬라시옹의 세계에 살게 하려는 의도이다. 현실이 가상의 세계를 대체해버린다면 어쩌면 실재의 삶이 더 각박하고 허무하게 보일 수도 있을 것이다. 하비덴트는 레이첼과 사랑하는 사이인데, 조커는 이러한 기회를 놓치지 않고 이용한다. 하비덴트와 레이첼을 서로 다른 장소에 묶어두고 배트맨에게 선택하도록 하는 게임을 한다. 결국 둘 다 자충수가 될 뿐인 선택이다. 배트맨에게는 고담시의 새로운 영웅인 하비덴트도 중요하고 자기가 사랑하는 여인인 레이첼도 중요하다. 그러나 이 게임은 조커의 승리를 전제 해두고 벌이는 무익한 놀이일 뿐이다. 하비덴트는 결국에 살아남지만 이전의 하비덴트가 아니라 투페이스 라는 새로운 이중인격으로 재탄생된다. 이는 조커의 의도대로 인간의 본성을 들춰내 그 추악한 악의 모습을 만천하에 드러내고자 하는 성공작인 셈이다. 결국 배트맨은 자신의 정체성을 조커로 인해 다시 확인할 뿐이다. 인간의 내면에 남아있는 악의 본성이 조커의 부채질로 인해 다시 살아난 것이다. 감정 분출구로서 악의 기능은 바로 조커의 역할이 아닌가 한다. 규범적인 것을 마음껏 조롱하고 정의를 비틀고 인간을 놀이화시키는 악당 조커는 메피스토펠레스의 또 다른 현대 문화의 그림자이다.

3. 선과 악의 전복적 사유에 대한 공감

세계의 유지신 비슈누와 파괴신 시바의 모습이 혼합됨: 순환의 상징과 양성성.

괴테에 의해 악당 메피스토펠레스는 현대적 지성이라는 마스크를 쓰게 되었다. 염소의 수염과 박쥐의 날개와 드래곤과 그리폰을 닮은 해괴한 형태로 등장하는 이 악당 괴물은 천문학과 기상학에 조예가 깊고 미래를 예언하는 능력까지 겸비하게 되는 것이다. 이는 전설에서 파우스트가 거래했던 악마의 모습과는 조금 다른 새로운 모습이다. 한 인간에게 서로 다른 면이 드러날 때 우리는 범박하게 야누스의 얼굴이라는 표현을 쓰곤 한다. 야누스는 엄밀히 말하면 로마의 고유 신이다. 혼돈의 시대에 크로노스는 아들 제우스의 반란으로 이탈리아로 쫓겨났는데 야누스는 그 때 동행한 인물이다. 야누스는 왕으로 추대 받고 도시를 세운다. 로마인들은 야만의 생활을 벗어나게 해준 야누스왕의 아들을 기려서 티베르 강이라는 이름을 짓기도 했다. 로마인들은 야누스를 존경하고 신전을 만들어 그곳에 문을 설치하였다. 문의 의미는 이중적인데, 전쟁은 열린 문으로 평화는 닫힌 문의 의미로 구분하여 상징화시켰다. 그러니까 야누스는 문의 신인 셈이다. 우리나라의 터주신이 땅을 지키고 성주신이 집을 지키고 조왕신이 부엌을 보호하듯이 로마인들은 야누스라는 신을 통해 문을 지키고자 한 것이다. 문은 안과 밖에 놓여 있는 사람에 따라 안과 밖이 다르게 인식될 수 있기 때문에 이중적인 의미로 확대해석 된 것이다. 그 후 예술에서 한쪽으로 미소 짓고 다른 한 쪽으로 노여움을 드러내는 것을 야누스의 얼굴이라고 명명한 이후로 본래의 신화적 의미보다는 겉과 속이 다른 인간의 이중적인 얼굴을 Janus-faced(양면적인)로 불려왔다.[28]

---

28 박영수, 『신화로 보는 세상』, 학민사, 2003. pp. 138-141.

선과 악의 이중적인 인물을 주제로 하는 뮤지컬 〈지킬 앤 하이드〉와 드라마 〈마왕〉은 현대를 살아가는 우리에게 역시 깊은 공감을 던져주고 있다. 문제는 선과 악의 번뇌와 갈등에 대한 인간의 깊은 공감대가 잘 형성되고 있다는 점이다. 불의의 사고로 자신의 의지와는 상관없이 불합리한 삶의 희생양이 되어버리는 삶의 부조리를 드라마 〈마왕〉은 선과 악이라는 고전적인 고리로 해석하고 있다. 또한 뮤지컬 〈지킬 앤 하이드〉처럼 인간 내면의 선과 악을 분리하고자 하는 과정에서 스스로 그러한 경계를 넘나드는 인간의 트라우마를 들여다보게 되는 것이다. 그렇다. 드라마 〈마왕〉과 뮤지컬 〈지킬 앤 하이드〉는 인간의 트라우마를 선과 악이라는 고리로 풀어가고 있는 것이다. 현대를 살아가는 우리는 그들이 감당해야 하는 선과 악의 경계 넘기를 그들의 트라우마로 이해하기 때문에 그토록 애정을 가지고 감동적으로 바라보는 것은 않을까.

드라마 〈마왕〉은 희생자와 가해자가 뒤바뀌면서 악이 선이 되고 선이 악이 되는 구도를 보인다. 이는 복수 영화 시리즈 중에서 〈올드보이〉와 〈친절한 금자씨〉의 선과 악의 전도된 기능과 일치하는 것이다. 〈마왕〉의 이야기를 잠깐 들여다보고 선과 악의 전도가 선과 악이라는 고정적인 가치 관념을 어떻게 바라보게 하는지 살펴보기로 하자. 〈마왕〉의 주인공인 강오수는 열혈 형사이지만 과거 자신의 죄를 잊지 못하고 살아간다. 누구보다도 정의를 지키면서 최선을 다하는 형사이다. 그러나 그의 내면에는 과거에 저지른 죄의식이 서려있고 사람을 죽인 악마적 본성이 똬리를 틀고 있다. 드라마에서는 그것을 마왕이라고 부르는 것 같다. 강오수는 국회의원 아버지에 대한 반항심으로 학교폭력의 가해자이면서 사람을 죽인 살인마였다. 그렇게 강오수의 악마적 속성 때문에 본명이 정태성인 오승하는 사랑하는 형과 엄마를 잃게 된다. 강오수는 자신의 죄를 씻기 위해 세상의 정의를 구현하기 위해 경찰이 된다. 그러나 오승하를 만나면서 자신의 과거의 죄가 용서받지 못한다는 것을 깨닫고 눈물로 자신의 죄를 고백한다.

드라마의 선과 악의 큰 축을 이루는 오승하는 강오수의 살인으로 형과 엄마를 잃고 복수를 결심한다. 그는 인권변호사로 약자를 위한 변호를 하기도 하지만 강자를 위한 변호도 한다. 직업적인 선과 악의 딜레마는 가면을 쓴 오승하에게 처음부터 정의와 선의 개념에 의문을 가지게 하는 지점이다. 오승하의 얼굴로 진행하는 복수의 시나리오 뒤에 오승하의 진짜 어린 시절의 도플갱어인 정태성이라는 또 하나의 피해자들이 생기는 것을 괴로워하기도 한다. 오승하는 드라마 속에서 천사 루시퍼의 이야기를 설명한다. 하나님의 2인자였던 사탄인 루시퍼는 모든 천사들 가운데 가장 아름다운 사람이었고 가장 사랑받는 신이었다. 그는 하나님을 위해서 시험과 유혹을 사용해서 인간의 영적 성장을 교육하는 역할이었다. 그래서 빛의 수호자라는 이름으로 불린다는 것을 오승하는 상기한다. 오승하는 자신의 복수를 위해 선을 행하고 있는 악마인 것이다. 드라마 속 진정한 마왕이라고 할 수 있다. 그러나 진심으로 회개하는 강오수의 모습을 보면서 그는 강오수를 용서하면서 죽게 된다. 트라우마로 시작된 어린 시절의 복수가 이미 실현되었지만 악이 저지르는 마성에 스스로가 더욱 더 파괴되어 감을 느끼는 것이다. 이는 〈올드보이〉에서 이우진이 어린 시절 억울하게 죽은 누이에 대한 소문의 진원지인 오대수를 용서하면서 그는 마치 스핑크스가 수수께끼의 답을 듣고 벼랑으로 떨어져 죽듯이 자신의 머리에 총을 겨눈다. 사실 악으로 등장했던 〈마왕〉의 오승하와 〈올드보이〉의 이우진 그리고 덧붙이자면 〈친절한 금자씨〉의 금자는 모두 죄를 졌지만 절대적으로 비난만 할 수 없는 선의의 피해자들이다.

결국 절대악이란 존재하는가. 그 악의 근원적 트라우마를 들여다보면 바로 그들의 분노의 모습은 바로 현대를 살아가는 혹은 억울한 경험을 당한 적이 있는 우리들의 모습이기 때문이다. 그렇다면 로버트 루이스 스티븐슨의 원작 소설인 〈지킬박사와 하이드씨〉에서 각색된 뮤지컬 〈지킬 앤 하이드〉는 왜 이렇게 시대를 초월해서 대중을 감동시키는가. 미국 뮤지컬의 성공적인 흥행뿐만 아니라 우리나라에서도 2004년 초연 이후 계속적으로 사랑을 받고 있다. 무엇이 이 이야기에서 느껴지기 때문일까. 선과 악의 파열된 자아에 대한 이야기가 왜 현대인의 심리에 적극적으로 동조되고 있는가. 뮤지컬을 보면서 내내 드는 생각이다. 우리는 지킬에게 매료되는가 아니면 내면의 악을 발산하는 하이드에게 매료되는가. 지킬은 유능한 의사이자 과학자이다. 절대선을 상징하는 지킬은 지고지순한 사랑의 소유자인 엠마를 사랑한다. 그러나 지킬은 정신병을 앓고 있는 아버지 때문에 인간의 정신을 분리하는 연구를 시작하면서 점점 변해간다. 그리고 지킬의 연구는 이사회의 강한 반대로 무산이 되고 만다. 지킬은 어느 날 클럽에서 학대를 당하는 루시에게 친구가 필요하면 오라고 자신의 명함을 건넨다. 지킬은 마땅한 실험대상을 찾지 못하고 자신이 직접 실험 대상이 되기로 한다.

그러나 지킬은 결국 악으로만 가득 찬 하이드를 만들어내고 루시는 그 하이드를 사랑한다. 하이드는 이사회에 반대했던 사람들을 하나씩 죽이면서 지킬은 점점 약을 복용하지 않아도 하이드의 인격으로 변해버린다. 뮤지컬의 아름다운 선율에 따라 지킬은 "지금 이 순간 마법처럼 나를 묶어 왔던 사슬을 벗어 던진다"라고 노래한다. 관객은 지킬이 하이드로 변화면서 보여주는 선과 악의 고뇌와 그의 좌절과 사랑에 일제히 박수를 보내는 것이다. 이러한 일련의 선과 악을 다루는 영화, 드라마, 뮤지컬 등이 궁극적으로 태초의 신화적이고 고전적인 주제를 통해서 무엇을 얻고자 함인가. 결국 우리는 또다시 엘리아데에게 의지할 수밖에 없는 것인가. 엘리아데는 이러한 선과 악의 대립을 노래하는 것은 인간이 대립의 합일에 대한 향수 즉 실낙원에 대한 향수를 가지고 있기 때문이라고 한다. 상반된 요소들이 대립 없이 공존하고, 다양성이 신비로운 통일성의 여러 가지 측면을 구성하고 있는 그런 천국적인 모순의 상태에 대한 근원적 향수라는 말에 동의해야 할 것인가.

4장 하이브리드 상상력: 인간과 곰

1. 현대의 곰 사냥의 의미

동화에서 영원히 살 수 있는 캐릭터는 동물일 것이다. 어린이들의 문화에서 테디 베어, 장화신은 고양이, 미키마우스, 곰돌이 푸, 디지몬 친구들의 동물 캐릭터 등은 또 하나의 어린이를 형성하는 듯하다. 아니면 동물들이 바로 어린이라고 해도 무방하다. 김열규는 어린이 문학에서 동물들에게 말할 수 있는 능력을 빼앗고 사람처럼 생각과 행동을 못하게 하면 동화는 사라져버릴 거라고 말한다. 피아제가 아이들의 꿈을 관찰한 결과 상당수의 어린이는 꿈속에서 실제 본 경험이 없는 동물들을 그리고 있다는 사실을 발견했다. 그렇다면 융이 말하는 집단 무의식의 심층에는 동물에 대한 인간의 근원적인 향수가 존재한다는 것인가. 파브르 곤충기가 어린이들에게 변하지 않는 고전으로 남을 수 있는 이유는 무엇일까. 질베르 뒤랑은 〈동물의 모습을 한 상징들〉에서 피아제와 파브르의 동물 상상력을 언급하고 있다.

여기에서 그는 오스트레일리아의 쿠르나이 족이 상상계의 원형과 사냥술의 대상이 되는 동물들을 구분하고 있다고 지적한다. 사냥의 대상이 되는 동물들은 '지아크'라 부르고 이야기와 전설들 속에 등장하는 "특별한 동물들"은 '무크 지아크'라는 이름으로 부른다고 설명한다.[29]

실제 현대를 살아가는 아이들에게도 동물 이미지는 영상 매체의 발달에 의해 더욱더 그 상상의 폭이 넓어지고 있다. 어린이들이 좋아하는 애니메이션과 영화에는 반드시 캐릭터를 수호하는 정령으로 동물 상상력이 활용된다. 청룡, 백호, 주작, 현무의 신화적 상상력은 어린이 문화캐릭터의 단골 상징체가 된다. 심지어 〈파워포스 레인저〉라는 일본 어린이 영화에서는 화이트 타이거, 블랙 이글, 레드 라이언, 블루 샤크 등 색체 이미지와 동물의 상상력을 결합시켜 어린이들의 마음에 또 하나의 상징 원형을 만들어가고 있다. 고대의 아이들이 벽화의 그림을 보면서 동물 이미지를 인격화시켰다면 현대를 살아가는 어린이의 마음속에 동물이미지는 영상이 만들어 놓은 이미지의 그림자에 어느새 익숙해지는 것이다. 나카자와 신이치는 이러한 영상 즉 스크린에 투영된 환영을 보는 현대의 신화적 인간들을 "포스트모던의 동굴인[30]"이라는 표현을 쓰고 있다. 이 개념은 플라톤이 신화적 인간의 사고를 두고 동굴의 철학을 떠올린 것에 착안한 발상인데, 영상세대의 어린이를 설명하는 용어가 될 수 있겠다. 그런데, 어린이 동물 상상력을 보면서 풀리지 않는 문제가 생긴다. 바로 곰에 대한 상상력이 그것인데,

---

29 질베르 뒤랑, 진형준 옮김, 『상상계의 인류학적 구조들』, 문학동네, 2007, pp. 89-91.
30 나카자와 신이치, 『곰에서 왕으로』, 동아시아, 2005, p. 97.

곰은 인간들과는 참으로 가까운 동물 캐릭터로 테디베어, 티니위니, 곰돌이 푸, 폴라베어, 곰탱이, 팬돌이, 코카콜라 북극곰 광고, G마켓 곰 광고, 등 셀 수 없을 정도로 영상매체에 차용되고 있다. 하지만 의외로 어린이 전래 동화에서는 그다지 많은 이야기가 전해지고 있지 않다는 의문점을 낳는 것이다.

곰 이미지의 차용이 관심을 끄는 근본적인 이유는 우리가 곰의 후손들이라는 데 있다. 곰과 호랑이가 함께 동굴에서 마늘과 쑥으로 시련을 견디다가 결국 호랑이는 뛰쳐나오지 않았던가. 이어령은 이러한 단군신화를 해석하면서 곰이 한국인의 마음의 기호라는 말을 하고 있다. 호랑이는 현실적이고 외적인 힘의 상징이며, 곰은 이상적이고 내적인 힘의 원천을 상징한다는 것이다. 따라서 곰은 안으로 힘을 간직한 자라고 치켜올린다. 그렇다면 의문점은 또 생기게 된다. 한국인의 마음의 기호라고 했는데 왜 그 많은 세월동안 수많은 전승 이야기 속에서 곰에 관한 이야기는 손으로 꼽을 정도인가. 고조선부터 시조로 삼았던 곰 신화에 대한 이야기가 고작 10여 편에 지나지 않는다는 것은 뭔가 석연치 않은 구석이 많다. 이 문제에 대한 질문을 〈동북아

곰의 모습으로 아이를 안고 있는 여신.

곰 문화〉에 대한 논의를 진척시켰던 이정재도 제기하고 있지만 그 역시 확실한 가설을 내놓지 못하고 단지 만주의 호랑이 문화의 우세를 우리의 기층문화와 연관시키고 있는 정도이다. 그렇다고 의문이 풀리는 것은 아니다. 어쩌면 풀리지 않을 문제가 될 수도 있다. 이정재의 논의가 곰 문화, 곰 제의, 곰 신화의 광범위한 해석으로 오히려 동북아의 곰 신화의 특성을 제대로 파악하지 못했다는 비판적 문제제기로 논의를 시작한 김헌선은 한국, 만주, 아이누의 곰 신화를 비교하면서 우리의 곰 신화가 동북아의 보편적인 신화소의 차용이라는 점을 강조한다. 이렇게 보편성을 지녔다면 의혹은 더더욱 증폭된다. 그런데, 왜, 우리 어린이들의 전래동화와 민담에는 그 전승 상태가 빈약한 것일까. 자료의 한계도 있겠고 논자의 연구 범위의 협소함으로는 당장 풀 수 없는 문제이다. 그렇다면 이 문제에 대해서는 고고학자나 인류학자들에게 그 짐을 좀 떠넘기고 우리는 현대 어린이 문화에 재현된 곰의 상상력을 통해 현대의 곰의 신화적 의미를 재정립하면서 그 원형적 상상력에 좀 다가가 보는 역추적 방법을 도모할 것이다.

곰에 주목한 근본적인 이유는 어린이 애니메이션과 동화에 착종되어 나타나는 곰 이미지 때문이다. 또는 현대의 어린이 놀이 문화와 전혀 관계없는 〈곰 사냥〉을 동화의 소재로 차용한 것을 어떻게 이해해야 할 것인가. 동북아에는 유사한 곰 제의가 많이 등장한다. 곰 신화로 유명한 아이누족에게는 곰 살해와 곰 제의가 곰 축제로 이어지고 있다. 아이누 족들은 어린 곰을 잡아와 곰 어미 즉 집안의 여자에게 이런 호칭을 부여하면서 곰을 키우게 한다. 2-3년 정성껏 키운 곰을 잡기 위해 부족은 한 장소에 모인다. 많이 자라서 포악해진 곰을 가두고 곰 어미들은 통곡하고 부족의 어른들은 곰에게 왜 자신들이 곰을 죽여야 하는지 매우 신성한 이유를 계속해서 설명하곤 한다.[31] 그들에게 곰은 동물이 아니라 신에게 자신들의 입장을 전달해주는 신의 사령 또는 샤먼들이었음을 보게 된다. 이러한 곰 제의는 부족의 축제가 되고 있음을 알 수 있다. 전 세계의 신화 여러 군데에서도 곰 가죽을 둘러쓴 인간, 곰과 결혼한 남자, 곰의 자식, 곰 어미, 곰 부인 등 곰은 인간의 원형적 상상력에 너무나 밀착되어 전해온다.

곰의 의미를 세 가지 측면에서 살펴볼 것이다. 첫째는 현대 어린이 문화 매체인 애니메이션과 동화에서 재현되는 '곰 사냥'과 '곰 제의'의 원형적 의미를 찾아보고 그 현대성을 알아보고자 한다. 두 번째는 곰에 대한 착종된 이미지들을 기호학적 분석방법을 동원해 이분화 시켜 보고자 한다. 이항 대립에서 읽어볼 수 있는 어린이 문화 의미를 해석해 볼 수 있을 것이다. 지혜와 바보의 대립, 인내와 포악함의 대립, 부활과 죽음의 대립, 신과 인간의 대립 등 곰은 여러 측면에서 의미가 착종되어 문화에서 현현되어 등장하고 있다. 세 번째는 어린이 문화에서 곰의 기능이 샤먼적 속성을 가지고 있다는 데 논의가 진행될 것이다. 곧 어린이는 자신의 상처를 공유해 줄 대상으로 곰을 자신과 동일시하는 치유의 상상력을 활용하고 있다. 세 가지 논의는 따로 따로 전개되기보다는 어느 정도 공유가 불가피하다. 결국 이러한 곰의 상상력에 대한 분석은 우리 문화에 왜 곰에 대한 설화가

31 사라시나 겐조우, 이경해 옮김, 『아이누 신화』, 도서출판역락, 2000, pp. 53-54.

희박했는지 검증하는 데는 나아가지 못할 것이라는 한계를 미리 느낀다. 하지만 현대의 곰의 의미를 분석함으로써 문화 원형적인 측면에서 어린이의 곰 상상력을 밝히는 데는 일조할 수 있으리라 기대 하에 논의를 진행한다.

곰의 상징적 의미는 동서양의 문화에서 상당히 상반된 의미를 함축하고 있다. 진 쿠퍼[32]가 정리한 상징을 살펴보면, 곰은 북유럽에서는 토르 신에게 바치는 동물이며, 샤머니즘에서는 숲의 정령이자 신의 사자 역할을 한다고 믿었다. 곰은 동면에서 깨어나는 속성 때문에 부활과 탄생을 의미하고 그러한 의미 때문에 이니시에이션과 통과의례와 연관된다. 일본의 아이누 족들은 곰이 은혜와 지혜를 뜻한다고 믿는다. 또한 아이누 족들에게 곰은 문화영웅이며 신의 사자이기도 하다. 영웅 신화에서 곰은 태양에 속하지만 홍수 신화에서 곰은 달에 속한다. 아메리카 인디언들에게는 초자연적이고 강하고 꿋꿋한 힘의 상징이 되지만 크리스트교에서는 곰을 부정적으로 인식한다. 크리스트교와 이슬람에서 곰은 악마, 사탄, 사악, 잔혹, 탐욕, 육욕을 상징한다. 새끼 곰은 일정한 모습이 없다가 나중에 어미 곰에 의해서 곰의 형상을 가지게 된다고 여겨서 곰은 크리스트교가 이교도를 변모시켜 다시 태어나게 하는 힘의 상징으로 읽혀진다.[33]

우리 문화에서 곰은 어떤 의미를 지니는지 단군신화에서 그 단서를 찾을 수가 있는데, 곰은 참을성이 있고 자신의 미래를 위해 현재를 견디는 지혜를 가지고 있다. 영국의 헬렌 옥스베리의 경쾌한 일러스트레이션이

32 진쿠퍼, 이윤기 옮김, 『그림으로 보는 세계 문화 상징 사전』, 까치, 2007, pp. 28-29.
33 잭 트레시더, 김병화 옮김, 『상징 이야기』, 도솔출판사, 2007, p. 79.

보여주는 〈곰 사냥을 떠나자〉의 곰 사냥은 그러한 문화가 사라진 현대에 어떤 의미로 받아들여 질 수 있는가. 그렇다면 이 동화의 해석코드로 고대인들이 곰 사냥에 부여했던 성장의 통과제의를 떠올릴 수 있을까. 위에서 곰은 성장과 통과제의의 의미를 가진다고 했는데 엘리스 돌글리시가 쓴 〈헴록 산의 곰〉은 그러한 곰의 의미를 잘 보여주고 있다. 주인공 조너선은 곰을 만났다는 사실만으로도 의식의 성장을 경험한다. 어른들은 조너선에게 헴록 산에 곰은 없을 거라고 말해주고 헴록 산을 넘게 한다. 그는 어른들의 '곰이 없다'는 말을 주문처럼 외우면서 산을 넘어 숙모의 집에 가서 엄마가 부탁한 솥을 빌려 다시 헴록 산을 넘어오다가 그만 덜컹 곰을 만나 버린다. 조너선이라는 어린 주인공은 곰을 직접 보게 된 것이다. 그리고 조너선은 이전과는 다른 자신을 느낀다. 분명 여기에서 곰은 이니시에이션의 상징으로서 의미를 가진다. 테네시 주와 몬타나주의 형태에 대한 민담과 큰곰자리의 유래에 대한 이야기가 앤 이삭스가 쓴 동화 〈세상에서 가장 키가 큰 여자아이 안젤리카〉에 잘 나타난다. 곰과 싸우는 아주 큰 여자아이의 이야기를 통해 곰 사냥과 곰 제의 더 나아가 곰 제의의 장면을 보여주고자 하였다. 태어날 때부터 안젤리카는 엄마 아빠보다 큰 아이인데, 점점 커서 강물을 퍼 올리고 하늘까지 닿을 만큼 커진다. 이 거인여자 아이 이야기는 우리나라 남부지역에 두루 전승되어오는 마고할미의 신화적 상상력과 비슷하다. 일부에서는 곰을 〈고마〉로 보고 〈고마〉는 마고여신[34]으로 본다고 주장한다. 마고여신

34 정근, 『마고할미』, 보림출판사, 2005.

은 그러니까 곰의 변형이라는 이야기이다. 창조주 마고 여신에 대한 두 가지 해석을 보인다. 여성의 생산력과 번신력이 여성을 신성시하게 한 것이 하나이고, 또 하나는 창조주로서 거인 여성신은 모계사회의 우월성을 인정하고 형성하는 것이라는 해석이다. 동화로 다시 돌아와 보면, 남자들의 곰 사냥에 참석한 안젤리카는 남자들의 비웃음도 아랑곳하지 않고 곰을 하늘로 던지는 괴력을 발휘한다. 하늘에 부딪힌 곰의 자리가 '큰곰자리'가 되었다는 이야기인데, 이 이야기 역시 곰 사냥이라는 것이 성장의 통과제의 형식이 되고 있음을 보여준다. 또한 이 동화는 여자 아이가 남자들의 세계에 가서 남자들의 성장의 관문을 통과하고 자신을 찾는 의미로 볼 때 페미니즘의 여성 영웅 찾기까지 가능해진다. 곰 사냥이라는 행위가 직접 재현될 가능성은 희박하지만 동화 속에 등장하는 곰 제의는 일종의 성장의 의식을 보여주는 관문인 것이다.

곰이 되고 싶어요: 아이는 곰을 엄마로 여기고 곰을 따라한다.

곰 사냥이 단지 성장의 상징적 의식을 보여주는 것만은 아니다. 어린이 애니메이션에서 재현하는 곰 사냥은 나카자와 신이치[35]가 주장하는 비대칭적 세계로 변화시키는 상징 메타포로 사용하기도 한다. 그는 '태초의 인간은 곰이었다' 라고 주장하면서 현대 사회는 신화적 사고를 하는 대칭적 사회에서 멀어져가고 있음을 지적한다. 비대칭적 세계에서 타자에 대한 인간의 고려는 거의 희박해진다. 〈곰이 되고 싶어요〉는 비대칭적인 인간의 세계에 대해 곰이 바라보는 시각이 잘 형상화되어 그려진다. 인간보다 모성성이 뛰어난 엄마 곰은 인간의 아이를 데려와 키우고 곰 어미 밑에서 자란 인간의 아이는 인간의 세계에서는 구속과 증오 그리고 폭력만을 느낄 뿐이다. 인간의 세계에 올 때는 거의 묶여서 끌려오고 곰의 세계로 갈 때는 자유롭게 비상한다. 인간의 비대칭적 사고가 얼마나 큰 재앙을 가져오는지 잘 보여주고 있다. 이 애니메이션에서 인간은 곰을 사냥하는 늑대보다 더 나쁘고 사악한 종족으로 그려진다. 이러한 측면에서 디즈니의 애니메이션 〈브라더 베어〉 역시 의미하는 바가 크다. 키나이라는 막내는 '사랑'이라는 의미를 담은 징표로써 조각한 곰의 토템을 받지만 위의 형들이 독수리이고 늑대인 것과 비교해서 자기의 곰 상징에 매우 실망한다. 그런데 어느 날 큰형이 곰에게 죽고 곰을 공격하다 자신 역시 곰의 저주에 걸려 곰이 되어버리고 늑대의 토템을 가진 둘째 형은 형제들을 죽인 곰을 잡으러 다닌다. 결국 곰으로 변한 동생을 적으로 알고 찾아서 죽이려고 하는 이야기

35 나카자와 신이치, 『곰에서 왕으로』, 동아시아, 2005, p. 47.

이다. 이 두 애니메이션에서 곰은 비대칭적 문명의 창조자인 인간에게 경고하는 역할을 하고 있는 것이다. 고대의 곰 사냥이 신성한 제의였었다면 현대의 애니메이션에서 보여주는 곰 사냥은 제의의 의미를 벗어나 자연의 경고로 작용하고 있음을 보게 된다. 신화적 사고의 소멸이 부르는 재앙을 암시해주는 역할을 떠맡고 있는 것이다.

우리는 곰의 자식이라는 말을 들으면 자연스럽게 그다지 저항을 가지지 않고 수긍하는 경향이 있다. 그런데 신화의 이야기를 보면 실제로 곰이 사람으로 변했다는 이야기보다는 곰이 직접 사람처럼 살아간다는 의미로 더 많이 사용되는 듯하다. 우리나라 단군신화를 제외하고는 신화에 나오는 곰들은 여자로 변하지 않고 곰의 모습 그대로 엄마의 역할을 한다는 사실에 주목할 필요가 있다. 〈곰나루 전설[36]〉에서 곰은 마치 인간세계의 여자처럼 남자를 동굴에 가두고 남자와 아이를 낳아 키운다. 그러나 남자는 인간세계로 도망 나오고 그 곰은 자식과 함께 물에 빠져죽는다. 이와 비슷한 동아시아 신화 중 북방의 악륜춘족의 곰 이야기에는 곰 어미가 도망가는 남자에게 아이를 절반 나눠 던진다. 그 아이는 반은 인간이고 반은 곰이었는데 이때 인간부분을 던져서 도망가는 남자에게 던졌다는 것이다[37]. 실제로 밖에서는 곰의 가죽을 쓰고 다니고 집에 오면 곰 가죽을 벗어서 인간으로 살아간다는 이야기가 많이 등장한다. 네안데르탈인이나 크로마뇽인의 모습을 보면

---

36 이정재, 『동북아의 곰문화와 곰신화』, 민속원, 1997. pp. 252-254.
<곰나루>의 이야기는 충남 공주군과 경기도 의정부시의 이야기를 참고한다. 그러나 이 두 이야기는 동일한 이야기이다. 충남 공주의 이야기를 경기도에서 다시 전달하는 형식을 취하고 있기 때문이다.

37 김재용, 이종주, 『왜 우리 신화인가』, 동아시아, 2004, pp. 318-319.

그럴 듯하게 이해가 되는 대목이다. 그림형제의 〈곰 가죽〉이라는 동화 속에서 주인공 남자는 신과 옷을 바꾸어 입는 거래를 한다. 즉 곰 가죽을 입고 7년 동안 벗지 않아야 하는 운명을 가진다. 그런데, 곰 가죽은 그에게 항상 돈을 주는 대가로 사내는 절대로 그 가죽을 벗어서는 안 되는 것이다. 이때 곰 가죽을 뒤집어쓴 주인공은 7년 동안 곰으로 살아가는 것이다. 그렇다면 실제로 곰과 인간은 하나의 세계에 속한 종족들이었을까. 그래서 아이들이 태어나서 얼마 되지 않을 때부터 첫 선물로 인간들은 곰 인형을 자연스럽게 선물하는 것일까. 어쨌든 '곰 어미'라는 의미는 곰과 인간이 같은 종족이었느냐를 중요하게 여기기보다는 곰이 인간의 자식을 사랑으로 키운다는 의미인 것 같다.

벤트 할러가 쓰고 야니크 하스트룹이 애니메이션으로 제작한 수채화풍 그림의 〈곰이 되고 싶어요〉에서 곰은 인간의 아이를 키우면서 인간보다 더 강한 모성성을 보여주는 것으로 돋보이는 작품이다. 어느 날 늑대의 공격을 피하다 몸에 무리가 간 어미 곰은 태어나자마자 죽어버린 새끼를 생각하며 슬픔에서 빠져나오지 못하고 삶의 의욕도 잃어버린다. 이렇게 죽어버린 자신의 새끼 때문에 슬픔에 빠져있는데 아빠 곰은 너무 슬퍼하는 부인을 위해 인간의 아이를 훔쳐와 엄마 곰에게 준다. 그런데 인간의 아이는 곰 어미에게서 진정한 모성성을 느끼며 자신도 엄마처럼 진짜 곰이 되길 바라는 이야기이다. 여기에서 인간의 아이는 곰이 되기 위해 해협을 가로질러 헤엄치고, 북풍에 맞서 삼일 밤낮을 견디고, 고독을 견디는 세 가지 시련을 모두 성공한다. 드디어 인간의 모습에서 곰으로 변할 수 있게 된다.

인간과 곰이 구분되지 않고 넘나들었다는 신화적 상상력을 보여주는 동화라고 하겠다. 이러한 상상력은 테니스 헤이즐리의 동화 〈곰에게 들려준 이야기〉를 읽어가는 데 이해의 단초를 제공해 줄 것 같다. 숲 속에 사는 아기 곰은 '사랑하는 엘리자에게' 라는 편지조각을 보면서 신비감과 흥분을 느낀다. 어느 날 숲 속 오두막에 책을 읽고 있는 아주머니에게 친근한 느낌이 들어서 차츰차츰 그녀에게 다가가 앉아서 동화책을 읽어주는 소리에 행복함을 느낀다. 책을 읽어주면 곰은 그 소리를 듣고 뜻을 알 수는 없지만 매우 편안함을 느낀다. 겨울이 오자 아주머니는 떠나고 '나의 곰에게' 라는 메모와 함께 책만 남게 된다. 책을 차례차례 동굴로 운반해서 그 겨울동안 아기 곰은 책 속에서 묻혀서 책을 읽어주었던 아주머니를 생각하면서 행복해한다. 이 동화에서 곰은 이미 인간의 자식이 되어버린 것이다. 그 아주머니는 현대의 신화적 '곰 어미' 가 되는 것이라고 할 수 있다.

위에서 살펴본 예들을 보더라도 곰은 신화나 동화에서 모성성을 가장 잘 설명하는 듯하다. 무의식처럼 애니메이션 캐릭터나 동화 캐릭터의 엄마 곰은 항상 아기 곰을 데리고 다닌다. 그러한 상상력이 어린이 문화의 곰 이미지를 구성하는 요소가 된 듯싶다. 세트처럼 엄마 곰 옆에는 늘 아기 곰이 귀엽게 앉아 있다. 마치 아이들이 엄마와 항상 함께 있는 것처럼. 나탈리 퀸타르트는 동화 〈엄마와 곰〉을 통해 아기에게 엄마의 존재가 세상의 전부가 되고 있음을 보여주고 있다. 주인공 톰은 무척 잠을 자기 싫어하는 꼬마인데, 어느 날 동화책에서 살고 있는 동굴 안의 곰이 펄쩍 뛰어 나온다. 그리고는 톰에게 "내가 엄마를 동굴로 모셔다 주무시게 했어"

라고 말하면서 음식을 챙겨 책으로 돌아가려 하지만 책 속의 동굴 안에서 잠을 자는 엄마는 흔들고, 얼음물에 담가도, 심지어 잘라도 나오려고 하지 않고 잠만 잔다. '푹 좀 자고 싶다'는 엄마의 소망과 늘 엄마의 손길을 필요로 하는 아이의 정서를 반영한 이야기일 것이다. 톰이 엄마의 웃는 얼굴을 그려 넣자 엄마는 책 속에서 기쁜 표정을 지으며 나온다. 아이에게 곰은 엄마의 사랑을 느끼게 해주는 상징체이면서 행복이라는 의식의 기호작용을 일으키고 있는 것이다. 곰의 모성성은 신화의 구성요소이기도 하지만 동화와 애니메이션의 중요한 창작동기이자 이야기를 만들어내는 추동력이 되고 있다. 따라서 현대 어린이 문화에서 곰이 가지는 의미를 신화적 상상력의 현현이라고 말해도 무방해 보인다.

2. 곰의 이항 대립적 기호작용

위의 장에서 진 쿠퍼가 정의한 곰의 상징성을 살펴보면서, 상반된 곰의 상징적 의미를 언급하였다. 본 장에서는 이분화 된 상징적 의미를 중심으로 논의를 전개해가도록 하겠다. 이러한 논의의 근거는 애니메이션과 동화에서 곰을 그리는 세계관이 서로 착종되거나 다소 충돌하는 양상을 보이고 있기 때문이다. 이는 용이 동양에서는 길조로 서양에서는 흉조로 인식되고, 파랑새가 서양에서는 길조로 인식되며 동양에서는 서왕모의 상징으로 역병과 질병을 몰고 오는 상징체가 되고 있는 것과 동일한 인식의 궤를 가진다.[38]

하지만 현대의 어린이의 매체들에서 특히 애니메이션에서는 그 경계의 구분이 모호해지면서 나라와 문화권에 한정되지 않고 상징의 폭이 확대되고 있다. 이러한 상황에서 문화권에 따른 곰의 상징성을 엄밀히 구분하는 것의 효용가치가 그다지 크지 않음을 인정해야 할 것 같다. 본 논의에서는 곰의 이항 대립적 이미지가 어떻게 재현되고 있는지 살피고 그것이 어린이들의 인식체계에 어떤 기호작용을 하는지 효용적 측면에서 거론하는 것이 논의의 초점에 부합될 듯싶다.

곰은 생김새부터가 좀 둔하고 동면한다는 이미지 때문인지 무척 게으르거나 바보스러운 느낌을 주면서 어린이들의 사고에 심리적 이완작용을 한다. 대표적인 작품이 1926년 창작된 엘런 밀른의 〈위니 더 푸우Winnie the Pooh〉의 주인공 곰돌이 푸를 들 수 있겠다. 이 주인공 곰은 비가 왔으면 하는 바람으로 진흙탕에 가서 자신의 몸을 진흙으로 뒤범벅이 되게 해서 구름을 만든다. 구름이 생겨야 비가 온다고 믿기 때문이다. 얼마나 유쾌한 바보스러움인가. 이것이 바로 어린이들의 세계인 것이다[39]. 힘이 센 장수풍뎅이를 보면서 자기의 꿈이 거침없이 장수풍뎅이가 되는 것이며 로봇처럼 되고 싶다고 말하는 비현실적 꿈의 세계가 바로 그러한 곰돌이 푸의 세계인 것이다. 그러나 곰돌이 푸는 벤저민 호프의 논의를 다루면서 푸는 복잡한 세상을 간결하게 사는 간결한 지혜의 소유자라고 말한다. 〈The Tao of Pooh & The Te of Piglet[40]〉이라는 책의 제목처럼 푸우는 세상을 살아가는

38 정재서, 『이야기 동양신화』, 황금부엉이, 2005, pp. 85-103.
39 김서정, 『멋진 판타지』, 글렁쇠, 2002, pp. 122-132.

道를 보여주고 돼지 피글렛은 德을 지녔다는 것이다. 어렵고 신비로운 중국의 도가 철학을 친숙한 푸를 통해 설명해가고 있다. 바보스러움은 일종의 현명함을 함의하는 기호작용이다. 좀 부족하다는 것이 어쩌면 더 넉넉하다는 것이 될 수 있음을 우리 전래 동화 〈반쪽이〉를 통해서도 알 수 있다. 그래서 일본의 아이누 신화에서 곰을 지혜의 상징으로 여기는 것은 바보스러운 푸의 담론과 별개의 담론이 아니라 어쩌면 동일한 인식체계에서 나온 다른 표현 방법이 아닐까하는 생각이 든다. 신화학자 J.G.프레이저는 그의 불후의 명저 〈황금가지〉에서 아이누의 곰 신화를 '이상한 곰의 살해'라고 이름 짓고 있다. 아이누의 신화에서 곰을 살해하는 것은 위에서 언급되었기 때문에 곰의 지혜를 잠깐 인용해 볼 필요가 있겠다. 곰은 아이누족에게는 종교적 숭배의 대상이었고, 곰의 피는 온 부족이 나누어 마시는 성스러운 것이었다. 이는 하나님의 피를 상징하는 포도주를 마시는 것과 다를 바 없는 상징행위로 보인다. 중국동화 〈곰의 옥수수 따기〉에서 곰은 열심히 옥수수를 따지만 옥수수의 숫자는 늘지 않는다. 늘 딴 만큼 바구니 밑으로 빠져버리는 것이 그 이유인데, 어찌 보면 세상을 너무 욕심내지 않고 사는 바보스럽지만 현명한 지혜를 보여주는 예가 아닐까 한다. 질베르 뒤랑은 동물이 문명화된 의식 속에서 뿐만 아니라 원시적 정신세계 속에서 보편성과 특수성을 가지고 있음을 역설하고 있는데, 곰이 바로 그런 원시적 정신세계의 보편성과 특수성을 가장 잘 보여주고 있는 것 같다.

---

40 벤저민 호프, 신동욱 옮김, 『푸우의 도와 피글렛의 덕 1』, 글로리아출판사, 2001.

문화의 신으로 곰을 추앙했던 아이누의 신화는 자연과 인간의 대칭적 세계관을 잘 보여주고 있는데 반해서 서구에서 큰곰자리에 얽힌 이야기를 다루는 동화들에서는 곰은 문화의 반대 개념인 야만으로 인식되어지고 있다. 그 야만적 곰을 정복해야만 문화가 발생하는 것이다. 〈세상에서 가장 키가 큰 여자아이 안젤리카〉와 〈별이 된 큰 곰〉은 곰 자리가 생긴 이유를 인간과의 대치 상태를 배경으로 하고 있다. 위에서도 언급되었듯이 안젤리카는 곰 사냥을 참석해 미국의 한 주보다도 큰 곰을 몇날 며칠 동안 싸워서 결국 승리한다. 곰 고기를 사람들과 함께 나누어 먹고 곰국도 함께 나누어 먹는다. 그리고 곰 가죽을 끌고 몬타나주에 이른다는 이야기인데, 이때 곰이 하늘에 부딪힌 흔적이 큰곰자리가 되는 것이다. 곰과 인간의 싸움에서 인간이 승리하고 곰이 패배하는 이야기 구조이다. 이는 신화적 상상력으로 바라볼 때 인간과 곰의 영역 싸움에서 인간의 문명이 곰을 밀어낸 것으로 해석될 수 있을 것이다. 리바 글레슨이 쓴 〈별이 된 큰 곰〉은 더욱더 큰곰자리의 탄생이 인간과 대치 상태임을 느낄 수 있다. 큰 곰 한 마리가 서커스단에서 춤추고 재주를 넘는다. 사람들은 곰을 찌르고, 곰에게 돌을 던지고, 쇠사슬을 당기면서 괴롭힌다. 어느 날 참다못한 곰은 으르렁거리며 서커스단을 나와 하늘로 올라가 별자리가 되었다는 것이다. 큰곰자리에 대한 이야기인데 둘 다 인간의 비대칭적 사고에 의해 곰은 세상에서 사라져 간다. 현대 어린이 문화에서 곰은 야만과 문화의 의미망 사이에서 어떤 작용을 거치는 것일까. 테디베어 박물관이나 티니위니라는 옷 상표는 곰을 문화와 연결시키는 기호작용을 하고 있는 것이라 하겠다.

어린이 문화에서 곰은 다행히도 아이누 족에서 문화의 기호작용으로 인식했던 의미작용이 그대로 작용하는 것이라 하겠다.

그렇다면 바보와 지혜, 문화와 야만 이외에는 이항 대립적 기호작용이 일어나지 않는 것일까. 우리는 여기에서 선과 악이라는 관념 차원의 의미작용을 생각해볼 필요가 있겠다. 크리스트교와 이슬람에서는 곰을 악마, 사탄, 사악, 잔혹, 탐욕, 육욕에 비유한다. 그러나 어린이 문화에서는 이런 부정적인 측면보다는 동서양 문화를 막론하고 곰을 선한 이미지로 차용하는 것이 우세한 듯싶다. 이는 어린이들에게 동물 이미지가 가지는 교육적 효과에 근본적인 이유가 있을 것이다. 그렇다고 곰을 부정적인 상징체로 전혀 사용하지 않는 것은 아니다. 악의 상징으로 사용하더라도 그것의 궁극적인 의도는 타자를 존중하는 역지사지의 입장을 보여주고자 하는 모델로서 곰의 부정적 기능을 차용하는 것 같다. 독일의 우도 바이켈트가 지은 동화 〈심술궂은 곰〉은 곰의 부정적 심성을 모티프로 가져와 이야기를 전개시킨다. 곰은 숲 속 친구들에게 늘 나쁜 짓을 하곤 한다. 겨울잠을 자고 나온 곰은 친구들을 찾아와 각각의 친구들이 제일 싫어하는 짓만 골라한다. 그러던 중에 숲 속 친구들은 모두 모여 곰의 집에 방문해서 자기들이 받았던 불쾌함을 그대로 재현해 보인다. 충격에 빠진 곰은 얼마동안 숲 속 친구들 앞에 나오지 않고 자신의 잘못을 반성하고서야 완전히 다르게 변한 착한 곰이 되어 숲 속 친구들 앞에 나선다. 물론 단순하게 보자면 이솝우화 같은 교훈성 이외에는 달리 의미가 없어 보이지만 본고에서는 곰이 차용되는 원형적 이미지에 집중하기 때문에 악의 상징체로서 예가 될 것이다. 그러나 어린이 문화에서 곰의 부정적 측면도 역시 타자를 이해하는 방편으로 거쳐야 하는 통과제의의 절차가 되는 것이다.

3. 곰의 샤먼적 상징성과 치유 상상력

곰에 대한 논의는 곰의 샤먼적 기능과 치유 상상력의 측면에서 다소 정리가 되어야 할 것 같다. 아이누 족에게 곰은 샤먼적 주술사 역할을 담당한다. 곰의 몸에서 신을 해방시켜 자신의 고향으로 보낸다는 곰 축제는 "이요만데"라고 불리며, 그것의 사전적 의미는 '보낸다' 이다[41]. 이는 곰이 신의 세계에 다시 돌아갈 수 있는 능력을 소유한 것이라는 의미를 함축하고 있다. J.G. 프레이저는 곰의 샤먼적 속성에 주목하고 있는데, 아이누 족이 곰 살해를 하면서 부르는 연사의 말을 들어보기로 하자.

> 자, 이제 우리는 너를 위해 큰 잔치를 베풀고자 한다. 하지만 너를 해치려는 것은 아니니까 두려워할 건 없어. 다만 너를 죽여서 널 사랑하는 숲의 신에게 사자로 파견하려는 것 뿐이야. 우리는 여태껏 먹어보지 못한 맛있는 만찬을 너에게 베풀고자 한다. 그리고 우리 모두가 너를 위해 애도할 것이다. …〈중략〉… 너도 잘 알다시피 우리가 언제까지나 널 보살펴줄 수는 없단다.

41 조지프 캠벨, 이진구 옮김, 『신의 가면1-원시 신화』, 까치, 2006, p. 383.

우린 너를 위해 할만큼 해주었어. 그러니까 이번에는 네가 우리를 위해 희생될 차례야. 겨울에는 수달피와 담비를, 여름에는 물개와 생선을 우리에게 많이 보내주십사고 네가 숲의 신에게 가서 잘 말씀드려주시게나. 이 전갈을 잊어서는 안 된다네. 우리는 널 정말로 사랑한다네. 우리 아이들도 너를 잊지 않을 것일세.[42]

이웃집 토토로: 가족의 의미를 느끼게 하는 모습.

곰의 샤먼적 기능은 신의 세계에 가서 인간이 필요한 것을 많이 내려주라고 부탁해주는 역할을 한다. 그런데 이러한 신화적 상상력은 미야자키 하야오 감독의 〈이웃집 토토로〉의 세계에 잘 그려진다. 초등학생인 사츠키

42 J.G. Frazer, 『황금가지 제2권』, 을유문화사, 2005, pp. 348-349.

와 유치원생인 메이는 엄마가 병원에 입원해있기 때문에 아빠와 지내야 한다. 시골 외딴 집으로 이사 온 두 자매에게 토토로는 자신들의 소원을 들어주는 마술사와 같다. 아빠의 눈과 다른 사람들의 눈에는 보이지 않는 토토로는 사츠키와 메이에게만 보인다. 여기에서 우리는 토토로의 역할에 집중할 필요가 있을 것이다. 엄마가 없는 아이들에게 토토로는 엄마의 모성성을 상징하는 일차적인 의미가 있다. 하지만 그보다는 이들에게 어려운 일이 있을 때마다 나타나 그 문제를 해결해주는 역할을 한다. 즉 샤먼으로 기능한다는 말인데, 이를 테면 '비가 왔으면 좋겠어' 라든가, '동생을 찾아주면 좋겠어' 라든가, '엄마에게 데려다 주면 좋겠어' 등 두 자매의 마음속에서 이루고 싶은 소망을 모두 해결해주는 샤먼적 기능을 수반한다. 심지어 씨앗을 자라게 해주라는 사츠키와 메이의 소망을 위해 밤새 씨앗이 자랄 수 있도록 해주며 엄마에게 가는 길을 잃어버린 아이들에게 고양이 마술버스를 불러와 그들을 요술처럼 데려다 준다. 토토로의 이미지는 모성성과 샤먼적인 속성 이외에도 환상성이라는 코드가 더해질 수 있다. 곰의 모습을 하고 있기는 하지만 실제 곰이라고 할 수 없는 기이한 모습을 지녔다. 이는 미야자키가 자주 사용하는 캐릭터의 몸체형인 것 같다. 〈센과 치히로의 행방불명〉에서 얼굴 없는 괴물 '가오나시'와 겹치면서 중첩적인 의미를 가진다. 그렇다면 샤먼은 문화에서 어떤 역할을 담당하는가. 그것은 영혼의 치료자 역할을 담당하도록 되어 있다. 우리 문화 뿐 아니라 원시 문화에서부터 샤먼의 역할은 그 구성원들의 정신을 치유하는 데 그 효용성이 있었다. 곰이 아르테미스 달의 여신을 상징한다는 것에서 샤먼은 밤의 이미지와 공유된 상징성을 가진다. 카렌 암스트롱[43]에 의하면 샤먼은 수렵사회에서만 활동하며 동물들은 샤먼의 정신적 세계 속에서 중요한 역할을 차지한다고 말한다. 오늘날 샤먼은 훈련기간에 야생동물들과 함께 지내기도 한다. 샤먼은 황홀경의 비밀에 대해서 알려주고, 동물의 언어를 가르쳐주며, 영원한 친구가 되는 동물을 만나게 되어있다. 암스트롱의 말에 의하면 샤먼은 반드시 인간이어야 한다. 따라서 곰은 샤먼이라기보다는 '샤먼적'이라는 표현이 옳다고 본다. 샤먼적 상상력은 치유의 상상력으로 자연스럽게 이어진다. 토토로는 엄마의 부재로 마음의 상처를 입은 아이들에게 모성성을 보여주면서 치유의 기능을 담당하고 또한 모든 소원이 이루어지는 주술을 받아들이는 샤먼적 기능을 동시에 수행했다.

치유의 상상력으로˙곰이 차용된 작품으로 이성강의 애니메이션 〈천년여우 여우비〉를 들 수 있을 것이다. 이 작품에서 곰은 등장인물들에게 조력자로서 또는 치유자로서 등장한다. 새끼가 죽어버린 어미 곰은 죽은 자식의 영혼이 생명의 호수(카바나)앞을 지나갈까봐 하염없이 기다리는 모성을 보여준다. 곰은 길 잃은 외계인 요요들에게 길을 안내해주고, 구미호 사냥꾼에게 쫓기는 여우비를 구해주는 조력자 역할을 한다. 더더구나 말을 하지 못하는 자폐 아이에게 말을 할 수 있도록 해주는 치유력을 가진다. 곰의 치유 상상력은 여우비가 세상에서 진정한 사랑을 알 수 있게 해주는 매개체가 되고 있다. 여우비는 구미호가 변신한 10대 여자아이이다. 여우비는 내성적인

43 카렌 암스트롱, 이다희 옮김, 『신화의 역사』, 문학동네, 2005, p. 34.

인간의 소년 금이를 좋아하게 되는데 금이가 카바나의 세계에 가자 여우비는 자신의 영혼과 바꾸어 소년을 다시 환생시키는 희생적인 사랑을 보여주고 있다. 곰의 모성적 사랑은 죽음도 되돌릴 수 있을 것이라는 상징적 의미를 작품 초반에서부터 보여주고 있는 것이다. 곰의 샤먼적 속성은 치유력을 통해 발휘된다고 할 수 있겠다. 이는 비단 애니메이션에서만 있는 이야기는 아닌 듯하다. 잠자기 싫어하는 아이들의 이야기를 다루는 동화책에는 빠짐없이 곰 이야기가 등장하는 것을 관찰할 수 있다. 아마도 잠이라는 것이 무서운 아이들은 곰이 동면하고 나서 다시 일어나는 상상력은 아이들을 잠의 공포에서 해방시켜줄 것이다. 치유 상상력은 곰 이외에도 다른 동물 이미지를 무수히 차용하는 것 같다. 각각의 동물들의 고유한 상징성은 의인화라는 장치를 통해 어린이 문화에서 치유를 담당하고 있다.

곰의 신화적 상상력이 어린이 애니메이션과 동화에서 어떻게 차용되고 있는지 살피는 논의였다. 그러나 아쉽게도 서론에서 염려했던 곰이 가지는 동서양의 원형적 분류는 실패한 것 같다. 논의를 진행하다 보니 그것의 명확한 원형적 구분이 학문적으로 별로 실효성을 거둘 수 없을 만큼 서로 얽혀 있었다는 변명을 할 수 밖에 없다. 그럼에도 불구하고 굳이 이런 논의가 합당한 이유는 우리 민족이 곰의 후손이라는 상징성 때문에 더더욱 필요하다고 본다. 현대는 국경만 없는 것이 아니라 사상의 국경이나 민족성의 국경이 사라져가고 있는 듯하다. 특히 우리 어린이들이 보는 애니메이션의 대부분은 미국 디즈니와 일본 지브리에 치중되어 있고, 거기에서 자연스럽게 어린이 놀이 문화도 파생되어 있기 때문에 놀이의 국적이 묘연하기만

하다. 어린이 애니메이션에 등장하는 캐릭터들을 활용해 오프라인 상에서는 놀이 문화가 전개된다. 그런데 놀이 문화에서 우리의 전통적 상징체계는 더 이상 찾아볼 수 없는 형국이 되었다. 모든 놀이의 용어는 전 세계 신화서의 용어들을 혼종해서 새로운 용어를 만들어내고 있다. 동화 역시 세계 각국의 베스트셀러가 실시간 번역되어 나오는 유비쿼터스의 세계에 우리의 아이들이 놓여 있다. 지식의 다양한 확산은 너무나 자명한 진리의 원칙이지만 다양하고 많이 보여주기만 한다고 해서 우리 어린이들의 창의력이 커지는 것은 분명 아닐 거라는 생각이 든다. 어린이 문화 상징 차용에 좀 더 많은 사람들의 관심이 있어야 할 것이다.

Ⅱ. 호모 루덴스

5장 레브리스와 수수께끼 게임
6장 트랜스 컬쳐의 교차적 상상력
7장 호모 루덴스와 트릭스터 상상력

5장 레브린스와 수수께끼 게임

1. 글자 없는 책의 상징

그림 속에 들어있는 이야기: 이집트 '사자의 서'.

최근 어린이 책을 보고 있으면 가끔씩 어리둥절해질 때가 종종 있다. 막상 책을 읽어주려고 폈을 때 한 개의 문자도 보이지 않을 때의 난감함이란 참으로 표현하기가 쉽지 않다. 마치 이집트 벽화 〈사자의 서〉를 보면서 이야기를 찾아내야 하는 난감함과 흡사하다. 어려서부터 그림책에 익숙하지 않은 세대인 성인들이 아이를 위해 해줄 이야기가 그다지 많지 않다는 것이다. 어른들은 이야기책, 신문, 잡지, 소설, 인터넷 등에서 모든 정보를 문자에 의지하기 때문에 그런 어른이 문자가 없는 그림책을 한 장 한 장 넘기는 것은 참으로 고역일 수밖에 없다. 어른에게 어려운 그림책 해독이 과연 어린이들에게 상상력의 원천으로 거듭날 수 있을까. 그러기 위해서 글자 없는 그림책을 어떻게 가지고 놀아야 할까. 이때 책은 독서의 대상이 아니라 퍼즐 맞추기의 놀이 도구가 되어야 하지 않을까. 그런데 불행히도 우리의 어린이들은 너무도 빨리 문자를 해독하는 능력을 강요받기 때문에 이 글씨 없는 그림책을 가지고 노는 것을 즐겨하지 않는다. 어른들이 문자에서 정보를 찾는 것처럼 아이들도 어느새 문자라는 강한 바이러스에 감염되어 그림을 읽어내려고 하지 않는다. 그저 눈으로 그림책 감상하듯이 쓱 보면서 넘겨버리고 마는 것이다. 그러나 글자 없는 그림은 수천 년 전부터 인류에게 전해 내려오는 문화였음을 알 수 있다. 전 세계의 수많은 신화들은 대부분 벽화 형태로 전해져 오고 있기 때문이다. 이집트의 〈사자의 서〉를 보면 그 안에서 다양한 이야기가 읽혀진다. 당시 사람들의 생활관과 종교관 그리고 죽음의식까지 다양한 삶의 모습을 유추하게 된다. 문자가 드러나지 않지만 그 어떤 문자보다도 강력한 메시지를 전한다.

그런데, 그림만으로 된 책은 보는 데서 끝나는 것이 아니라 본 것을 자유롭게 구술해야 한다는 데 해석의 어려움이 있다. 너무 많은 문자 이야기 책의 완성된 서사를 접해버린 아이들은 어른들이 생각한 것만큼 능동적으로 자유롭게 이야기판을 만들지 못한다. 행여 자기의 이야기가 보잘 것 없어 보이기라도 할까봐 자아 인식이 생기는 연령일수록 이야기 만드는 주체에서 훨씬 멀리 떨어져 있다. 이는 문자를 알면 아이들이 훨씬 창의적일 것이라고 생각하는 어른들의 안이한 생각이 틀릴 수도 있다는 것을 반증하는 것이라 할 수 있다. 실제로 학습을 너무 일찍 시작한 아이들에게서 공통적으로 나타나는 것은 이야기와 문학이 학습이라는 따분한 생각을 하게 된다는 것이다. 현 교육체제 하에서 논술의 중요성이 강화되면서 어린 아이들은 가지고 놀아야 할 이야기를 마치 미래의 장기적인 안목을 위해 이야기를 암기 비축하는 것이 논술의 지름길이라는 주술에 걸려든다. 페리 노들먼은 그림도 언어처럼 그것을 표현하는 언어를 알기 전까지는 우리에게 그다지 많은 의미를 전달하지 못한다고 말한다. 그림은 학습된 코드 안에서 그 의미를 가질 수 있다고 주장한다.[44]

창의적 인간을 만들고자 하는 욕망은 시대를 불문하고 모든 기성세대들의 간절한 소망이다. 창의적 인간이란 과연 어떤 인간인가. 현재 어린이 문학은 이 역할을 손색없이 수행하고 있는가. 정보의 홍수는 비단 어른들의 세계에만 일어나는 현상이 아니다. 어른들은 자신이 알아야 할 정보, 알고 싶은

---

44 페리노들먼, 김서정 옮김, 『어린이 문학의 즐거움2』, 시공주니어, 2001, p. 429.

정보, 알고 싶지 않은 정보까지 계속해서 읽도록 강요받는다. 따라서 상상력이라는 추상적인 단어와는 너무나 멀리 떨어져 살아야 한다. 어린이들 역시 너무나 많은 정보가 아이들의 정신적 세계에 범람함을 경험한다. 정보의 범람이 아이들의 영혼에 비옥한 삼각지를 형성할지 척박한 불모의 땅을 만들지는 그 정보의 질에 달려있다. 이 지점에서 어른들은 어린이의 미래를 위해 던지는 창의 교육의 현실을 꼼꼼히 살펴볼 필요가 있다. 어린이의 창의 교육이라고 하는 놀이가 너무나 인위적인 것이어서 오히려 어린이의 창의력을 떨어뜨리는 예가 자주 나타난다. 즉 모든 창의 놀이에도 정답형 방식이 놓여있기 때문이다. 놀이 교구의 수업을 듣지 않으면 게임에 무척 소극적이 되는 현상은 자유로운 참여를 기본정신으로 하는 놀이 정신과도 상당히 괴리되어 있는 일이다. 까이와[45]가 주장하는 놀이 정신이란 자유로우며, 결과가 미리 확정되지 않은 활동이며, 허구적인 성격을 지닌다. 그러나 현재 어린이들은 그 정답을 따라 하기 위해서 다른 자유로운 생각들을 버리게 강요받는지도 모른다. 본고는 이러한 어린이 독서문화의 문제점을 인식하고 글자가 없는 그림책에 대해서 논의를 전개하고자 한다. 먼저 글자 없는 그림책을 전략적으로 어떻게 이해해야 하는지 살펴보고, 그림 이야기 간극을 채우는 이야기 화소로 신화적 상상력을 살펴볼 것이다. 이러한 신화 이야기는 이야기를 채우는 화소 역할을 넘어서 이야기를 새롭게 생산해내는 동력이 될 수 있음을 퍼즐 게임의 형식을 통해 밝혀보고자

---

45 로제 까이와, 이상률 옮김, 『놀이와 인간』, 문예출판사, 1994. pp. 25-34.

한다. 퍼즐 게임은 닫힌 게임이라기보다는 열린 게임[46]에 속한다. 열린 게임이란 일회적인 이야기로 끝나는 것이 아니라 반복적으로 서사를 재생산할 수 있는 동력을 지닌다. 놀이와 열린 게임의 기법으로 만들어지는 이야기의 빈 공간을 채울 수 있는 것은 신화 상상력에 해당한다. 샤를로테 데마톤스의 〈노란 풍선의 세계여행〉과 피터 시스의 〈마들렌카〉 그리고 정근의 〈마고할미〉 텍스트 분석을 통하여 글자가 없거나 약간의 글자가 포함된 그림책의 생산적 독서에 대한 기대지평을 열어볼 수 있다.

현대의 많은 연구자들은 그림책을 글과 그림의 유기적 조화물이 만들어낸 새로운 예술형식으로 바라보고 있다. 러셀은 그림책을 '글과 그림의 행복한 결혼'이라고 했고, 페리 노들먼은 문학과 미술의 독특한 결합 양식으로 보았고, 마쓰모토 다케시는 그림 공간에 새로운 시간의 흐름이 존재한다고 말한다[47]. 그러나 지식이 넘쳐나는 현 시점에서 어린이들에게 직접 이야기를 전달해주는 지식 중심의 이야기책이 아니라 스스로 이야기를 만들게 하는 그림만으로 된 책은 어쩌면 지나친 시간 낭비인 것처럼 느껴질지도 모르는 일이다. 다이제스트 세계명작의 줄거리와 핵심을 줄줄이 외우고 있는 아이들의 모습에서 이러한 이야기 만들기 독서 전략은 다소 시대착오처럼 보일 수도 있다. 정답을 향해 최대한 빨리 가야하는 지름길에 이 글자 없는 동화책은 부담스러운 독서가 아닐 수 없다. 그러나 오히려 역으로 이러한 동화가 아이들의 이야기 세계를 풍부하게 확장시켜주는 원천으로 작용할

46 Patrick O'neill, *The Comedy of Entropy,* University of Toronto Press, 1993.
47 현은자, 『그림책의 그림읽기』, 마루벌, 2004, pp. 28-29. 재인용하기로 한다.

수 있다. 주어진 이야기에 자신의 생각을 끼워 넣는 수동적인 아이가 아니라 능동적인 아이로 만들기 위해서 그림 없는 동화책은 그 의미를 찾아갈 수 있을 것이다.

글자 없는 그림책으로 유명한 레이먼드 브리그스는 〈산타할아버지〉, 〈산타할아버지의 휴가〉, 〈눈사람 아저씨〉등을 통해 그림만으로도 많은 이야기가 전달되며, 더 나아가 항상 새로운 이야기를 만들 수 있는 열린 텍스트로 이야기책의 영역을 확장하였다. 이러한 맥락으로 볼 때, 강전희의 〈한이네 동네 이야기〉 역시 일상의 모습에서 이야기를 서술하게 하는 힘을 가지게 한 것은 주목할 만한 일이다. 브리그스나 강전희의 글자 없는 동화는 단순히 보는 것에서 벗어나 아이들에게 말을 걸고 있는 것이다. 그들의 질문은 아이들의 일상의 틀을 크게 벗어나지 않는 범위에서 우정, 사랑, 믿음 등을 제시하려고 한다. 이때의 생산적 독서는 자신의 경험의 범주를 벗어나지 못하는 지극히 일상을 기록하는 일기체의 독서생산 과정을 보여줄 수밖에 없다는 한계가 있다. 그러나 샤를로테 테마톤스의 〈노란 풍선의 세계여행〉과 피터 시스의 〈마들렌카〉 그리고 정근의 〈마고할미〉는 글자가 없거나 약간의 정보적인 글자만을 가진 그림책으로 뭔가 다른 것을 추구하고 있음을 살펴볼 수 있다. 이 세 동화는 이야기 게임과 놀이의 장을 위한 놀이 멍석으로 전래동화, 신화, 전설 등을 그림 속에 꼭꼭 숨겨놓고 아이들에게 이야기 숨바꼭질을 시키는 것이다. 왜 이곳에, 어떻게, 무엇을 등 수수께끼를 풀게 하는 효과를 지닌다. 페리 노들먼 역시 글자 없는 그림책이 수수께끼 놀이의 기능을 수행하고 있다고 주장한 바 있다[48]. 그러나 수수께끼 놀이처럼 그림 조각을 찾았다고 이것이 독서 행위의 해석능력으로 바로 이어질 수는 없다. 그림도 단어처럼 독자에게 의미 체계로 인식되기 전까지는 독서의 생산적 작용에 아무런 기능을 담당하지 않는다. 노들먼은 어린이에게 그림책이 의미로 다가오기 위해서는 그 그림에 특별히 적용되는 코드와 기호의 체계를 이해해야 한다고 말한다. 〈마들렌카〉와 〈마고할미〉는 〈노란 풍선의 세계여행〉처럼 글자가 전혀 없는 동화책은 아니다. 하지만 동화의 주요 이야기는 그림에 해당한다. 마들렌카라는 어린 여자아이는 처음으로 빠진 이빨을 자랑하기 위해 전 세계를 여행한다. 마들렌이 살고 있는 동네는 하나의 성인데 그곳의 풍경이 다양하게 조망되고 있다. 마들렌카라는 꼬마의 눈으로 바라보는 빌딩 숲은 실제보다 훨씬 크게 보이도록 그려지고 있는데 이를 효과적으로 나타내기 위해서 부감촬영기법을 활용하고 있다. 이는 아이들이 바라보는 세계를 효과적으로 전달해주기 위한 장치라고 볼 수 있는데 이는 어렸을 때 아이의 눈으로 본 운동장이 커서보면 매우 작게 보이는 것의 심리적 차이를 그림으로 전달하려고 한 것이라 볼 수 있다. 어린 마들렌카는 높은 빌딩에서 조감시선(bird's eye view)으로 세상을 바라보면서 일종의 성취감을 맛보며 열심히 계단을 타고 내려온다. 어린아이가 올라가기 힘든 곳에서 세상을 바라보는 것은 그 자체가 성장의 통과제의가 될 수 있다. 마들렌이 지상에 놓여있고 "내 이가 흔들려요"라고 외치자 이 네모난 부감세계가 동그란 원으로 돌아가는 부감도로 바뀐다. 이는

48 페리 노들먼, 김서정 옮김, 『어린이 문학의 즐거움2 The Pleasure of children's literature』, 시공주니어, 2001, pp. 426-472.

아이들이 좋아서 하늘을 보고 빙빙 돌고 있는 느낌과 소리의 울림, 즉 공명 효과를 효과적으로 전달하기 위한 장치로 읽혀진다. 보이지 않는 소리의 모양을 네모난 부감도에서 둥근 부감으로 바꿈으로써 시각화되는 현상이다.

이 동화의 그림을 이해하는 전략을 세워보자. 먼저, 마들렌이라는 인물이 각 페이지의 중앙에 네모난 빈칸에 놓인다는 점을 들 수 있다. 이는 롱숏과 딥 포커스 기법[49]으로 주인공이 카메라와 멀리서 잡히지만 주변 세계와의 유기적 관계가 있음을 상징하는 기호작용을 한다. 즉 조그만 소녀 마들렌은 중앙에 네모난 빈칸을 통해 계속 여행하고 있는 느낌을 준다. 주인공은 그대로 있지만 책장을 넘기면서 세상이 바뀌고 마들렌은 즐거운 세계여행을 하는 구성인데, 아이들에게 세계 문화에 대한 호기심을 적절하게 자극하는 효과를 지닌다. 이는 버지니아 리 버튼의 〈작은 집 이야기〉 속의 주인공인 작은 집이 롱숏과 딥포커스로 재현되어 사회상의 변화를 짐작하게 하듯이 마들렌카라는 작은 여자 아이의 이빨 빠진 성장의 첫 제의가 옥상과 지상의 시각조망의 변화로 표현되고 있다. 세상의 변화를 감지하는 타자적 세계관의 시작이 될 수 있다. 마치 작은 집이 변화하는 사회상을 재현해주는 주체로 등장함으로써 어린이들에게 타자적 세계관을 형성시켜줄 수 있는 것과 같은 이치이다.

그림과 짧은 대화로 된 각 페이지의 조각 그림은 매우 사실적인 사진 형태의 배열을 보인다. 이 조각 그림들은 마들렌카를 중심으로 그 나라가

---

49 Bordwell. D. Thompson. K. 주진숙, 이용관 옮김, 『영화 예술』, 이론과 실천, 1993 pp. 188-195.

어디인지 분명하게 각인시켜주는 코드로 작용한다. 그런데 바로 다음 옆 페이지들에 보이는 그림은 색채부터 다르게 재현되고 있다. 벽화 풍의 그림으로 사실을 그렸던 옆 페이지의 조각 그림과는 다르게 신비적인 색채감을 맘껏 활용하고 있다. 그리고 이 페이지에는 그림 안에 또 다른 그림이 덧칠해져 보이는 효과를 활용해 고대의 동굴 벽화 같은 중첩된 시간의 이미지를 활용한다. 마들랜카라는 아이의 공간이동과 시간이동이 자유롭다는 것을 통해 그림이 보여주고자 하는 역학적 의미를 이해해야 한다. 지붕 위를 땅 아래에서 볼 수 있고, 역시 지붕 위에서 땅 아래를 볼 수 있으며 구체적인 나라와 시간을 자유롭게 이동할 수 있을뿐더러 중앙에 서 있는 회화기법을 활용함으로써 신화의 세계까지 자유롭게 이동한다는 무한의 상상력을 보여준다. 결국 여행과 성장이라는 주제적 상징이 그림책과 유기적으로 어우러져 있음을 알 수 있다.

〈노란 풍선의 세계여행〉의 그림 스토리텔링을 이해하는 데에도 그림을 읽는 전략적 태도가 필요하다. 이렇게 글자 없는 동화책의 책장을 넘기게 하는 추동력은 미지의 세계에 대한 지적 호기심이다. 그림책을 읽는 전략으로 여행이라는 동적구조를 취함으로써 호기심의 역동적인 스토리 전개를 가능하게 해준다. 〈노란 풍선의 세계 여행〉은 노란 풍선, 파란 자동차, 마법 양탄자, 줄무늬 옷 남자를 따라가면서 세계를 여행하고 그 안에 각각의 대상이 하는 일을 찾는 게임이다. 처음 부분에는 이 지구상에서 날 수 있는 모든 것이 모두 등장한다. 인간이 하늘을 난다는 것의 상상력이 풍선, 기구, 헬리콥터, 비행기, 제트기, 낙하산 등 기계적인 것뿐만 아니라 새가

입으로 아이를 물어가서, 총알에 인간이 올라타서, 마녀의 빗자루를 타고, 슈퍼맨처럼 날개를 달기도 하고, 심지어 천사가 되어보기도 하고 유에프오를 타고 날 수도 있는 것이다. 그리고 그림 구석에 서 있는 배트맨처럼 아이들은 이야기의 세계에서 마음껏 날게 된다. 매우 유쾌한 방법으로 아이들은 저마다의 상상력으로 이야기 세계로 날아갈 수 있다. 이 책에서는 네 가지의 주인공들이 세상을 여행한다. 이 그림책은 마치 세계 풍물 시장을 여행하는 느낌을 준다는 것이 특이하다. 또한 네 가지의 대상인 노란 풍선, 파란 자동차, 마법 융탄자, 줄무늬 사내가 각자 따로 따로 여행을 한다는 구도를 먼저 읽어야 한다. 그들 각각이 가는 곳에 따라 그들만의 이야기가 만들어 질 수 있을 것이다. 두 번째로, 세계 풍물시장의 견학 같은 여행이 아니라 이야기를 찾아 떠나는 또 다른 서사 탐험 여행이 존재한다는 것을 전략적으로 인식할 필요가 있다. 수많은 동화와 신화 이야기가 어울리는 장소 속에서 마치 연극을 하는 무대처럼 각각의 이야기가 전시되어 있다. 노란 풍선이 여행하는 곳을 찾다가 우연히 들리게 되는 이야기 공간은 독서의 생산성을 보여주는 공간이 된다. 그런데 두 동화에서 재현하고 있는 무대극들은 일정한 선독서 체험이 수반되어야만 가능해진다.

이러한 독서법은 앤서니 브라운의 작품에서 많이 보인다. 예를 들면 〈숲 속으로〉에서 우리는 주인공이 부모의 다툼으로 생기는 불안을 자신이 읽었던 동화 여행을 통해 극복하고 있음을 상징적으로 읽을 수 있다. 주인공은 심각한 엄마의 모습, 썰렁한 식탁의 모습, 아빠의 부재로 인해 불안한 증세를 보인다. 바로 밤의 정경에서 그러한 불안한 심리를 읽을 수 있는데, 소년은 할머니에게 케익 심부름을 간다. 숲으로 가지 말라고 하는 엄마의 말에 반하여 소년은 숲 속으로 여행을 선택한다. 이때 이 숲은 실제의 숲 이라기보다는 자신의 심리상태가 만들어낸 이야기 숲으로 독해되어야 한다. 소년이 만나는 아이들은 엄마와의 관계에 있어서 자신과 어느 정도 닮아있다.

앤서니 브라운 '숲속으로'의 장면.

소년은 우선 〈잭과 콩나무〉의 잭을 만난다. 소를 몰고 가는 잭과 나는 마지못해 엄마의 말을 따라 길을 가고 있는 것이다. 길을 가다가 만나는 소녀는 그레텔로 소년 자신이 엄마와 아빠에게서 떨어진 고립감의 심리적 상태가 불러낸 주인공이다. 계속 숲을 가다 빨간 외투가 걸린 것을 보고 소년은 그것을 입고 급하게 달리기 시작한다. 마치 늑대가 자기를 잡아먹기 위해 쫓아오듯이 〈빨간 모자 이야기〉의 주인공이 되어버린다. 소년이 거치는 숲을 '의식의 숲'이나 '동화의 숲' 혹은 '성장의 통과제의의 숲'으로 읽을 수 있는 근거는 숲의 색채 때문이다. 숲 속으로 가는 소년의 모습만 칼라로 보이고 숲은 온통 흑백으로 그려진다. 마치 우리의 꿈이 거의 흑백으로 처리되는 것과 같은 비유적 의미가 담겨있는 것이다. 이외에도 그 숲에는 다양한 동화가 살아 있다. 백마 탄 왕자, 물레, 유리 구두, 라푼첼의 머리, 장화신은 고양이, 신비의 열쇠 등 동화의 상상력들이 소년에게 현실을 이겨나가도록 도움을 주고 있다. 이는 주인공 소년이 아픈 할머니에게 가는 길을 말이 아니라 이전의 독서로 획득한 주인공들의 심리 상태와 일치시킴으로써 적절한 세마타 독서가 되는 셈이다. 노들먼은 이전의 독서의 지식들로 현재의 독서가 원할 해질 수 있도록 유도하는 독서법을 세마타 독서법[50]이라고 칭하고 있다. 그런데 이 동화를 잘 활용해서 놀 수 있으려면 어느 정도 신화와 전래동화를 이해한 연령이어야 세마타 독서의 내공이 쌓이고 메타적인 독서가 가능해지고 다양하고 새로운 이야기가 만들어 질 수 있다. 따라서 동화를 연령별로 자를 재듯이 구분한다는 것이 어찌 보면 동화의 효과적인 독서놀이를 방해하는 요인이 된다고 할 수 있다.

2. 빈 공간을 채우는 신화소

〈마들렌카〉와 〈마고할미〉는 글씨에 의한 정보와 그림이 주는 정보가

---

50 페리 노들먼, 김서정 옮김, 『어린이 문학의 즐거움1 The Pleasure of children's literature』, 시공주니어, 2001, pp. 95-128.

마들렌카: 지붕 위에서 소리치는 마들렌카.

상호보완적으로 작용하고 있기는 하지만 그림 자체만으로도 충분한 서사가 형성될 수 있다. 『마들렌카』라는 동화는 두 가지로 이야기가 진행됨을 알 수 있다. 하나는 마들렌카가 자신의 빠진 이빨을 들고 전 세계 사람들에게 자랑하러 다니는 사실적인 이야기이고, 그리고 옆 페이지에 진행되는 또 하나는 자랑하는 나라의 신화적 상징체가 만들어내는 이야기이다. 첫 번째, 마들렌카는 프랑스 빵집 아저씨 집으로 가서 이가 흔들린다는 사실을 알린다. 에펠탑이나 개선문 같은 프랑스의 유명한 문화가 등장하고 뒷장의 벽화 그림에는 알 수 없는 신화들이 등장한다. 벽화에는 프랑스를 상징하는 동물인 수탉의 모습이 크게 바탕화면을 채우고 있고 어린왕자가 이야기 만들 준비를 한다. 수탉은 태양에 속하는 신이다. 최고의 권리, 용기, 새벽을 나타내기고 하고 싸우는 두 마리의 수탉은 생명의 전쟁을 나타내기도 한다[51]. 켈트족과 북유럽 신화에서 수탉은 신이 살고 있는 명계의 신들의 상징이 된다. 수탉의 울음소리는 발할라 궁전에서 잠자던 영웅들을 깨워 최후의 대 전쟁에 나가도록 하였다. 프랑스를 나타내는 각가지 전통문향들과

51 진쿠퍼, 이윤기 옮김, 『그림으로 보는 세계 문화 상징 사전』, (까치, 2007(1994년 1쇄)), pp. 72-79.

유적들을 곳곳에 배치시킴으로써 새로운 이야기를 만들 수 있는 이야기 지도(story map)를 제공한 셈이다. 그 이야기는 무정형의 텍스트이다. 그림책을 읽는 독자에 의해 무수하게 형태를 바꿀 수 있는 서사 생산성을 가진다.

다음으로 인도와 이탈리아에 간 마들렌카는 코끼리, 피자, 피사의 탑, 아이스크림 등 많은 이야기를 한다. 날개 달린 코끼리를 타고 하늘을 나는 인도사람들의 모습, 전통의상의 인도 여인, 원숭이 이야기 등 신화적 상상력을 담은 이야기화소를 내포하고 있다. 인도의 신들과 코끼리 이야기를 풀어냄으로써 신화 이야기는 한층 재미있는 서사를 만들어낼 것이다. 인도에서 코끼리와 원숭이는 동물 이상의 상징성을 가진다. 불교 예술품 중 하나인 〈마야 왕비의 꿈〉에 하늘을 나는 코끼리가 등장한다. 이 코끼리는 비옥함과 생명을 가져다주는 행운의 상징으로 칭송받는다고 한다. 코끼리의 친척인 구름이 코끼리를 보러 오면 비의 은총이 내린다. 원숭이 역시 인도신화에서는 날쌔고 지혜로운 영웅의 역할을 상징하고 있다. 이는 애니메이션 〈라이온 킹〉에서 현명한 원숭이 라피키의 이미지를 떠올리게 한다. "보이는 것 너머를 보라"고 한 라피키의 지혜는 바로 원숭이에 대한 신화적 성찰에서 이해할 수 있을 것이다.

이탈리아에 온 마들렌카는 너무 많은 문화제들에 어리둥절할 것이다. 피노키오가 첫 번째 그림조각에 서있고 고양이와 피자, 아테나 여신의 상이 보이고, 콜로세움, 피사의 탑, 오페라, 베네치아의 곤돌라, 그리고 베수비우스 화산이 있는 사라진 폼페이 등 많은 이야기 조각이 마들렌카를

에워싸고 있다. 벽화의 세계에 들어가 있는 마들렌카는 이 마술 같은 세계에 그만 길을 잃은 것처럼 우산을 쓰고 방황하고 있다. 이탈리아 벽화에는 수많은 신화 속 서사들이 혼합되어 그려지고 있다. 라틴아메리카를 둘러본 마들렌카는 조그만 그림 안에서 무척 당황하는 표정을 하고 있다. 커다란 새를 타고 날아가는 아이, 숲 속에 나타나는 각종 동물들의 모습, 고대유적지, 정체를 알 수 없는 꼬리가 긴 동물의 얼굴은 사람모양이다. 그리고 손에 우주를 상장하는 장식과 도구를 가지고 있다. 마치 중국 신화의 복희와 여와가 우주의 창조원리로써 자와 나침반을 들고 있는 원리와 같은 이치일 것이다.[52] 이는 문명창조의 원리를 신화적 상상력으로 보여주고 있는 것이다. 다양한 상징 장치는 이야기 생성의 무한한 화소로 작용할 것이다. 이집트 사막에서 만난 동물들과 동물들의 영혼으로 만들어진 나무들은 마치 만종수[53]처럼 생명력을 관장하고 있는 것 같다. 동유럽의 동화들에 흔하게 나오는 만종수라는 나무는 나무의 생명력을 지상의 온갖 존재들에게 영향을 미친다. 만종수를 바라만 봐도 사람들은 젊어진다. 전설에 의하면 만종수는 세상에 불행과 자연재해 있을 때 큰 임무를 완수하는 역할을 한다. 마들렌카는 자연과 동물의 구별이 되지 않는 곳을 구경하면서 아시아의 할머니를 만나러 간다. 아시아 신화에 나오는 용의 긍정적인 신비한 모습, 혼돈의 신처럼 생긴 제강의 모습, 치우의 전투 장면을 닮은 벽화, 동양의 기굉국 사람들의 요상한 모습, 인어공주의 다른 모습인 동양의

52 정재서, 『이야기 동양 신화』, 황금부엉이, 2004, pp. 49-67.
53 세르기우스 골로빈, 이기숙, 김이섭 옮김, 『세계 신화 이야기』, 까치, 2005(2001년 쇄), pp. 112-114.

인어 아저씨의 모습, 인면어들의 다양한 모습, 곤륜산처럼 보이는 산의 모습 등등 무궁무진한 이야기 수수께끼의 놀이판을 제공한다. 특히 동양에서 용은 신성하고 긍정적인 상징물들이지만 서양에서 용은 퇴치해야 하는 대상으로 나온다. 대표적으로 페르세우스가 안드로메다 공주를 구하기 위해 싸운 적이 바로 용인데, 용의 적대적인 악으로 상징화 된 것은 일차적으로 기독교의 탓이라고 한다. 어쨌든 이 모든 문화 여행의 시작은 이빨이 흔들린다는 통과제의의 절차인 것이다. 즉 유아치가 빠지고 영구치가 나오는 것은 아이가 한 세계에서 다른 세계로 이동하는 것을 의미한다. 따라서 마들렌은 하늘과 땅을 상하 이동하는 샤먼적 경험을 하는 것이다. 이는 할례를 통해 성장의 통과제의를 거쳤던 아프리카의 아이들의 의식과 같은 신화적 절차로 읽혀질 수 있다.

사실, 글자 없는 동화책은 두 가지로 쓰임이 가능하다. 노들먼이 말하는 세마타 독서법이나 수수께끼의 기능이 하나이고 또 하나는 그저 그림만 보고 넘기는 단순한 그림책으로의 독서가 있다. 노들먼이 주장하는 것처럼 그림책에는 3개의 스토리가 존재할 수 있다. 글이 말해주는 스토리, 그림에 내포된 스토리, 그 둘의 조합에서 비롯되는 스토리 등으로 서사의 층위가 생기게 된다. 우리가 주목해야 하는 것은 그림에 내포된 스토리를 찾아가는 것인데, 노란 풍선을 타고 또는 흔들리는 이를 자랑하기 위해 아이들이 가야하는 곳이 현실의 세계라기보다는 이야기의 세계라는 것에 주목해야 하겠다. 그만큼 이야기의 세계는 아이들의 성장 동인이 되며 그들의 상상의 세계를 풍요롭게 해준다. 그 이야기의 내공을 쌓기 위해서 전래동화와 신화는 매우 중요하다고 할 수 있다. 브루노 베텔하임[54]이 지적한대로 전래동화는 무의식적 진실의 상징적 재현이기 때문이다. 선과 악의 지나친 이분구도와 이야기의 정형성을 비판하는 관점에서 전래동화는 잠시 아이들에게 적극적으로 권장되지 않았던 적이 있었다. 그 틈을 타고 창작동화의 중요성이 커졌고 아이들은 전래동화보다는 창작동화를 더 즐겨 읽기도 했다. 그러나 전래동화의 진실은 현실 안에 숨겨진 진실이라는 말을 굳이 떠올리지 않더라도 창작동화에서 주지 못하는 삶의 진실들을 전래동화가 주고 있다. 아이들이 글자 없는 동화책을 즐길 수 있는 내공을 쌓기 위해서 전래동화와 신화의 독서는 그 중요성을 가질 것이다.

마고할미: 대지에 누워있는 마고할미.

〈마고할미〉는 중국의 반고신화처럼 사체화성설의 상상력을 가진다. 반고는 손에 태극문향의 원을 돌리는 역동적인 자세를 취하고 온 세상을 깨우는

54 브루노 베텔하임, 『옛이야기의 매력』, 시공주니어, 1998. pp. 60-70.

형상을 보인다. 혼돈의 세계는 1만 8천년 동안 잠을 잔 반고가 깨어나면서 하늘과 땅으로 갈라지고 세상은 열린다. 어느 날 반고는 우렁찬 소리를 내며 쓰러져 죽는다. 그의 숨결은 바람과 구름이 되고, 목소리는 우레가 되고, 왼쪽 눈은 해가 되고 오른쪽 눈은 달이 되고, 손과 발은 산이 되고, 피는 강물이 되고, 힘줄은 길이 되고, 살은 논밭이 되었다고 한다. 거인이 세상을 창조했다는 신화적 상상력은 우리 문화에서는 마고할미의 상상력으로 변형된다. 육지에서는 마고할미라는 이름으로 불리고, 제주도에서는 설문대 할망으로 불린다. 세상이 생겨나는 원리를 우주거인이라는 상상력으로 해석하려고 했다는 점에서 반고신화와 동일한 상상력을 보여준다. 이 거인신화가 과연 어린이 동화 그림책으로는 어떻게 형상화되면서 이야기로서 뿐만 아니라 그림으로도 형상화 될 수 있는가.

이러한 신화 상상력을 효과적으로 보여주고 있는 〈마고할미〉의 그림독법에 들어가 보도록 하겠다. 이 그림책은 다섯 페이지가 연달아 하나의 그림으로 펼쳐지면서 시작한다. “옛날 옛날 아주 먼 옛날 해도 달도 없이 어두컴컴할 때 마고할미라는 거인이 살고 있었어요.” 이렇게 시작하는 문자 정보는 지극히 짧은 정보만을 준다. 우리는 이 다섯 페이지로 된 한 그림을 보면서 신화의 상상력을 불러와야 한다. 먼저 하늘과 우주로 보이는 위의 공간과 땅으로 보이는 공간이 이분화 되어 있고 그 경계선에 마고할미라는 거인이 누워 코를 골고 있다. 하늘에 떠있는 나선모양의 소용돌이는 중심에 검은 색에서 점점 동심원이 커지면서 그 색깔은 밝은 색을 띠고 있다. 태초의 혼돈이 생성되는 형상이라고 하겠다. 이러한 이미지는 신화서들에서 그리는 혼돈의 공통된 이미지들이다. 중국의 제강이라는 혼돈의 신은 몸에 구멍이 나면서 세상의 질서를 낳고 죽게 된다. 혼돈은 질서와 빛에 의해 사라지게 된다. 다음 장으로 넘기면 모두 8페이지가 하나의 그림으로 등장한다. 우주거인이라는 추상적인 개념이 이렇게 넓은 페이지로 펼쳐지면서 구체화되고 있다. 마고할미의 발하나가 한 페이지를 차지하고 있고 손 부분이 역시 한 페이지를 차지한다. 손을 올려 하늘을 공중으로 밀어내는 마고할미의 모습은 아이들에게는 거인 우주 신화의 현현된 실제적인 모습으로 인식된다. 하늘이 떠오르면서 해와 달과 별이 생기고 마고 할미의 오줌은 강이 된다. 이렇게 거대한 마고할미의 체험적 진실을 위해 그림에서는 천리마를 타고 달리는 어린이를 등장시키지만 정강이에도 가지 못함을 보여준다. 이쯤 되면 동화의 문자가 아니라 그림의 신화적 상상력이 어린이들에게 신화체험을 가능하게 한 것이다. 다음 페이지 역시 8페이지 분량의 가로 그림으로 마고할미의 움직임을 보여준다. 마고할미가 치마에 돌을 나르다가 찢어진 부분으로 돌이 떨어진다. 그 돌은 섬이 되고 양쪽 발은 동해와 서해 바다에 담가 물장구를 치니 홍수가 나버린다. 그런 찰나에 마고할미는 강바닥을 손가락으로 죽 긁어 삐져나온 부분을 산으로 만들고 패인 곳을 강으로 만든다. 다음 가로 4페이지는 마고할미의 얼굴만 등장한다. 마고할미는 한숨을 쉬니 태풍과 같아졌고 배가 우글거려 토하는 장면은 다음 페이지에서 3페이지에 걸쳐 얼굴 옆모습과 입을 보여준다. 그렇게 거대한 입에서 토해낸 것은 백두산과 제주도가 되었다. 마지막에는 세로 3페이지에 전신 마고할미를 그려놓고 한 손의 손가락으로 달을 집어고 하늘에 올리고 다른 한손에는 해를 감싸 내려놓고 있다. 이 세상은 마고할미의 움직임에 의해 만들어진 곳임을 알게 된다. 이 책의 문자는 최소한의 정보만을 보여주고 있다. 따라서 이 책의 효과적인 독서는 신화적 상상력의 세마타 독법이 필요한 것이다.

3. 이야기 수수께끼 게임

노란풍선의 세계여행: 풍선은 이야기를 구경하러 다닌다.

〈노란풍선의 세계여행〉은 동화와 신화 그리고 애니메이션의 화소들이 재미있게 숨어있는 숨은 그림 찾기의 형식을 보인다. 이 노란 풍선이 따라가는 곳에 똬리를 틀고 있는 신화와 동화 이야기는 애니메이션으로 제작되거나 영화로 제작된 것들이 대부분이어서 조금만 관심을 가지고 봐도 어렵지 않게 동화 세계에 몰입할 수 있다. 노란 풍선이 여행하는 곳을 따라가면서 이야기는 새로운 동력을 얻는다. 처음 길을 나서서 길을 떠나는 노란 풍선은 피카소 박물관에 놀러간다. 전시회 뒤에는 결혼식이 한창이고 바로 옆에는 강이 보인다. 인류의 시작이 홍수신화에서 시작해서 결혼을 맺는 혼인의 절차에 의해 생성되었다는 신화적 사유의 단초로 읽을 수 있을 것이다. 강을 건너서 노란 풍선은 한적한 시골마을로 이동을 한다. 그곳에서 노란풍선은 그림형제의 〈빨간 모자와 늑대〉이야기를 듣고 있다. 그런데 전통 이야기책의 늑대와는 다르게 강아지처럼 보이는 모습이 귀엽게 느껴진다. 이 때 바꿔 써보는 〈빨간 모자와 늑대〉가 가능해질 수 있을 것이다. 늑대가 힘도 없고 사악하지도 않은 것처럼 느껴질 수 있는데 이쯤 되면 존 셰스카의 〈늑대가 들려주는 아기돼지 삼형제〉 이야기에서 자기는 못된 돼지들에게 억울한 누명을 쓴 것이며 착하다고 항변하는 늑대가 생각난다. 다음으로 노란풍선은 〈양치기 소년〉을 만난다. 자꾸 거짓말을 해서 사람을 골려주다가 결국 늑대를 만나버린 소년 이야기이다.

이제 노란 풍선은 〈아리비안 나이트〉의 나라인 이집트 사막으로 날아간다. 그곳은 파라오의 무덤인 피라미드가 놓여있고 아이들은 이 낯익은 장면을 보면서 자신들의 문화인 〈유희왕〉이야기를 펼쳐 보일 것이다. 어둠의 유희를 이야기 하면서 이집트 삼환신 카드 이야기나 아누비스 그리고 오시리스의 신화 이야기를 재미나게 할 수 있을 것이다. 사막과 밀림을 지나 노란 풍선이 가는 곳은 바다다. 그 바다엔 초현대식 군함이 있고 옛 노르망디의 해적선도 있다. 또한 호화여객선도 있고 야자수가 있는 타이티의 모습을 볼 것이다. 거기엔 마치 고갱이란 화가가 그린 그림처럼 타이티 섬과 같은 모습이 담겨져 있다. 바다 안을 자세히 들여다보면 〈인어공주〉가 고래와 함께 놀고 있고 아직은 배안의 왕자를 보지 못한 게 분명하다. 왜냐하면 인어공주의 모습이 무척 행복해 보이기 때문이다. 삼지창을 든 바다의 신 포세이돈, 물 안에서 놀고 있는 공룡 등 많은 것들이 바다의 이야기를 구성한다. 다음으로 노란 풍선은 눈으로 뒤덮인 북극을 찾아간다. 북극엔 산타할아버지가 살고 있고 영국의 호화여객선 '타이타닉호'가 침몰되고 있다. 수많은 사람들의 아우성이 들린다. 이글루와 눈썰매, 북극 탐험가 아문센, 북극곰 가족들이 여행을 하고 있다. 노란풍선은 추운 지방을 빠져나와 숲에 도착한다. 그 숲에는 수많은 동화들과 신화들이 살아 있다. 강을 타고 가는 타잔, 타잔의 여자 친구 제니는 타잔과 정답게 이야기를 나누고, 원주민들의 생활상이 보이고 헨젤과 그레텔이 엄마를 찾는 모습도 보인다. 이 많은 동화 소재들은 놓여진 자리에서 새로운 이야기를 생성할 수 있다. 이야기 퍼즐게임이나 이야기 연결시키기 게임으로 텍스트가 생산성을 가질 수 있다.

노란 풍선은 넓게 펼쳐 보이는 바다에 날아온다. 그곳에서는 사람들이 자유롭게 해수욕을 즐기고 있는 잘 만들어진 리조트가 있고 그 옆에는 원주민들의 원두막이 눈에 띈다. 바다 한복판엔 아름다운 여자가 노래를 하는 듯이 앉아있고 그 옆을 지나던 배는 뒤집히기 직전의 아슬아슬함을 보여준다. 세히레라는 신화 속 여자의 노래를 들으면 바다 선원들의 배는 뒤집혀 모든 선원이 죽어 간다. 이것도 노란 풍선의 시선 안에 놓인다.

노란 풍선이 여행하는 곳이 단순히 바다가 아니라 이야기의 세계임을 다시 느끼게 하는 대목이다. 여행이 길어지다 보니 어느새 밤이 되어버린다. 노란 풍선이 해안부두에 도착한 것은 어두운 밤이다. 노란 풍선의 눈에는 부두의 모습이 너무 대조적으로 보인다. 화려한 놀이동산의 불빛 옆으로 쓰러져가는 도시 판자촌의 모습이 보이고 그 안에서 모닥불에 통기타를 들으며 노래를 부르는 사람들의 모습이 보인다. 네온사인보다 왠지 인간적인 냄새가 풍긴다. 그리고 해안 선착장에는 후크선장이 피터팬과 칼싸움을 하고 있다. 집으로 돌아오는 노란 풍선은 또다시 숲을 지난다. 숲 속에 사는 일곱 명의 난장이는 지붕위에서 사다리를 타고 노란 풍선을 기다리고 있는 것일까 우스운 모습으로 금방 허물어져버릴 것 같은 아슬아슬한 사다리 타기 놀이를 하고 있다. 말을 타고 급하게 길을 떠나는 원탁의 기사, 의적 로빈 훗은 사람들에게 용기를 불어넣어주고 있고 마녀들의 잔치에 늦어버린 마녀가 빗자루에서 떨어질 듯 말 듯 날아가고 있다. 헨젤과 그레텔은 어두운 숲 속에서 오두막을 발견했는데 그레텔의 모습이 기존의 이야기와는 좀 다른 서사를 만들어낼 법하다. 그 옆으로 유령의 성이 있다. 성 주위는 온통 유령들의 그림자로 으스스한데 신델렐라는 열두시 종이 다치기 전에 서둘러 성문을 빠져나오고 왕자는 안타깝게 바라본다. 금기의 시간의 아슬아슬함을 그림의 환상기법을 통해 표현하려고 한 것처럼 보인다. 일곱 명의 난장이는 백설 공주의 독을 없애기 위해 왕자를 찾아 나서는 것 같다. 노란 풍선은 이제 여행을 끝내고 다시 집으로 향한다. 그림은 또다시 파란 자동차의 시선, 줄무늬 남자의 시선, 양탄자의 시선 등 다양한 주체에 의해 또 다시 새로운 여행이야기를 만들어낸다. 이 동화의 일차적 재미는 이러한 소재 찾기와 인물 찾기에서 시작할 수 있으나 더 큰 재미는 이야기를 만들어가는 재미일 수 있다. 왜 그 주인공이 거기에 있을까, 주인공은 거기에서 무엇을 할까, 어떻게 위기를 극복하고 돌아올까, 어떻게 이어지는 이야기일까 등 네버앤딩 스토리의 재미가 느껴지는 모험의 즐거움이 있을 것이다. 정형화된 이야기가 존재하지 않기 때문에 이야기는 무수히 양산될 수 있으며 이러한 상상력이 이야기퍼즐 게임으로 이어질 수 있다. 독서의 횟수에 따라서 이야기는 다양화될 수 있을 것이다. 즉 게임을 진행하듯이 신화 상상력은 이야기를 재구성하는 서사 동력을 제공해 줄 것이다.

문화의 해석은 마치 점점 커지는 동심원과 같다. 조그만 원을 그리고 있는 동화의 세계가 더 큰 동심원으로 계속 퍼져나가고 있다. 따라서 우리는 더 이상 전래 동화나 신화를 지나간 시대의 고정된 서사로 치부해버려서는 안 된다. 현재를 살고 있는 우리 아이들에게 전래동화 세계라는 상상력의 오작교를 다양하게 건설하도록 이끌어야 할 것이다. 최근에 우리 어린이 문화에서 일고 있는 문화 읽기를 한번 점검해볼 필요가 있겠다. '전통문화 그림책 시리즈' (보림)의 〈마고할미〉와 〈단군신화〉는 나름대로 신화 서사 구조를 갖추고 있는데 반해 그 밖의 동화들은 그야말로 지식을 전달하는데 너무 억눌린 느낌을 받는다. 특히 위에서 해석한 대로 〈마고할미〉의 일러스트레이션은 신화적 독서의 전략적 규범에 적절하게 어울린다. 일단 상상할 수 없을 정도로 커다란 할미의 이미지가 동화책의 구성에서 잘 드러난다. 일정한 형태의 책 사이즈에서 벗어나 접기 식으로 만들어진 동화책 속의 마고할미의 모습은 동화가 보여줄 수 있는 한에서는 가장 크게 보일 수 있도록 보여주고 있다. 신화의 상상력이 동화에 그대로 반영되어 그려지고 있다. 그림은 지시대상을 한정시키거나 정형화된 틀로 만들 수 있다는 우려를 가진다. 그러나 문자 역시 어떤 의미에서는 이러한 딜레마를 벗어나기 힘들다. 왜 그림 동화는 어린이 문화에서 중요한가. 그림동화는 문자의 서사에 짓눌려버려 서사를 만드는데 소극적으로 변해버리는 어린이들을 위해 반드시 필요한 수단이 될 수 있다. 그림동화는 놀이와 게임의 속성을 강하게 가지고 있기 때문에 어린이 정서 치료에도 매우 적절한 수단이 될 수 있을 것이다. 특히 그러한 가능성을 앤서니 브라운의 그림에서 찾아보게 된다. 가정의 불안으로 어린아이가 겪는 심리적 상처에 동화의 세마타적 접근은 매우 적절할 것으로 보이며 그 세마타의 효과적인 해석을 위해서 신화는 생산적으로 읽혀져야 할 것이다. 또한 신화적 이데올로기나 상상력이 그림을 그리는 추동력이 되기도 하지만 역으로 재현된 그림이 신화적 사유의 틀을 재구성하는 역동성을 가지기도 한다. 아이들과 함께 그림 동화 수수께끼 이야기 놀이를 시도해 보는 것은 어떨까.

6장 트랜스 컬쳐의 교차적 상상력

1. 역사와 문화의 놀이화

현대 사회에서 각 나라의 문화는 소속감을 떠나서 범세계적으로 활용되고 있는 경우가 허다하다. 이를 두고 트랜스 컬쳐라는 새로운 문화 용어로 정의한다. 지구촌이나 세계화의 흐름에서 보면 자연스러운 문화 현상으로 받아들여야 할 것이다. 문화는 이제 더 이상 한지역의 특성만을 담지 않고 여러 문화를 교차시켜서 활용하고 있기 때문이다. 트랜스 컬쳐에 대한 미하일 나우모비치 웹스타인의 견해를 들여다보기로 하자. 그에 의하면 트랜스 컬쳐는 민족, 젠더, 직업 등에 의해 다양하게 구획된 문화의 경계선을 넘나들며 기존 문화에 대한 낯설게 하기와 자신의 본래적인 문화에서 벗어나는 것을 전제로 한다는 것이다.[55] 따라서 이 개념은 세계화 시대의 초국적인

55 Mihail N. Epstein, After the Future, The University of Massachusetis, 1995, pp. 280-306.

의미를 가지며 각 나라의 고유의 문화를 넘어서는 새로운 상태로의 전이를 말하는 개념이라고 할 수 있다. 아시아의 영화에 있어서 한류는 이러한 트랜스 컬쳐를 가장 잘 활용하는 요소라고 할 수 있으며 문학, 미술, 음악에 있어서 이러한 트랜스적인 경향은 이미 너무나 뚜렷해지고 있다. 특히, 백남준의 예술을 논할 때 이러한 트랜스의 개념은 적극적으로 활용되곤 한다. 동양과 서양을 오가는 상상력, 문명과 자연의 혼합된 상상력, 그리고 우주적 상상력으로 삶과 죽음을 이해하는 예술적 상상력 등이 그러한 트랜스 개념에 부합되기 때문일 것이다.

사실 엄밀히 말하자면 모든 예술과 철학과 문학은 오래전부터 트랜스 컬쳐를 보여 왔었다고 해도 과언이 아니다. 유독 이 용어를 더 이 시대에 적극적으로 끌어들이는 데에는 인터넷 세계에 의한 지구촌화가 가속되기 때문일 것이다. 이미 한국 영화들 중 상당 부분은 한국의 문화와 다른 문화를 트랜스 컬쳐화 시켜서 표현하고 있고, 헐리우드의 영화 역시 동양의 사고를 부속품으로 활용하는 것에서 더 나아가 정신을 수용하거나 변형하고 있다. 영화 〈매트릭스〉는 장 보드르야르의 시뮬라시옹을 직접적으로 활용하고 있지만 기본적으로 불교의 사상과 도교의 사상을 신비롭게 보여주고 있다. 또한 거기에는 예수의 재림이라는 기독교적인 사상이 전면에 들어있다. 동양의 정신을 서양의 테크닉이 만나는 상상력은 상당히 많다. 〈포비든 킹덤〉, 〈미이라 3〉, 〈쿵푸팬더〉, 〈뮬란〉 등이 바로 헐리우드가 제작한 대표적인 중국의 이야기들이다. 그렇다면 소재나 인물이나 문화적 특징이 모두 동양이기 때문에 이를 동양의 문화로 보아야 하는가. 그러나 그건 엄밀히 말해서 그렇지가 않다는 것이다. 트랜스 컬쳐화 된 것이다. 헐리우드가 비록 동양을 이야기 했지만 그 안의 전개 방식이나 갈등의 해결 방식이나 디테일 등은 모두 서양의 문화를 직, 간접적으로 표방한다는 것이다. 이를 두고 경계를 넘어서는 문화라는 표현을 종종 한다. 데리다의 텍스트 해체와 푸코의 자기 반영성과 현대의 하이브리드 이론 등이 바로 트랜스 문화로 이해되고 있는 이유이다.[56]

게임World of Warcraft 중에서.

게임Age of Mythology 중에서.

트랜스 컬쳐의 문화 현상이 가장 두드러진 분야는 바로 온라인 게임의 세계인 듯하다. 전 세계적으로 인기를 끌고 있는 WOW(World of Warcraft)의 세계는 북유럽 신화의 모티프를 차용하고 있지만 선과 악의 보편적 신화구도를 활용한다는 점에서 트랜스 컬쳐의 차용이다. 중세의 분위기를 연출하고 있기 때문에 전사, 도적, 사제의 등장이 빈번하지만 현대적인

56 허정아, 『트랜스 컬쳐를 향하여』, 연세대학교 출판부, 2007.

특징을 가진 이동수단, 현대적 패션, 현대의 시간에 맞추는 각종 이벤트, 현대적 시각의 마법사 등 북유럽 신화가 대체적으로 현대화되어 등장한다. 시간과 공간에 따라서 북유럽 신화라는 고유한 문화가 보편성을 얻을 수 있도록 변형되고 각색되는 것이다. 북유럽 신화를 전면에서 차용하는 온라인 게임의 대표적인 에이지 오브 미쏠로지(Age Of Mythology)는 그리스 신화, 북유럽 신화, 이집트 신화의 내용을 복합적으로 활용한다. 게이머는 그리스, 북유럽, 이집트 등 3종족에서 자신이 속할 종족을 선택하고 주신을 선택한다. 신들의 특징에 따라 신들의 힘이 다르고 3종족의 모습은 문화 간의 융합을 통해 매우 복합적으로 나타난다. 신들의 특징을 최대한 활용해서 전쟁과 생산을 펼치게 하는 게임으로 예를 들어 어머니 여신 가이아는 모든 만물의 근원이라는 의미를 담고 있다. 최근 북유럽 신화의 게임차용은 어느 정도 문화적 생경함을 활용한 측면이 강하다. 그리스 로마와 이집트 신화 보다는 잘 알려지지 않았기 때문이기도 하지만 그 무엇보다도 신들의 세계가 '라그나로크' 즉 '신들의 황혼' 이라는 멸망구도를 가진 것이 게임의 생산과 파괴의 상상력에 부합하는 것이라 할 수 있다.

영화 〈놈놈놈〉을 해석하는 가장 좋은 방법은 바로 트랜스 컬처라는 용어를 떠올려 볼 수 있을 것이다. 우리나라의 배우가 우리의 역사적 사건을 소재로 펼치고 있지만 그 안에서 펼쳐지는 모든 디테일들은 한국적이지 않은 것들뿐이다. 하지만 역으로 지극히 한국적이기도 한다. 트랜스 컬쳐의 문화를 적절히 보여주는 텍스트이다. 이 영화를 통해 만주 웨스턴이라는 신조어가 탄생되기도 하는데 제목부터 파격적인 상상력을 요구한다. 누가 좋은 놈이고 누가 나쁜 놈이고 누가 이상한 놈인가에 대한 묘한 질문으로 이 영화를 마주하게 된다. 영화에 등장하는 인물은 리얼리즘이 사라진 시뮬라시옹의 가상적 인물들이다. 이 영화는 1930년대의 다국적 문화의 배경과 법과 질서보다는 총과 칼이 앞서는 시대적 문화흐름을 보여줌으로써 현실의 문화를 패러디 한다. 영화 속의 세 인물들은 하나같이 한국적이라고 말할 수 없는 인물들이다. 그러나 그들이 공공연하게 표방하듯이 그들의 국적은 한국이다.

〈놈놈놈〉 인물들의 트랜스 컬처의 상상력을 살펴보기로 하자. 우리가 쉽게 예측할 수 있는 나쁜 놈은 바로 박창이이다. 그는 몸에 꽉 끼는 달라붙는 서양식 양복을 입고 등장한다. 살인을 눈 하나 깜짝하지 않고 저지르는 나쁜 놈이다. 그는 마치 현대에서 과거로 들어간 인물처럼 무척 모던하다. 그리고 좋은 놈이라고 부를 수 있는 박도원이라는 인물은 카우보이 모자를 쓰고 나온다. 그는 양복 조끼를 입고 있으며 웨스턴 스타일의 목이 긴 부츠를 신고 있다. 마치 서부 영화에서 살아서 걸어 나온 인물처럼 고전적인 복장이다. 이상한 놈으로 짐작이 되는 인물은 윤태구인데, 그는 어느 정도 1930년대식 한국의 복장을 띠고 있다. 그는 마치 전광용의 소설 〈꺼삐딴 · 리〉의 주인공 이인국 박사의 다국적 특성을 생각나게 하는 인물이다. 그는 어떤 상황이라도 끈질기게 살아남을 사람으로 보이며 외모 역시 가장 한국적이지만 그가 쓴 모자와 개량한복 같은 느낌을 주는 복장은 혼란한 시대의 표상처럼 보인다. 그가 쓴 모자는 마치 러시아의 이미지를 생각나게 하고, 그가 쓰는 고글은 서양의 비행기 조종사를 연상시킨다. 마치 미야자키 하야오 애니메이션의 조종사나 군인들의 전쟁 복장이 다소 서양적인 것처럼 보이는 것과 같은 생경한 느낌이다. 이들이 쓰고 있는 무기 역시 이들의 국적 불명의 복장만큼이나 특징적이다. 특히, 카우보이 모자를 쓰고 있는 박도원의 긴 총은 서부 영화의 현상수배 헌터들의 전형적인 트랜드인 점을 어렵지 않게 발견하게 된다. 윤태구가 타고 다니는 오토바이는 2차 대전대 독일 군이 타고 다니는 것을 연상시킨다. 박도원이 타고 다니는 말과 윤태구가 타고 다니는 오토바이와 박창이가 사용하는 리볼버 등은 모두가 서로 한자리에 만나기 어색한 오브제들이지만 트랜스 컬쳐 상상력에 의해 마치 시대를 초월한 문화의 모자이크처럼 공존하고 있는 것이다.

이렇게 이질적인 오브제들이 왜 무리 없이 〈놈놈놈〉에서는 함께 보여질 수 있는가. 이미 현대 사회에서는 그만큼 서로 이질적인 것들이 서로서로 얽혀있기 때문이다. 사실 누가 좋은 놈인지, 나쁜 논인지, 이상한 놈인지의 경계가 모호한 것이 현대 사회이고 보면 그것을 엄밀히 구분할 수 없는 것도 무리는 아니다. 영화의 시뮬라시옹의 가상공간이 의미를 얻는 지점은 바로 이러한 현실과의 느슨한 연결망 때문인 것이다. 현실에서 가장 흔하게 볼 수 있는 인물은 바로 이상한 놈으로 등장하는 윤태구일 수 있다. 나쁜 놈과 좋은 놈처럼 분명하게 갈리지 않는 게 현실이고 보면 나쁜 놈이기도 했다가 좋은 놈이기도 하고 알 수 없는 놈이기도 하는 윤태구와 같은 인물이 어쩌면 현실성을 획득하고 있는 것인지도 모른다. 박도원의 캐릭터를 보면서 영화가 실제의 이야기를 하고 있다고 믿는 사람은 아무도 없다. 1930년대 만주 벌판에 웨스턴 스타일의 한국인이 나쁜 놈들을 잡으러 다닐 수는 더더구나 없는 노릇이다. 허구의 원망공간이자 이상적인 힘에 대한 환상이 빚어낸 이미지의 시뮬라크르 현상이다. 그러한 거짓된 세계를 전경화시킴으로써 관객들에게 숨기지 않고 시뮬라시옹의 가짜 이미지라는 것을 공감하게 유도한다. 그래서 오히려 영화는 보는 즐거움과 속는 즐거움을 주는 것이다.

이 세 사람이 만주에서 서로 쫓기고 쫓는 관계의 원동력은 애국심과 같은 대의명분이 아니라 서부극에서 가장 잘 활용되는 돈 즉 보물지도 때문이다. 윤태구가 차지한 보물지도를 차지하기 위해 그들은 죽음을 담보로 한 싸움을 펼치고 쫓기고 쫓는 놀이를 펼친다. 마지막 장면에서 우리는 서부의 총잡이들이 서로를 겨누는 익숙한 시뮬라시옹의 가상 세계의 놀이를 지켜본다. 이 영화에서 일제의 침략이나 독립운동은 장식에 불과하다. 시대는 담론을 이끌어내지 못하는 단지 장식물 같은 시간적 배경과 공간적 배경인 것이다. 나라를 위해 싸우는 것 같은 진지한 담론은 여기에서 필요하지 않다. 다만 쫓기고 쫓는 죽음의 게임이 얼마나 즐겁게 펼쳐지느냐가 전부이다. 최고를 가리는 게임이 그들의 종착점이다. 한 명 만 살아 남아야 하는 게임인데, 동시에 겨룬 총에 의해 나쁜 놈인 박창이만 죽게 된다. 그러나 우리는 윤태구라는 가장 가볍고 허술한 인물이 그렇게도 무서운 조선의 손가락 귀신이었다는 사실에 의해 전복의 즐거운 놀이를 경험한다. 결국 가장 강한 사람처럼 보이던 박창이는 윤태구를 가장 무서워했던 가장 약한 놈이었던 것이다. 만주 웨스턴 공간에서 펼쳐 보이는 세 인물의 트랜스컬처의 속성에서 우리는 현대의 인간 군상과 삶의 허위성과 삶의 전복성을 읽는다. 이제는 일제시대나 독립운동이 더 이상 무거운 주제로만 다루어지지 않는 다층화된 시대가 된 것일까. 이 영화를 통해 1930년대 존재할 수 없는 가상의 사건과 가상의 공간을 보면서 우리 시대의 놀이적 상상력과 트랜스 컬쳐의 상상력을 떠올려 볼 수 있을 것이다. 영웅의 담론으로 가득 찬 과거의 시대를 이제는 비뚤어진 가짜 영웅들의 에피소드로 다시 패러디한다. 그러나 그 가짜 영웅들이 그리는 것은 과거의 담론이 아니라 현실의 담론을 기호화시킨 놀이인 것이다.

2. 트랜스 컬쳐의 충돌과 화합

트랜스 컬쳐란 교차적인 문화를 경험하는 현대 사회에서 가장 흔하게 접하는 문화담론이라고 할 수 있다. 서로 이질적인 문화가 새로운 문화를 만들어 낸다는 것은 어쩌면 인간의 이질성보다는 인간의 보편성에 기인해서 해석되는 사유일 것이다. 문화 전반에 대한 인식의 재구성을 통해 새로운 문화와 접목을 시도한 문화의 움직이라고 할 수 있다. 우리나라의 전래동화 〈장화홍련〉은 영화로 창조되면서 전래 동화의 권선징악의 구도를 벗어나 인간의 정신분열적인 심리극으로 탄생하였고 반전의 구도를 보여주고 있다. 즉 전래동화 속의 선과 악이 공포의 심리극을 담을 수 있는 원천적인 상상력으로 작용하고 있는 것을 찾아볼 수 있었다. 계모 설화의 심층적 근간에는 어머니에 대한 고정된 기대심리가 놓여있고 그러한 어머니를 잃을 수 있다는 원초적이 인간의 공포심이 깔려있다고 볼 수 있다. 그래서 이 전래동화는 시대와 장르를 넘어서 현대의 보편적인 이야기의 구도로 다시 탄생할 수 있으며 가정이라는 곳에서 시작되는 불합리한 사회구조를 그려낼 수 있는 것이다. 이러한 예상치 못한 심리적 반전을 헐리우드에서는 〈The Uninvited〉로 리메이크하기도 하였다. 이미 영화 〈식스센스〉 〈디 아더스〉 〈빌리즈〉 등의 영화를 통해 전복적인 심리극이 삶을 환기시키는 것을 여러 차례 경험하였다. 〈장화홍련〉 역시 결국은 동생과 엄마를 잃은 큰 딸의 트라우마가 만들어낸 심리적 가상 이야기임을 전복의 기법을 통해 보여주고 있다. 이미 문화의 트랜스 컬쳐의 과정이 일어난 것이다. 한국의 전래동화의 선악 구도가 인간의 고도의 심리극으로 재탄생되고 다시 한국의 이야기가 아니라 헐리우드의 이야기가 되어 재탄생되는 것이다. 인간의 원초적인 죄의식을 통해 장화홍련, 콩쥐팥쥐, 신데렐라, 재를 뒤집어 쓴 소녀, 헨젤과 그레텔 등의 이야기는 보편적인 인간의 정신으로 현대 문화에서 재탄생 된다. 그러니 엄밀히 말해서 인류는 태초부터 트랜스 컬쳐의 상상력을 가지고 있었던 것이다.

대사푸 거북과 시푸사부 너구리의 도교적 대화는 트랜스 컬쳐를 보인다.

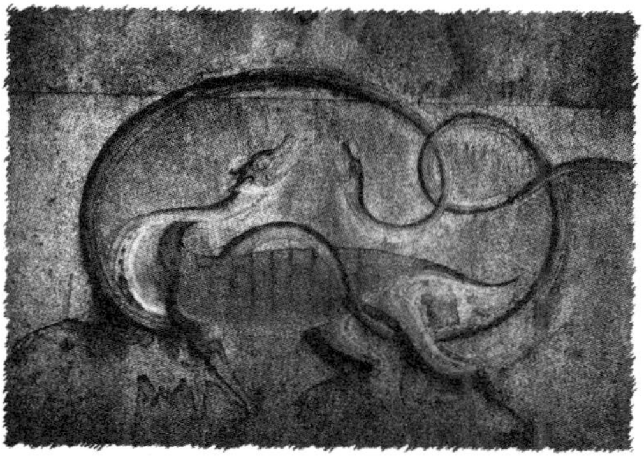

고구려 사신도에 나오는 현무도: 거북이와 뱀이 혼합된 형태.

〈쿵푸팬더〉를 보면서 우리는 과연 동양의 고유 정신을 느끼고 중국의 특징을 느끼는가. 이 영화는 엄밀히 말해서 동양이라는 소재와 중국의 팬더라는 고유 소재를 가지고 놀이를 펼치는 헐리우드식 이야기의 하나일 뿐이다. 이 영화는 〈매트릭스〉의 액션, 〈슈렉〉의 전복과 해학과 유머, 기타 영웅을 소재로 한 헐리우드 영화들의 영웅 만들기 과정이 한데 만나서 이루어낸 새로운 헐리우드 영화일 뿐이다. 실제의 동양이나 중국의 정신을 이야기 한 것이라고 말 할 수 없다. 그들은 동양이라는 이미지를 시뮬라시옹으로 이용할 뿐이다. 동양이라는 의미를 헐리우드에서 어떻게 바라보고 있는가. 중국의 상징인 팬더곰의 얼굴은 동양의 표정이 아니라 감정 표현이 다소 분명한 서양의 얼굴 표정을 담고 있다. 그리고 그들이 바라보는 동양의 신비한 이미지를 환상적으로 처리하여 묘사하려고 하였다. 서양인에게는 잘 알려지지 않은 도교의 철학을 보여줌으로써 동양의 이미지를 신비함으로 포장하고자 하였다.

조상대대로 이어져 온 국수집 아들인 포는 평화의 계곡 제이드 궁전에서 무적의 5인방을 대상으로 전설의 용의 전사를 뽑는다는 소식을 듣는다. 그곳에서 우연히 대사부에 의해서 용의 전사로 낙점된다. 시푸 사부는 대사부의 결정에 불만을 품고 포를 진정한 용의 전사로 받아들이지 않는다. 그러나 대사부의 명령에 복종해서 포를 훈련시킨다. 과거 대사부의 애제자였던 타이렁이 용의 전사가 되지 못한 것에 앙심을 품었기 때문에 그는 감옥에 갇히게 되었는데, 더욱 포악해지고 무공이 연마된 채 감옥을 탈출해서 마을을 위기에 빠지게 한다. 포는 그런 타이렁을 상대해야 하는 용의 전사인 것이다. 처음에는 불가능해 보였던 일을 포가 이루어내면서 진정한 영웅으로 거듭나는 전형적인 영웅 신화의 구조를 가진다.

그런데, 포가 영웅이 되어 가는 과정에는 지금까지의 헐리우드식 영웅 되기의 공식과는 다소 다른 장치가 주어진다. 바로 헐리우드가 느끼는 동양 이미지의 시뮬라시옹인 것인데, 도를 터득한 후에 진정한 영웅이 되는 다소 신비로운 구도를 보인다는 것이다. 대개의 헐리우드식 영웅 되기의 과정은 악당을 하나씩 무찌르면서 점점 막강한 힘을 얻어서 무적의 영웅이 되는 것이다. 그런데, 포의 영웅 되기는 상당히 다르게 진행된다. 즉 깨달음이 그의 영웅 되기에 가장 중요한 장치가 되고 있음을 보게 된다. 대사부는 포를 믿지 못하는 시푸 사부에게 복숭아 나무 아래에서 마치 신선들이 대화하는 선 문답 방식으로 대화를 진행한다. 영웅의 비범한 탄생이나 영웅의 비범한 징후는 전혀 없다. 오로지 중요한 것은 포가 영웅이 아니라고 인식하지 않고 포를 진정한 전사의 영웅으로 인식하는 것만이 그의 영웅성을 키워주는 중요한 고리인 것이다. 포는 용의 전사를 뽑는 곳에 우연히 추락한 뚱뚱보에 지나지 않는다. 그러나 대사부는 운명론을 펼친다. 신성한 탄생이나 영웅적인 행동보다는 운명을 믿는다는 것이다. 영웅으로 성장하는 과정 역시 일종의 영웅들의 구도와는 다르다. 다소 익살스러운 쿵푸의 동작이 포를 영웅으로 만들어준다. 포의 훈련에 가장 중요한 동기부여는 바로 먹을 것을 위해서 경쟁을 하는 지극히 저급한 목표의식인 것이다. 빵을 더 먹기 위해 배운 포의 젓가락 무술과 먹을 것을 찾기 위해 공중으로 뛰어오르는 무술이 악당 타이렁을 물리칠 수 있을 것인가. 영웅의 위대한 과업이 순간적으로 희화되는 장면이다.

포는 타이렁을 보면서 무지 무서워하는 겁쟁이에 불과하다. 그리고 그가 얻은 용문서에 아무것도 써있지 않자 좌절해서 제이드 궁전을 떠나버리는 나약하기 그지없는 영웅일 뿐이다. 포에 비하면 타이렁은 능력을 갖춘 영웅이지만 단 하나의 가장 중요한 자질을 갖지 못한 인물이다. 즉 선한 마음을 가지지 못한 안티 히어로인 것이다. 포가 용문서에 아무것도 써있지 않은 것을 알고 자기 아버지의 집으로 다시 돌아간다. 그 때 포는 아버지의 그 유명한 국물 맛의 비밀이 아무것도 없다는 사실을 깨닫고 용문서의 진실을 알게 된다. 결국 아무것도 없는 것에 진리가 들어있었던 셈이다. 국물 맛이 맛있다고 생각하고 뭔가 특별한 것이 들어있다고 생각하기만 하면 국수의 국물 맛은 최고인 것이다. 다섯 명의 전사들에게 포는 가장 맛있는 국수를 대접한다고 할 때 그 말은 바로 가장 맛있다는 인식론적 틀을 형성한 것이다. 결국 아무것도 써있지 않은 용문서의 진리는 스스로 용의 전사라고 생각하면 바로 전설의 용의 전사가 되는 것이라고 암시한다. 모든 것은 마음에서 이루어진다는 불교의 유심론을 담고 있으면서 동시에 무사상의 도교의식을 보여주는 트랜스 컬쳐의 산물인 것이다.

국수를 대대로 만들면서 가업을 잇는 포의 집안은 일본의 마고토 정신의 가계 전통을 보여주는가 하면 제이드 궁전이 한국의 경복궁의 이미지를 살리고 있으면서 도교의 무릉도원 같은 탈속의 이미지를 연출하고 있으며 바보스러운 곰 포와 성급한 타이렁의 이야기는 단군신화의 이야기와 교차되고 있다. 인물들 하나하나가 상당히 트랜스 컬쳐적인 속성을 보여준다. 그러나 단순한 문화의 모자이크식 공존은 아니다. 새롭게 창조되는 인물이 탄생하고 있으며 발랄한 웃음을 보여주는 히어로와 안티히어로의 구도를 보인다. 마치 〈슈렉〉에서 다소 둔하지만 선을 행하는 오우거 슈렉과 영악하고 못된 차밍 왕자의 대립이 보여주는 해학이 포와 타이렁의 갈등 구도에서 보인다. 영화 매트릭스에서 보이는 호접지몽의 장자사상이 여기에서도 보이고 있다. 〈쿵푸 팬더〉는 소재만 중국의 것을 주요하게 차용했지 그 어디에도 중국의 고유한 것이라고 할 만한 것은 없다. 그래서 베이징 올림픽을 겨냥하고 만든 이 영화가 전 세계적으로 인기를 끌었던 요소가 아닌가 한다. 트랜스 컬쳐의 상상력은 따라서 가장 세계 보편적인 문화를 만드는 문화의 모자이크라고 할 수 있다.

3. 오물신과 대지모신의 대립: 원령공주에서 포뇨까지

미야자키 하야오의 애니메이션의 세계에서 신화는 시작이자 마지막이라고 할 만큼 지대한 영향력을 발휘한다. 즉 신화적 상상력을 떠나서는 미야자키의 애니메이션을 이해할 수 없다는 논리가 되겠다. 이미 앞에서 미야자키의 소녀를 양성성이라는 개념으로 자세히 이야기 해보았다. 소녀를 이야기할 수 있었던 근원적인 상상력은 소녀들이 엄마 없이 살아가는 양성성을 가진 독립된 존재들이라는 점 때문이었다. 그런데, 미야자키의 애니메이션을 관통하는 상상력 중에 빼놓을 수 없는 것이 있다. 바로 파괴되어 가는 자연을 나타내는 오물신과 그것을 치유하는 대지모신의 상상력이 늘 공존한다는 것이다. 그리고 대지모신은 바로 자연을 가까이하는 소녀들의 이미지가 만들어내는 신화 상상력이라고 할 수 있다. 그런데 지금까지 소녀들의 그림자에 숨어서 등장했던 대지모신의 모습이 드디어 전면으로 등장하기 시작했다. 따라서 바야흐로 이제 오물신과 대지모신의 전면적인 대립을 논의해 봄직하다. 〈벼랑 위의 포뇨〉에서 등장하는 대지모신의 모습은 그러한 해석의 촉발제가 될 수 있다. 〈벼랑 위의 포뇨〉의 대지모신은 조개껍질 안에서 물방울이 터져서 생겨난 서양의 아프로디테의 여신의 모습과 전통적인 불교의 관음보살의 온유한 모습이 융합된 동서양의 여신의 이미지가 트랜스 컬쳐의 상상력으로 재현되고 있다.

원령공주에 나온 재앙신 멧돼지와 들개신.

미야자키 하야오의 애니메이션의 세계는 크게 두 세계가 충돌하는 구도를 취한다. 파괴된 자연을 나타내는 오염된 신이나 분노의 신이 한 축이라면 그 반대편에서 자연을 지키거나 복원시키려는 대지모신의 모습이 다른 한 축에 놓인다. 〈원령공주〉의 경우, 모로로 대표되는 들개신은 주인공 원령공주를 키워준 자연신이지만 근본적으로 인간의 파괴성을 증오하는 분노의 신이다. 인간의 총을 맞은 들개 중 하나는 급기야 재앙신으로 변신하여 타타라 마을의 후계자인 아시타카의 몸을 파고든다. 그리고 분노의 신은 인간의 세계를 공격한다. 애보시는 불쌍한 약자들을 돌보는 어머니를 상징화하는 대지모신의 모습을 띠지만 역시 자연의 신들인 들개신과 시시신에게는 적이 될 수밖에 없다. 분노의 신을 잠재울 수 있는 구원자적 역할은 바로 원령공주의 몫이 된다. 원령공주는 인간의 탐욕에 의해 목이 잘려진 자연의 시시신에게 목을 되돌려주고 자연을 다시 부활시키는 대지모신의 모습을 보여준다. 즉 원령공주는 산과 물과 나무를 보호하는 대지모신의 현현인 것이다. 〈센과 치히로의 행방불명〉의 경우, 치히로는 물을 상징화하는 대지모신의 현현이다. 여기에서는 오물신이라는 신이 등장한다. 인간의 문명을 닥치는 대로 먹어치우는 오물신과 얼굴이 없는 가오나시 신은 부패와 오염을 상징화시키는 근대 문명의 왜곡된 이미지를 담은 부패 신들이다. 반면 그러한 오물신과 얼굴 없는 신에게 치유책을 마련해주는 해결사가 바로 치히로와 물의 상상력을 결합한 대지모 사상이다.

비단 인간의 문명과 자연의 대립적 충돌이 이 두 작품에 한정되는 것은 아니다. 〈천공의 성 라퓨타〉의 경우, 주인공 시타는 돌이라는 자연의 보물을 통해서 세상의 파괴를 막는다. 천공의 성을 무너뜨리려는 무스카는 또 다른 오물신이거나 재앙신이라는 범주에서 이해될 수 있을 것이다. 오물신과 대지모신의 구도를 가장 잘 보여주는 것은 단연 〈바람계곡의 나우시카〉라고 할 수 있다. 인간들은 부해로 온 세상이 숨쉬기조차 힘든 세상에서 오무라는 거대곤충들의 공격을 받는다. 오무는 인간이 만든 자연의 오염으로 분노한 자연생물의 대표적 상징체이다. 그러나 바람을 읽을 수 있고 바람을 타고 날 수 있는 나우시카는 인류의 미래를 구원할 수 있는 유일한 구원자인 것이다. 그녀만이 부해로 성난 오무들을 진정시킬 수 있는 유일한 자연의 소통자인 셈이다. 그녀는 어린 나이이지만 바람계곡의 사람들에게 어머니이자 지도자인 대지모신의 현현이다. 시미즈 마사시는 이미 천년이 지났어도 '남성'들이 해결 방안을 찾지 못하고 부해의 숲은 점점 넓어진다고 지적한다. 인간은 급기야 마스크 없이는 생존조차 불가능한 세상을 살아가야 하는 것이다. 또한 나우시카가 부해에 도달한 것을 여성의 자궁에 도달한 것이라고 본다. 강력한 남근적 속성을 가진 나우시카가 여성의 상징인 부해의 자궁 속에서 부해가 인류 최고의 동반자라는 비밀을 알아낸다고 보았다.[57] 결국 부해의 오염을 제대로 이해할 수 있는 역할도 혹은 다시 정화시킬 수 있는 역할도 모두 대지모신의 현현인 바로 나우시카의 몫이다.

〈원령공주〉 〈센과 치히로의 행방불명〉 〈바람계곡의 나우시카〉의 대지모사상이 어린 여자 아이의 모습으로 현현되고 있음을 알 수 있었다. 자연과 융화된 여성 주인공들로 하여금 산을 수호하게 하는 역할을 주기도 하고 물을 정화시키는 역할을 주기도 하고 바람을 다스리게도 했지만 〈벼랑 위의 포뇨〉라는 작품에서는 직접적으로 성인의 모습인 어머니 대지모신의 모습으로 등장하는 것이 흥미롭다. 바로 포뇨라는 물고기 여자 아이의 엄마로 등장하는데 여기에서 엄마는 포뇨만의 엄마가 아니라 자연 전체의 어머니라는 대지모신 사상을 보여준다. 오염된 문명을 피해 바다의 나라에서 생명을 지키고 살아가는 포뇨의 아버지는 그의 아내이자 포뇨의 엄마인 그녀를 절대 신으로 받든다. 대자연의 여신이라는 의미를 보여주는 부분으로 포뇨의 엄마는 세상의 재앙을 다시 되돌려주거나 치유해주는 역할을 한다. 이 대지모신은 지금까지의 동화나 애니메이션이 거부했던 물고기의 사람되기의 통과의례인 시련을 관용적으로 받아들인다. 〈인어공주〉 동화에서 이루어지지 않았던 사랑이 포뇨의 경우 더 이상 거부되지 않는다. 아이의 소원을 들어주는 엄마의 모습을 담은 대지모신은 지금까지 어린 여자 아이의

---

57 시미즈 마사시, 이은주 옮김, 『미야자키 하야오 세계로의 초대』, 좋은책 만들기, 2004, p. 234. p. 262.

모습 뒤에 숨어있었던 대지모여신의 모습에서 벗어나 비로소 성인의 정체를 들어 낸 것이라 하겠다. 그런데 이 여신의 모습은 동양과 서양이 절묘하게 섞인 혼합적인 모습을 보여주고 있다. 자연을 다스리는 대지모신에게 사랑이라는 진리는 어떠한 장애도 물릴 칠 수 있는 강력한 힘을 가진 것이다. 이 여신의 모습에서 우리는 현대 세계가 그리는 보편적인 대지모신의 모습과 사유를 찾아보게 되는 것이다. 대립과 갈등을 부추겼던 기존의 신의 모습이 아니라 모든 것을 융합하고 화해시키고 가능하게 조절하는 모성성을 가진 여신의 모습을 보게 된다.

미야자키 하야오의 애니메이션의 세계가 단순히 일본의 문화적 특성만을 고수하지 않는다는 것은 너무나 잘 알려져 있는 사실이다. 이러한 개념을 트랜스 컬쳐라고 부를 수도 있을 것이다. 〈센과 치히로의 행방불명〉 속의 등불과 음식이 대만의 등거리와 중국의 음식을 보여주는가 하면 동서양의 풍경을 조합해서 환상적인 공간을 연출해낸다. 특히 〈하울의 움직이는 성〉의 경우, 영국 동화 작가 다이애나 윈 존스의 동화 작품 〈하울의 움직이는 성〉을 배경으로 제작했고 스위스의 작은 마을을 배경으로 일본의 마고토 정신을 가진 동양의 할머니를 연출해내고 있다. 또한 일본의 신토 사상을 바탕으로 초종교성을 그리는가 하면 세계의 여러 가지 이미지를 일본화 시키는 것도 꺼리지 않는다. 또한 〈바람계곡의 나우시카〉의 '쿠샤니'와 〈원령공주〉의 '에보시'와 같은 인물을 창조함으로써 악인의 단조로운 개념을 깨고 있다는데 현대적 공감을 얻는다. 이들은 자신이 속한 집단에서는 대지모신처럼 받들어지는 인물들이다. 하지만 주인공들의 세계와 대치된다는 점에서 또한 악인에 속하기도 한다. 절대선과 절대악이라는 것의 개념을 다시 생각하게 함으로써 현대의 선과 악의 딜레마에 대한 엘리아데의 사상에 공감을 느껴볼 수 있다. 〈벼랑 위의 포뇨〉의 어머니인 대지모신은 인류의 재앙을 구원할 수 있는 미래의 여신처럼 보인다.

7장 호모 루덴스와 트릭스터 상상력

1. 형제의 신화구조

동서양 신화 속에서 형제 모티브는 변치 않는 주제가 되어왔고 세상을 창조하는 기호체계로 인식되기도 하고 선과 악을 구분 짓는 인간의 심리적 양성성으로 읽혀 오기도 했다. 그만큼 이 주제는 신화의 사유 구조 안에서는 깊은 뿌리를 두고 있는 화소이다. 주로 세상을 창조하는 창조 신화의 심층에는 오누이 설화가 전해져온다. 이 오누이의 창조 신화는 인간의 사랑이라는 도덕적 터부 의식과 끝없는 논쟁을 공유하면서도 근원적인 사랑이라는 감정으로 확대 해석되어 왔다. 중국 신화의 여와와 복희의 세상창조에서만 보더라도 이 둘은 세상의 존속을 위해서 서로를 사랑하는 운명을 택할 수밖에 없었다. 그러한 신화 구조는 동서양에 공통으로 보이는 신화소임은 설명하지 않아도 쉽게 짐작이 갈 것이다. 우리나라의 오누이 설화에서는 도덕의 경계를 넘을 수 없는 아우가 자신의 욕망을 죄악시하여 자결하는 이야기가 전해지기도 하고 일부는 맷돌의 이야기로 서로를 상대방의 짝으로 받아들이는 이야기도 전해져온다. 일본의 경우도 이자나기와 이자나미가 서로 인연을 맺어 국토를 하나씩 하나씩 생산하였다고 말한다. 동양의 오누이들은 고뇌하는 양상을 보이지만 서양의 경우 오누이의 사랑 따위는 동양처럼 도덕적 딜레마의 대상이 되지 못하는 것 같다.

형 오시리스를 정복하고 지상의 왕이 된 세트.

그런데, 우리는 창조 신화에서 오누이가 아닌 형제의 이야기에 주의를 기우려 볼 필요가 있다. 오누이가 결혼을 해서 세상의 왕과 왕비가 된 이집트의 오시리스와 이시스의 이야기를 기억할 것이다. 이시스는 오시리스의 누이였고 이들은 결혼을 해서 아들 호루스를 낳았다고 전한다. 그런데, 오시리스는 동생 세트와의 권력 다툼을 한 후 패배해서 지하의 왕이 된 신화의 주인공이다. 처음에 오시리스는 지상의 왕이었으나 동생 세트의 흉계에 넘어가 석관에 갇혀 조각난 채로 죽어간다. 그리고 동생 세트는 형의 왕국을 차지하기에 이른다. 오시리스의 부인인 이시스는 남편의 시신을 모았지만 한 군데 중요한 부분이 결핍된 남편은 더 이상 지상의 왕이 되지 못하고 지하의 왕으로 남는다. 신기하게도 우리의 민간신화 〈천지왕 본풀이〉의 이야기도 이와 비슷하다. 잔꾀가 많은 동생 소별왕은 우직한 형을 속이고 지상의 왕이 되는 시험에서 우세한 위치를 선점한다. 그래서 소별왕은 지상의 왕이 되고 대별왕은 지하의 왕이 된다. 역사적으로도 형을 재치고 왕이 된 봉림대군과 형들을 재치고 왕이 된 세종을 생각해 볼 수 있을 것이다. 어쨌건 동생은 탄생에서부터 형을 경쟁자로 여길 수밖에 없는 구조를 가진다. 이미 다 가진 형 옆에서 아무것도 없이 새롭게 던져진 존재들이 바로 동생들의 운명이다. 그래서 보편적으로 아우가 더 적극적이고 영악한 것인지도 모른다. 세계의 위대한 사람들을 통계내보면 그들은 주로 동생들이었다는 통계도 이러한 맥락에서 이해해야 하지 않을까. 결핍은 늘 욕망을 동반하고 욕망은 야망을 부치기기 때문이다.

애니메이션 〈라이온 킹〉의 이야기와 영화 〈트랜스포머〉의 이야기를 들여다보면 형제간의 갈등으로 시작하는 창조 신화의 신화소를 읽어볼 수 있다. 〈라이온 킹〉의 스카는 형 무파사를 왕좌에서 내쫓고 스스로 왕이 된다. 형 옵티머스 프라임을 공격한 메가트론이 벌이는 우주전쟁의 이야기를 담은 〈트랜스포머〉역시 형과 아우의 싸움에서 읽을 수 있는 창조 신화의 원천스토리의 차용이라고 할 수 있다. 그런데, 여기에서 집중적으로 관심을 두고 이야기할 것은 뮤지컬 〈형제는 용감했다〉에 대한 공감을 이야기하고자 한다. 사실 요즘은 영화 못지않게 뮤지컬이 인기를 끌고 있다. 그러한 문화적 동인으로 놀이적 상상력을 들 수 있지 않을까. 독자들은 어느새 영상이 펼쳐 보이는 엄청난 환상의 세계에서 벗어나 인간의 세계를 느끼고 싶어 하는 것일 수 있다. 거대한 스펙터클한 영상은 보는 이로 하여금 심한 공허함을 던져주기도 한다. 장 보드리야르가 말하는 시뮬라크르의 이미지 속에 빠진 현대인들은 문화에 있어서도 어쩌면 생태적인 문화를 느끼고 싶은 것이다. 사람의 생동하는 아날로그적인 모습을 그리워하고 그들이 부르는 음악을 테크노 디지털 컴퓨터 음악보다 더 듣고 싶은 것이다. 장 프랑수아 리오타르가 이야기한 비인간의 문화에서 이제는 인간을 느끼고 싶은 문화적 욕망이 영화 극장을 뮤지컬이나 연극의 소극장으로 변신시키고 있는 것이라 볼 수 있다. 그곳엔 웃음이 있고 감동이 있다. 그리고 예기치 못한 인간의 실수가 있고 작은 어울림이 있다.

뮤지컬 〈형제는 용감했다〉의 이야기는 사실 하나도 새로울 것 없는 형제의 못난 이야기이다. 이청준의 〈병신과 머저리〉를 통해서도 우리는 형제들의 못난 담론을 기억하고 있다. 트라우마를 극복하지 못한 형과 이유 없이 무기력한 삶의 낙오자인 동생의 이야기이다. 뮤지컬 〈형제는 용감했다〉의 형과 아우는 양반가 종손의 자식들로 태어나 남부럽지 않은 부유한 유년을 보낸다. 성실하고 부지런한 형과 영악하고 민첩한 동생을 주인공으로 설정하고 있는데, 성장한 형과 아우는 더 이상 고향의 부모님을 자주 찾아뵙지 않는다. 그러던 중 어머니의 장례식을 치르고 아버지를 원망하며 고향집에 내려오지 않은지 3년이 넘는다. 아버지의 죽음을 듣고 장례식에 참석한 형제는 조의금을 가지고 싸울 정도로 서로에게 감정이 좋지 않다. 형은 공부 잘하고 잘난 동생에게 밀려 대학도 가지 않고 다단계,

주식, 경마 등으로 가산을 탕진하고 동생은 명문대에 들어 갔지만 학생운동으로 감옥에 갔다 오고 나서는 만년 고시생의 처지에서 벗어나지 못한다. 이러한 자신들의 못난 처지 때문에 결국 부모를 등지게 되는데, 아버지의 장례식장에서 그들의 갈등과 불만은 최고조에 달한다. 그러던 중 오로라라는 환상적인 여인의 방문을 받는데, 그녀는 아버지가 유산으로 남겼다고 하는 로또 이야기를 해준다. 형제는 새로 나타난 여인을 사이에 두고도 열띤 사랑 경쟁을 펼친다. 그리고 집안에 숨겨진 로또를 찾으면서 어머니가 치매로 돌아가셨고 아버지는 그런 어머니를 돌보면서 자신들에게는 아무 말도 하지 않았다는 것을 알게 된다. 아버지가 남긴 로또는 다름 아닌 사랑한다는 말과 열심히 살아야 한다는 인생의 진리를 담은 노도(勞道)라는 글자가 적힌 편지임을 알게 된다는 이야기다.

갈등관계의 원형적 상상력인 형제의 이야기는 신화의 가장 오랜 공식 가운데 하나이다. 전통적인 신화 구조를 살펴보면 대개의 경우 형은 원칙주의를 고수하고 동생은 트릭스터의 속성을 가진다. 그러나 모든 형제의 담론을 이런 일반론에 맞출 수는 없다. 단지 우리가 주목하는 것은 형제관계의 갈등이라는 것이 가장 긴밀하고 가까운 관계의 사람들조차 동일한 생각을 할 수 없다는 이인화의 기호작용을 보여주는 것이라 생각 할 수 있을 것이다. 신화의 세계에서 주로 형들은 힘의 쟁탈전에서 밀려나는 운명을 면치 못한다. 즉 형은 힘이 지배하는 세상에서 거세되고 동생이 세상의 지배자가 되는 것이다. 사실, 뮤지컬 〈형제는 용감했다〉가 형제의 신화구조를 보이기 위한 것은 아니다. 이는 오히려 현대 사회의 가족이라는 의미를 형제의 모티프로 다시 확인하는 과정이라고 할 수 있다. 그러나 이 뮤지컬의 형제 구도 역시 희미한 신화의 그림자에서 자유로울 수 없다. 잘난 동생과 어눌한 형의 모습은 우리가 보아왔던 전통적인 신화 구도의 틀이라고 할 수 있다. 형제는 로또를 찾는 과정에서 함께 우물에 빠져버린다. 그런데 우물에는 어머니의 유물이 모두 들어 있었다. 어머니가 잃어버렸던 물건들과 어머니의 일기가 모두 남겨져 있었다. 종갓집 며느리로서 살아야 했던 어머니의 지난한 삶을 이해하고 부모의 사랑을 느끼게 된다는 감동적인 뮤지컬이다. 그런데도 이 뮤지컬의 근본적인 원형 상상력인 두 형제의 구도는 생과 사의 세계를 두고 다툼을 벌였던 형과 아우의 신화적 담론에서 무관하지 않다는 것이다. 어쩌면 신화라는 것이 가장 친근한 사이에서 발생한 이야기를 무의식적 유전인자로 담고 있기 때문일 것이다. 오이디푸스가 아버지와 관련된 신화 이야기를 그리고, 엘렉트라가 어머니와 관련된 이야기를 그리고, 제우스와 헤라의 오누이 담에서부터 내려오는 수많은 동서양의 오누이 이야기와 형제들의 갈등 구도를 보이는 수많은 신화 이야기는 바로 신화라는 것의 출발점이 다름 아닌 가족이었음을 암시하는 것이라 하겠다. 인류의 이야기를 담은 신화의 시작이 모두 가족에서 시작되고 있는 것을 다시 기억해 볼 수 있을 것이다.

2. 놀이의 예술세계와 예술의 놀이성

예술에 문외한인 입장에서 감히 예술의 대가인 백남준을 이야기한다는 것이 좀 주제 넘는 욕망인 것 같지만 포스트모던 시대의 문화에 나타난 신화적 상상력에 관심을 가지다보니 백남준을 이야기하지 않을 수가 없다. 백남준의 유명한 작품 'TV부처'를 보는 순간 간담이 서늘해짐을 느꼈다고 하면 다소 과장이 될까. 예술이라는 지엄한 경지와 불교라는 숭고한 경지가 만들어 낸 생경한 놀이 상상력을 보았기 때문이다. 부처가 텔레비전 앞에 앉아서 TV에 나타난 자신의 모습을 물끄러미 바라보는 단순한 작품이다. 재료는 부처상, 텔레비전 모니터, 폐쇄회로 카메라, 부처를 올려놓은 보조대 등이 전부이다. 그런데, 보고 있으면 참 재미있는 생각이 든다. 웃음을 자아내는 광경이지만 많은 것을 생각하게 한다. 이용우[58]의 말대로 이 작품에는 동양과 서양, 과학 기술과 명상의 세계, 인간화된 예술, 카타르시스, 아이러니, 알레고리 등 수 많은 미학적 요소와 테크놀로지 예술성이 담겨있는 것일까. 현대의 문명을 텔레비전이라는 도구를 활용해 자신의 예술세계를 자유롭게 펼친 백남준의 놀이적 상상력을 몇몇의 작품을 이야기 하면서 찾아가 볼 것이다. 그리고 그의 작품에서 추구하는 우주와의 소통을 다루는 세계를 살펴보자. 이것을 두고 우리는 신화적 상상력이라 칭할 수 있을 것이다.

'TV부처'는 카메라가 부처를 비추고 있고 부처는 카메라 앞에 앉아 자신이 나타나 있는 모니터를 응시하는 모습이다. 플라톤의 동굴우상을 떠올리게 하고 나카자와 신이치가 현대인들을 미디어 동굴의 우상에 빠진

58 이용우, 『백남준 그 치열한 삶과 예술』, 열음사, 2006, p. 130.

사람들이라는 표현을 생각해 보게 한다. 서양 과학 문명의 소산인 비디오 카메라가 동양의 정신을 비추고 있는 모습은 외모를 떠난 정신의 구원을 추구하던 부처가 시뮬라시옹의 대표적인 가상세계의 화면에 비친 자신의 이미지를 통해 자신을 인식하는 것을 보여준다. 이를 두고 비평가들은 명상의 상징인 부처마저도 과학기술 시대 이미지 문화의 도구인 카메라의 이미지 덫에 걸려 자기 확인 과정을 보여주는 역설이라고 평한다. 이미지 문화의 마력에 해탈을 지고지순의 미덕으로 여기는 부처마저도 자신의 심오한 철학을 화면으로 모니터링하고 필터링을 하는 것을 보여줌으로써 현대인들이 비주얼의 세계에서 자유로울 수 없다는 것을 말한다. 한편으로는 이렇게도 생각해볼 수 있다. 백남준의 예술관이 '인간화된 기술'이고 '인간화된 예술'이라는 것을 다시 상기해보면 명상과 정신으로 대표되는 보이지 않는 철학의 영역인 부처도 현대의 이미지 시각을 통해 자기를 객관적으로 바라볼 수 있어야 한다는 의미이기도 하다. 결국 타자화 된 자기를 바라볼 수 있어야 함이고 동양의 마음을 서양에 비추어 볼 수 있어야 한다는 개방적인 사유로도 해석될 수 있을 것이다. 백남준은 "모든 기술도 인간화되지 못하면 기술 종속에서 벗어나지 못하듯이 예술도 인간화되지 못하면 예술을 위한 예술로 전락한다."라고 말한다.

그의 작품 '텔레비전 시계', '텔레비전 달', '자석TV', 'TV로댕' 'TV첼로' 등 상당히 많은 작품들이 우리가 보는 텔레비전을 그 대상으로 삼고 있다. 기술이나 예술이 인간을 위해 존재해야 한다는 그의 철학이 담긴 작품들이다. '달은 가장 오래 된 텔레비전이다'라는 작품에서 12단계 달의 크기변화를 비디오로 연출하고 있다. 이러한 작품들은 백남준 예술의 중심을 이루는 플럭서스(flexus)를 잘 보여주는 것이라고 한다. 플럭서스는 흐름, 변화, 움직임의 뜻을 담고 있는 라틴어이다. 따라서 고정적인 것에 대한 저항적 예술정신을 플럭서스라는 말로 종종 설명되고 있는데, 백남준의 행위예술, 퍼포먼스, 행위음악 등은 모두 이러한 플럭서스에 기초한 예술행위이다. 플럭서스가 무의미한 것에서 의미를 찾는다는 다다이즘철학을 계승했다고도 주장되는데, 근본적으로 플럭서스는 형식을 싫어하고 개성을 존중하는 예술 건달패들의 지칭이라고 한다.[59] 그래서 플럭서스는 반고급 예술을 실천하는 집단처럼 여겨지고 있기도 하다. 우리가 흔히 말하는 포스트모던 예술이라는 범주로 이해하면 무리가 없을 것이다. 모더니즘의 자기 비판적 운동이며 자기도취적 형식미학에서 이탈하려는 일련의 동향들을 포스트모더니즘이라고 정의하기 때문이다.[60]백남준은 비디오라는 도구를 활용해 포스트모더니즘의 예술세계를 선보이는데, 그가 재현하는 세계는 기존 리얼리즘의 세계를 넘어서는 세계이다.

백남준의 작품들 중에서 '진짜 식물, 살아있는 식물', '텔레비전 물고기', '텔레비전 물고기', '비디오 촛불' 등은 인간화된 예술을 보여주는 데서 한발 더 나아가 우주와 신화적 상상력으로 백남준을 바라보게 해준다. 인간의 신화는 사실 먼 곳에서 오는 것이 아니다. 자신 스스로가 우주적 존재의 하나라고 느끼는 순간 인간은 이미 신화적 존재임을 자각한 것이다.

---

59 이용우, 『백남준 그 치열한 삶과 예술』, 열음사, 2006, p. 63.
60 김욱동, 『포스트모더니즘과 예술』, 청하, 1994.

현대 우리 문화의 축제에서도 자연을 대상으로 하는 움직임이 늘어가고 있다. 물, 바람, 불, 돌 등을 축제의 중심으로 활용하고 있다. 장흥의 물 축제, 제주의 바람축제, 속초의 불 축제, 고창의 고인돌 축제 등 축제를 참관하면서 우주적 상상력의 신화성을 읽을 수 있다. 그것은 바로 자신이 그러한 우주의 한 입자에 불과하다는 겸허한 깨달음이라고 할 수 있다. 그렇기 때문에 백남준의 작품에 등장하는 물, 불, 공기, 흙의 상상력이 예사롭게 보이지 않은 이유이다. 예술가 자신 스스로가 우주를 형성하는 하나의 소립자처럼 느꼈던 상상력이 바로 그의 예술 세계에 드러난 것이라 할 수 있다. 고대인들은 동굴 속에서 식물을 자라게 하고 골짜기에서 물고기를 잡았고 삼삼오오 부싯돌로 불을 일으켰다면 현대인들은 텔레비전 안에서 그러한 창조적 행위를 진행하고 있는 것이다.

그의 예술에서 이렇게 과학문명과 우주적 요소들이 어우러지는 것은 그가 예술을 이해하는 철학적 성찰이라고 볼 수 있다. 결국 자신의 예술 영역 역시 거대한 신화의 세계에서 자유로운 물고기처럼 활보한다는 것이 아닐까. '진짜 식물, 살아있는 식물'은 텔레비전 속을 다 드러내고 그 속에 흙을 담은 뒤 화초를 키운다. 그리고 그것이 자랄 수 있는 우주적 요소인 물, 공기, 온도를 상상하게 한다. '텔레비전 물고기' 역시 텔레비전 크기의 수족관을 설치하고 물고기를 집어넣은 뒤 다시 뒤편에 텔레비전을 설치하여 그 속에서 물고기가 자라도록 한다. 물고기가 텔레비전 앞에서 자유롭게 돌아다는 것은 과학과 자연의 조화로운 만남을 예고한다. '텔레비전 정원' 역시 흙과 공기 그리고 물의 상상력을 활용한다. 전시장에 인위적으로 정원을 만들고 텔레비전을 설치한다. 관객은 정원에서 산소를 공급받고 식물은 관객이나 텔레비전으로부터 탄소를 공급받는다는 상상력이다. 미래 공상 애니메이션 영화 〈월. E〉를 보면 작은 청소로봇이 등장한다. 마치 고장 난 텔레비전 화면처럼 생긴 로봇 월. E가 인간의 인격을 가지게 된 것을 생각나게 한다. 이 로봇은 뒤에서 자세히 이야기하겠지만 어쩐지 백남준의 '텔레비전 정원'을 떠올리게 한다. 작은 청소로봇은 식물 하나를 쓰레기 더미에서 소중하게 집으로 운반한다. 그리고 자기의 공간으로 돌아와 신발에 고이 식물을 심고 기른다. 가끔씩 인간들이 버리고 간 오래된 사랑 영화의 필름을 돌리면서 추억에 젖는 모습이 백남준의 작품들을 연상시킨다.

조야한 인문학자가 백남준의 예술을 완벽하게 이해 할 수는 없다. 그러나 가끔씩 충격적인 그의 작품들을 보면서 한 예술가와 우주의 신화 상상력을 생각해 볼 수는 있다. 비디오 아티스트이며 기술과 문명을 과감히 예술의 주 무기로 삼은 작가의 작품에서 또 다시 거대한 신화작용을 읽는다. 우리시대의 신화를 만들어가는 영상 매개자인 텔레비전과 비디오를 통해 그는 예술의 지고지순한 의미를 창조해내고 있는 것이다. 국립현대미술관 중앙에 전시된 1003대의 텔레비전 전시물인 〈다다익선〉은 미디어 시대의 신화를 보여주는 의미로 이해할 수 있을 것이다. 10월 3일을 상징해서 만들었다고 하는 이 전시물은 한국의 문화가 전 세계의 신화를 만들 수 있는 기틀이 되기를 바라는 의미일 것이다. 미시적으로는 동양과 서양의 만남이라거나 기술과 인간의 만남이라고 이야기 할 수 있을 것이지만 거시적으로 볼 때 신의 예술 세계와 인간의 예술 세계의 중개자이자 신의 세계를 현대문명으로 느끼게 해주는 샤먼적인 존재가 바로 백남준이다. 인간이 주인인 것처럼 착각할 수 있는 현대 문명의 환상 속에서 우리가 우주에서 잠시 지나치고 있는 소립자와 같은 존재임을 각인시켜준다. 즉 겸허한 자기 대면의 시간을 보여주고 있다. 마치 모니터가 부처를 비추듯이 우리의 내면을 비춰서 현실이라는 화면을 들여다보게 해준다.

3. 미디어 속 트릭스터와 놀이세계

미디어의 세계에서 가끔씩 엄숙한 문화 담론이 놀이화되는 경향을 자주 목격한다. 전 세계적으로 뮤지컬로 흥행을 끌었던 〈맘마미아〉는 70년대 시대를 풍미한 뮤지션 아바의 노래들을 가지고 그리스 지중해 천혜의 자연절경을 보여주는 자연 세트장으로 유명한 뮤지컬 영화이다. 신나고 즐겁고 귀에 익숙한 뮤지션 아바의 음악은 마치 한편의 영화를 보는 것이 아니라 듣고 즐기는 이야기 놀이처럼 느껴진다. 미국을 비롯한 많은 나라들에서 이미 뮤지컬로 사랑을 받았던 터라 다소 식상할 것 같은 영화라는 생각이 들었지만 영화를 보니 그런 생각이 기우에 지나지 않는다. 이야기의 주인공은 홀어머니와 아빠의 존재조차 모르는 딸이 아버지를 찾으려는 해프닝을 다룬 이야기이다. 결혼을 앞 둔 20살 딸 소피는 엄마 몰래 아빠를 찾기 위해 엄마의 일기장을 훔쳐본다. 자신의 엄마와 사랑에 빠졌던 세 남자를 자신의 결혼식에 초대함으로써 자신이 아버지를 직접 찾으려고 하는 이야기이다. 영화에서는 뮤지컬의 한정된 공간의 한계를 극복함으로써 영상적 리얼리즘을 획득했다고 할 수 있다. 〈맘마미아〉속의 아름다운 공간은 어쩌면 영화의 리얼리즘을 재현해주지만 동시에 환상적인 자연경관으로 인간이 그리는 상상의 공간을 이야기하는 비현실성도 가진다.

영화의 주제는 크게 보면 부모를 모르는 딸이 부모를 찾아가는 과정이다. 그 과정 속에서 엄마의 처녀시절 인생이 다시 이야기되고 오해로 인해 인생의 운명이 어긋나 버린 연인을 다시 만나는 아름다운 사랑 이야기이다. 집안의 반대로 사랑을 이루지 못한 피라모스와 티스베 이야기는 다시 셰익스피어의 로미오와 줄리엣으로 창작되었다. 이들은 사랑을 이루지 못한 애절한 연인들인데, 이들의 사랑을 더욱 애달프게 하는 것은 집안의 반대라기보다는 오해로 인해 비극적인 운명을 맞이한다는 점이다. 〈맘마미아〉의 엄마 도라의 사랑이 어긋난 것도 바로 이러한 오해 때문이었다. 결국 사랑이라는 오래된 신화 이야기와 부모 찾기라는 고전적 주제가 노래와 춤으로 어우러진 뮤지컬로 재탄생된 셈이다. 그것도 좁은 뮤지컬 세트장이 아니라 실제 자연을 활용해서 그러한 새로운 상상력을 펼치는 것이다. 우리가 이 영화를 보면서 즐거울 수 있는 것은 인간의 상식을 깨는 전복적 상상력이 놀이화되어 등장하기 때문이다. 부모를 찾고자 하는 이야기의 공식에는 항상 수수께끼와 시련의 통과제의가 있을 뿐이다. 자식은 주로 시험의 대상자가 되고 부모는 자신을 찾아온 자식을 여러 가지 관문을 거치게 함으로써 자식 확인의 의식을 치르는 것이다. 우리의 민간 신화에서 뿐만 아니라 서양의 신화에서도 그러한 자식과 부모의 혈육 확인 과정은 항상 시련의 통과의례를 거쳐야 하는 것이다. 〈당금애기〉의 자식들이 아버지를 찾으러 떠나는 구조에서부터 주몽이 아버지를 찾는 이야기가 있고, 테세우스가 아버지를 찾아가는 광경을 떠올려 볼 수 있다. 그런데, 이 영화에서는 재미있는 역발상이 일어나는데, 아버지를 찾아야 하는 자식이 후보 아버지들에게 여러 가지 시련을 거치게 함으로써 진짜 아버지를 찾아가는 이야기이다. 진짜 아버지는 딸의 결혼식장에서 딸을 데려다주어야 하기 때문이다.

피라모스와 티스베의 사랑과 죽음: 로미오와 줄리엣을 연상시킨다.

또 한가지 재미있는 발상은 마지막 결혼식장에서 펼쳐지는 해프닝에 있다. 어머니의 과거가 딸의 결혼식장에서 밝혀지고 진짜 아버지 역시 밝혀진다. 그런데, 지금껏 이별했던 어머니와 아버지는 서로의 오해 때문에 이별을 해야만 했었던 것이다. 대부분 이루어지지 않은 사랑에서 결말 이후의 이야기는 언급되지 않는 것이 신화 이야기의 공식이 되어 있었다. 그런데, 이 영화에서는 오해로 헤어진 연인들이 서로 너무나 잘 살고 있으며 또다시 오해를 풀고 다시 만날 수 있다는 긍정의 상상력이 읽혀진다. 로미오와 줄리엣과 같은 이야기가 지고지순한 사랑의 공식이 되어 있었지만 더 이상 오해로 인해 어리석은 자살을 할 필요가 없는 것이다. 영화의 주인공인 엄마 도라는 건강하고 생명력이 있고 자유로운 정신을 가진 호모루덴스적인 인간임을 보여주고 있다. 뮤지컬 영화 〈맘마미아〉는 바로 전형적인 호모루덴스적인 속성을 보여주는 영화라고 하겠다. 우울하고 슬픈 이야기일 수 있지만 웃음과 해학과 노래와 춤으로 한바탕 축제를 벌이는 것이다. 영화 속 축제가 바로 이 뮤지컬 영화의 모티프이자 시작점이 된다. 결혼이라는 축제를 통해 딸 소피는 진정한 어른이 되기 위해 결혼을 미루고 엄마 도라는 사랑하는 사람을 다시 만나 진짜 결혼식을 펼친다. 딸의 결혼식 축제가 엄마의 결혼식 축제가 되는 것이다.

영화 〈맘마미아〉가 축제의 놀이 상상력을 펼쳤다면 영화 〈캐리비언의 해적〉은 놀이테마 공원에 들어간 듯 한 착각을 불러일으킨다. 월트 디즈니 테마파크의 '캐리비언의 해적'을 바탕으로 만들어진 영화인데, 〈블랙펄의 저주〉와 〈망자의 함〉에 이어 〈세상의 끝에서〉라는 시리즈로 제작되었다. 우리나라의 테마 공원에서도 해마다 여름이 되면 '캐리비언의 해적'이라는 코너가 신설된다. 거대한 배를 만들어 놓고 그 밑으로 깊은 수영장을 만들어 놓고 해적들이 서로 싸우면서 바다에 빠지고 다시 나와서 또 싸우는 익살스러운 놀이를 펼친다. 공주를 납치하고 공주를 구하면서 펼치는 해적놀이인 셈이다. 가장 재미있고 익살맞게 배에서 떨어지기, 가장 웃기게 죽기, 황당하게 물대포를 맞기 등 여름의 무더운 더위를 그들의 공연을 보면서 잠시 잊는다. 놀이동산의 테마가 된 '캐리비언의 해적'이 영화로 만들어진다는 것은 시작부터가 놀이적 상상력에 기초를 둔 발상이다. 따라서 인물 구성이 전형적인 구도일 수 없을 것이다. 서로 뺏고 빼앗는 것이 해적들에게는 도덕적 잣대가 될 수 없다. 〈세상의 끝에서〉라는 세 번째 해적 이야기는 그래서인지 그 인물 구성이 전편들에 비해 더욱 놀이적이다. 모든 캐릭터들이 항상 상대방을 속일 준비가 되어 있는 듀퍼(duper)들이다.

이러한 듀퍼들은 트릭스터들을 부르는 다른 이름이라고 할 수 있다. 이 영화의 가장 대표적인 트릭스터는 바로 주인공인 '잭 스페로우'라는 인물이다. 신화의 세계를 떠올려보면 헤르메스 정도로 이해해야 할 것이다. 다재다능한 헤르메스의 성향에 속임수를 즐겨 쓰고 도둑질까지 거침없이 행하며 사랑에 적극적인 인물이 바로 잭 스페로우이다. 질베르 뒤랑이 헤르메스를 문화의 신으로 여기고 21세기의 대표적인 트랜드 신으로 여긴 것에는 바로 헤르메스의 다층적이고 복합적인 이미지 때문일 것이다. 옛이야기와 민담에서 꾀를 써 악당 거인이나 나쁜 왕을 이기는 바보 같은 막내인 트릭스터들은 기존 질서의 흐름을 전복시키는 역할을 담당하고 있다. 우리의 민담에서 호랑이를 잡은 막내 이야기를 쉽게 떠올려 볼 수 있다. 그런데 트릭스터가 속임수를 쓰거나 훔칠 때 그것은 기존 질서의 파괴로 끝나지 않는다는 것이다. 진리와 기존 질서에 어떤 새로운 가능성을 제시하는 기능을 할 수 있다. 이것이 우리가 영화 속 잭 스페로우를 보면서 느끼는 심리적 해갈이다. 그는 우리의 심층의 저변에 깔려있는 비열함을 가볍고 재미있게 끄집어 올린다. 사람을 속이고 도둑질을 하지만 오히려 그러한 자유분방함이 규범적 현대인들에게 정신적 일탈을 대신해준다. 아이 같은 그의 트릭스터적인 기질을 현대인이 좋아하는 이유이다.

또한 테마공원의 아찔한 놀이 상상력이 활용된다. 환상의 세계와 실제의 세계를 오갈 수 있는 잭 스페로우는 마치 놀이동산에 뛰어든 어린아이처럼 자유롭게 놀이를 즐긴다. 그에게는 도덕적 규범이라는 굴레가 없다. 마치 헤르메스가 자신이 행한 일에 대해서 죄의식을 가지지 않는 것처럼 말이다. 헤르메스가 페르세포네를 지상의 세계에서 지하의 세계로 인도하지만 그에게 죄의식은 없다. 그가 훔친 소나 사랑 역시 도덕의 잣대를 허용하지 않는다. 제우스를 도와 헤라가 보낸 아르고스의 눈을 음악으로 잠들게 하는 트릭스터이다. 즉 트릭스터는 장소들의 한계로부터 벗어나는 것처럼 상징과 기호로부터 해방된다고 할 수 있다.[61] 헤르메스는 7년이나 오기기아 섬에서 오디세우스를 붙잡아 둔

'캐리비언의 해적'에 나오는 칼립소: 7년 동안 오디세이를 숨긴 여인.

61 최정은, 『트릭스터, 영원한 방랑자』, 휴머니스트, 2005, p. 341.

칼립소를 설득시킨 협상가의 자질이 있는 신이기도 하며 상업과 도둑의 신 혹은 여행의 신 등 다양한 이름을 얻고 있다.

〈캐리비언의 해적〉은 놀이적 상상력을 신화 상상력을 통해 펼쳐 보인다. 대표적으로 칼립소와 데비 존스라는 인물들이 그러한 신화적 상상력으로 이끌고 있다. 칼립소는 〈오디세이〉에서 주인공 오디세우스가 트로이 전쟁 이후 고향으로 귀향하기 위해 길을 가다가 풍랑으로 오기기아 섬에서 만난 님프이다. 오디세우스를 사랑하는 그녀는 그를 7년이나 놓아주지 않아서 그가 고향으로 가는 길을 방해한다. 오디세우스는 수호신 아테나의 도움으로 신들에게 동정을 얻게 되고 제우스는 헤르메스를 통해 칼립소를 설득하게 한다. 오디세우스는 칼립소가 포기함에 따라 겨우 섬을 벗어날 수 있게 된다. 칼립소는 '감추는 여자'라는 뜻이다. 따라서 영화 〈캐리비언의 해적〉에서 칼립소는 신비한 주술과 능력으로 바다를 지배하는 여신이다. 그러나 그녀의 감추는 능력을 견제하고자 영주들에 의해 그녀는 인간의 몸에 가둬지는데, 이 역시 이름의 의미를 되새겨준다. 데비존스라는 인물 역시 매우 흥미로운 캐릭터이다. 옛날부터 뱃사람들 사이에서 유명한 전설 속의 인물인데, 매우 욕심이 많아서 선원들의 보물을 자신의 로커에 넣어버린다. 그런 그에게 바다 밑에서 영원히 살라는 악마의 저주가 내려진다. 데비존스의 로커는 세상의 끝이 되는데, 바다에서 죽은 자들은 그의 인도를 받아야 저승으로 갈 수 있다. 그러고 보면 데비존스는 우리의 문화로 보자면 바다의 저승사자 정도 일 것이다.

〈캐리비언의 해적〉의 잭 스페로우 역시 크라켄이라는 바다의 괴물에 의해 죽게 되는데, 잭의 동료들은 그를 구하기 위해 여행을 떠난다. '플라잉 더치맨'은 표류하는 네델란드 인이라는 뜻으로 데비존스의 배이름이다. 플라잉 더치맨의 전설은 바다가 자신의 배를 침몰시킬 수 없다고 큰소리 쳤던 네델란드 선장이 바다의 저주를 받아 영원히 바다를 떠돌다 10년에 한번 씩 육지에 상륙할 수 있다는 전설을 가진다. 그리고 이 저주는 그를 진심으로 사랑해주는 여인을 만나야만 풀린다고 한다. 영화에서는 플라잉 더치맨의 선장인 데비존스와 신화의 칼립소의 이야기를 한데 모은 이야기이다. 10년 동안 자신의 임무를 성실히 마친 데비존스는 칼립소를 만나기 위해 육지로 올라오지만 그녀는 사라져버렸고 분노한 그는 영주들에게 칼립소를 인간의 몸에 가두게 도움을 준다. 그리고 영혼을 인도해야하는 자신의 임무를 저버린다. 그는 처벌로 문어인간이 되고 마는데, 윌 터너는 데비존스의 심장을 찌르고 플라잉 더치맨의 새로운 선장이 되며 그가 사랑하는 여인인 에리자베스 스완을 10년에 한번 밖에 보지 못하는 운명을 이어받는다. 그러나 그들의 사랑은 배신이나 증오가 아니라 믿음으로 아름답게 처리되고 있다. 플라잉 더치맨이라는 배는 놀이동산의 바이킹이 거꾸로 서는 환상적이고 아찔한 상상력을 활용한다. 바다 속으로 뒤집힌 플라잉 더치맨의 움직임에 의해서 세상의 중심이 바뀌는 것이다. 겉에서 보면 안이지만 안에서 보면 다시 겉이 거꾸로 인 셈이다. 마치 로마인들이 야누스라는 문의 신을 섬기는 근원적 상상력이 아닌가. 어린이의 세계인 것 같지만 거꾸로 뒤집으면 어른의 세계인 전복의 놀이 상상력인 것이다.

Ⅲ. 호모 뮈토스

8장 신화의 문화 반영성

1. 현실과 신화의 통로

〈그것이 태고의 것, 진화 전의 것, 혹은 광합성의 흔적 같은 것을 연상시킨다는 것을, 뜻밖에도 성적인 느낌과는 무관하며 오히려 식물적인 무엇으로 느껴진다는 것을 그는 깨달았다. -본문 중에서〉

몽고반점은 삼신할머니가 세상에 보낼 때 엉덩이에 볼기짝을 때려서 만들어진 인간의 몸에 남아 있는 유일한 신화의 흔적이다. 태어날 때부터 가지던 원시의 흔적이 점점 세상에 물들여지면서 흔적을 잃고 만다. 그렇다. 신화는 우리의 삶에서 머물다가 이성과 과학이 자꾸 밀려오는 등살에 그만 자리를 내주고 말았다. 그런데 베르그송이 말했던 인간의 심층자아는 자꾸 근원의 원시림과 태초의 생명력을 탐색하게 강요한다. 한강의 소설 〈몽고반점〉에는 형부로 지칭되고 남편으로 지칭되는 '그'와 '아내' 그리고 '처제'의 세 가지 다른 자아가 등장한다. '그'는 지금껏 자신이 찍었던 비디오 작품에 환멸을 느끼고 타인들의 시선이 미치지 못한 곳에서 진실한 예술의 시원을 찾고자 하는 욕망을 가진 심층자아가 강한 사람이며 '아내'는 자신의 욕망 따위는 하찮게 누르면서 안팎으로 생계를 유지하는 욕망이 제거된 현실만이 존재하는 표층자아가 두드러진 인물이라고 할 수 있다. 베르그송이 말하는 표층자아는 사회의 요구에 맞춰서 꾸며지고 만들어진 위장된 자아이며 외부의 시선이나 자신의 욕망에 의해 자신을 고정시켜 놓거나 박제시켜 놓은 자아이다. 반면 심층자아는 그러한 고정된 틀에 맞출 수 없는 순수하고 진실한 자아인데 주문 제작되어 내다팔기 위한 자아가 아니라 존재의 심층 깊은 곳에서 창조적인 약동의 힘을 가진 자유의 자아인 것이다. 그런데 간혹 이 자유는 일상적인 인간에게는 불온하게 보일 수도 있다.

그렇다면 '처제'는 어떤 경계 지점에 서 있는가? 처제의 욕망과 도덕은 본질이 앞서는 샤르트르의 실존적 자아라고 할 수 있다. 처제의 모든 생활은 본질이 먼저이고 존재는 그것에 의해서 만들어지는 자유와 선택의 존재, 그러니까 도덕이나 규범이 빗겨가는 존재라고 할 수 있다. 본질에 앞선다는 말은 본질이라는 것이 이미 확정되어 움직일 수 없는 숙명적인 성질을 가진다는 것을 다시 상기한다면 이 존재는 타인이 만들어 놓은 것에 의해 존재하는 것이 아니라 저 스스로 선택하고 자신의 존재를 자유롭게 한다는 것이다. 따라서 존재가 먼저이고 본질은 그 다음의 문제가 되는 것이다. '처제'는 아내이자 딸, 혹은 사회적 구성체의 본질을 지키지 않고 자신의 존재에 더 비중을 두는 존재인데 그것이 결국 그녀의 삶을 망가지게 하기도 하지만 결국 그녀의 삶을 해방시키기도 한다.

〈몽고반점〉은 인류의 시원에 대한 신화적 시니피에이다. 비디오 아티스트인 그는 전자 음악, 현란한 의상, 과장된 몸짓과 성적 몸짓 속에서 더 이상 예술의 의미를 찾지 못하고 자신이 꿈꾸는 원시 생명에의 꿈을 담은 예술을 구현하고자 할 때 일본 작가의 사이키델릭한 꽃 모양의 남녀가 목마른 물고기처럼 파닥거리는 난교의 장면에서 새로 시작해야 하는 예술의 아이디어를 찾는다. 그는 2년의 공백을 극복할 수 있는 생명과 예술의 에너지를 처제의 몽고반점에서 느끼게 된다. 처제의 몽고반점을 듣기 전까지는 가지를 치지 않은 야생나무 같은 처제의 모습이 형부로서 좋았을 뿐이었다. 그런데 처제의 몽고반점은 그를 흔들리게 했다.

자신이 정상적인 인간인가. 또는 제법 도덕적인 인간인가. 스스로 제어할 수 있는 강한 인간인가. 확고하게 알고 있다고 생각했던 이 질문들의 답을 그는 더 이상 안다고 말할 수 없게 되었다.(문학사상사)

그는 자신의 추악한 욕망에 침을 뱉고 싶었지만 이미 그의 욕망은 신화의 시원을 향해 달리고 있었다. 처제는 고기를 먹지 않는 채식주의자이다. 그래서 식구들로부터 따돌림을 받지만 처제는 그러한 대우에 흡사 야생동물의 그것처럼 적극적으로 덤빈다. 인간의 세계에 덤비는 처제의 행위는 칼로 자신의 손을 긋는 극단적인 방어막이지만 이는 야생의 고릴라가 사람에게 길들여지고 싶지 않은 즉 자신의 신화적 세계를 지키려는 몸부림인 것이다. 처제의 고기금식의 원인은 얼굴의 꿈, 그러니까 악몽 때문이다. 얼굴이란 어떤 얼굴일까? 자세한 설명은 없다. 그러나 우리는 그 얼굴이 비대칭성의 세계에 속한 무수한 얼굴들이라는 것을 처제의 파편화된 행동을 통해 유추할 뿐이다. 전쟁으로 모두를 잃어버린 듯한 공허감과 허무함이 처제의 몸에서는 느껴지고 있기 때문이다. 아마도 그 얼굴이란 테러로 죽어가는 사람들의 얼굴, 복수에 불타서 자폭하는 사람들의 얼굴, 아무것도 모르는 순진한 아이가 굶어서 죽는 처참한 얼굴, 이름 모를 병에 죽어가는 얼굴, 분노에 찬 세상의 많은 얼굴들일 것이다.

나카자와 신이치의 말을 빌려보면 이러한 얼굴은 비대칭성의 사고가 빚어낸 비극이라는 것이다. 대칭성의 사고란 신화적 사고 즉 인간과 자연이 서로 조화를 이루는 세계라는 말인데 인류의 비극은 이런 대칭성을 파괴하면서부터 시작되었다. 세계는 압도적인 비대칭으로 점철되어 있어서 동물이나 자연의 분노가 극한에 달했다는 것이다. 이러한 비대칭적인 악을 해소하기 위해서는 신화적 사고를 이용해서 이질적인 삶과 타인을 인정해야한다는 것이다. 〈몽고반점〉은 그러한 대칭성의 사고와 비대칭성의 사고의 경계에 놓여있다. 그가 지금까지 진행했던 작업은 비대칭의 세계를 그려내는 것이었다.

그가 거짓이라고 여겼던 것들, 숱한 광고와 드라마, 뉴스, 정치인의 얼굴들, 무너지는 다리와 백화점, 노숙자와 난치병에 걸린 아이들의 눈물

그런데 몽고반점에 대한 그의 욕망은 더 이상 이런 것들에 대해서 미련을 남기지 않는다. 그가 추구하고 싶은 세계는 몽고반점으로 구현되는 신화적 세계에 있다. 그는 〈그의 모든 기억 위로 푸른빛 몽고반점이 찍혀 있었다. 퇴화된, 모든 사람에게 사라진, 오로지 어린 아이들의 엉덩이와 등만을 덮고 있는 반점, 오래된 간난 아들의 엉덩이를 처음 만지며 느꼈던 말랑말랑한 감촉〉을 그는 지금 그의 예술 속에서 만나보고자 하는 것이다. 따라서 몽고반점이 그에게 주는 것은 속된 세계가 아니라 엘리아데의 성스러운 세계인 것이며 동시에 신화적 세계인 것이다.

2. 가이아적 원시시원

〈이 모든 것을 고요히 받아들이고 있는 그녀가 어떤 성스러운 것, 사람이라고도, 그렇다고 짐승이라고도 할 수 없는, 식물이며 동물이며 인간, 혹은 그 중간쯤의 낯선 존재처럼 느껴졌다. -본문 중에서〉

몽고반점을 가진 처제의 몸은 더 이상 현실의 에로틱한 육체가 아니라 원시 시원의 신화 속에 존재하는 비너스의 형상이다.

대지모신의 풍성한 모습: 다산상징.

인류의 신화가 남성 중심으로 형성되기 전에 신화의 주인공은 여성 신이었다. 가이아로 불리는 대지모신이 자기가 속한 사회를 이끌어가고 있었고 이러한 사회적 특성을 반영한 것이 그리스 신화의 비너스가 아니라 서부 프랑스나 시베리아 등에서 발견되는 비너스 상인 것이다. 이 비너스 상의 모습은 커다란 유방을 아래로 늘어뜨리고 굵은 허리를 가지고 있으며 배는 불룩하게 나와 있고 엉덩이가 매우 잘 발달되어 있다. 다산의 비너스는 생명을 창조하는 여성의 능력을 경외감을 가지고 숭상했던 신화적 사고의 소산이다. 〈몽고반점〉의 처제는 짐승도 사람도 아닌 성스러운 것이면서 식물이기도 하고 동물이기도 하고 인간이기도 하고 아니면 그 중간쯤에 존재하는 낯선 존재이기도 한 것이다. 이 소설을 몸과 성에 대한 에로티시즘이라는 잣대로 진단하면 소설이 말하고자 하는 시원을 놓쳐버릴 수 있다. 그러니까 이 소설은 형부의 성적 욕망과 처제의 관능적인 몸으로는 도저히 소설의 코드를 풀 수 없다는 것이다. 이 소설에는 서로 다른 코드가 존재한다. 하나는 그와 그의 아내의 도덕적이고 현실적이며 일상적인 코드가 그것이고, 다른 하나는 그와 그의 처제 사이에 존재하는 이상적이고 현실 초월적이고 신화적인 코드라 할 수 있다. 그는 이 두 코드 사이에서 방황하지만 자신의 예술적 욕망과 닿아있는 그와 처제의 코드에 몸을 담는다.

처제는 대지의 여신 가이아나 데메테르의 화신으로 현현된 신화적 인물이다. 그녀는 얼굴을 보지 않기 위해서 고기를 먹지 않고 곡물과 나물과 날 야채를 먹는다. 이것은 그에게 푸른 꽃잎 같은 몽고반점의 이미지를 떠올리게 하며 그녀가 자살을 기도했을 때 〈그녀의 동맥에서 넘쳐 나온

피가 그의 흰 셔츠를 흠뻑 적시고 꾸덕꾸덕 짙은 팥죽색으로 굳게 했다는 것은 그의 운명에 대한 해독할 수 없는, 충격적인 암시처럼 느껴지기도 했다.〉 그는 도덕에서 비도덕의 세계로 이행한 것이 아니라 현실에서 신화로 이동한 것이라고 할 수 있다. 따라서 처제의 몸과 성, 꽃의 이미지와 색채의 상징성은 에로티시즘의 담론을 빗겨가고 있다. 처제는 마치 모든 일에 수도승처럼 담담하다. 그는 그 모습에 차라리 두려움마저 느끼는 것이다. 그는 〈단지 옷을 벗고 있었다는 이유만으로 한 폭의 춘화를 보듯 그녀를 보았던 자신을 그는 자책했다.〉 처제의 몸에 대한 담론이 상당히 진행되었음에도 불구하고 이 소설은 예술적 승화라는 이름에 걸맞게 〈성욕을 일으키기보다는 가만히 바라보고 싶어지는 몸이었다.〉라고 정갈한 묘사로 자칫 포르노그라피적인 성적담론을 슬쩍 비껴가고 있음을 볼 수 있다.

처제는 그의 예술의 모델이 되고 있었지만 실상은 자신이 세상에서 벗어나 가장 자기다운 것을 찾아가는 자기구원을 실현시키고 있는 것이었다. 집에서도 맨몸이 더 자연스럽고 옷을 입는다는 것이 거추장스러웠던 그녀이기에 맨몸에 꽃을 그린다는 것은 자신의 무의식적인 심층에 아니면 자기의 본질에 더 가깝게 다가가는 행위로 받아 들여졌을 것이다. 그녀는 흡사 여러 가지 꽃들로 만들어진 식물이었는지도 모른다.

목덜미에서부터 꽃을 그리기 시작했다. 자주와 빨강의 반쯤 열린 꽃봉오리들이 어깨와 등으로 흐드러지고, 가느다란 줄기들은 옆구리를 따라 흘러내렸다. 오른쪽 엉덩이 둔덕에 이르러 자줏빛 꽃은 만개해, 샛노란 암술을 도톰하게 내밀었다. 몽고반점이 있는 왼쪽 엉덩이는 여백으로 남겼다. 대신 푸르스름한 점 주변으로 그보다 흐린 연둣빛을 큰 붓으로 깔아, 연한 꽃잎 그림자 같은 반점이 도드라지게 했다.

그의 이러한 예술행위는 단순한 성욕이 아니라 무엇인가 근원을 건드리는 신화적 행위인 것이다. 그녀는 이러한 꽃을 통해서 마침내 그토록 무섭게 그녀를 괴롭히던 꿈속의 얼굴들을 보지 않게 된다. 〈안 지워지면 좋겠어요. / 이렇게 하고 있으니까 꿈을 꾸지 않아요. 나중에 지워지더라도 다시 그려주면 좋겠어요.〉라고 처제는 그에게 말한다. 그녀에게 몸과 성은 더 이상 의미가 없는 것이다. 꽃과 하나가 되어서야 비로소 자유로운 그녀의 영혼은 원시의 신화성을 회복해가는 여신의 모습이라 할 수 있다. 깊은 잠에 빠진, 더군다나 인간의 수많은 잔인한 얼굴에 시달리는 여신이 온몸에 꽃을 그리고서야 다시 부활하는 것이다. 처제의 몸은 모델 J를 원한 것도 아니고 형부인 그를 원한 것도 아니다. 그녀는 단지 꽃을 가진 또 하나의 원시적인 신화성을 가진 또 다른 꽃을 받아들이고자 하였다. 〈"그 자식이 마음에 들었던 거야?" "그게 아니라, 꽃이......" "내 몸에 꽃을 그리면, 그땐 받아주겠어?"〉 라고 하는 대화는 그녀가 원하는 대상이 인간이 아니었음을 알 수 있게 한다. 따라서 그녀의 선택에 도덕의 잣대는 의미를 찾지 못하는 것이다.

예술을 구현하기 위한 일련의 작품들이 있다. 〈광화사〉의 소경처녀의 죽음이 있고, 〈서편제〉의 송화가 눈이 멀었던 것이 있으며 이제 한강의

〈몽고반점〉의 금지된 사랑과 해원은 같은 맥락으로 이해될 수 있을 것이다. 인간의 가장 근원적인 욕망이면서 가장 터부시되는 금기는 바로 근친에의 욕망이라고 한다. 〈몽고반점〉은 그러한 도덕적 금기를 아슬아슬하게 끄집어 이야기하면서도 교묘히 예술과 신화의 세계로 미끄러져가고 있다. 따라서 이 글에 지배적으로 등장하는 "몸"과 "성"의 관능적 에로티시즘은 글의 핵심을 이해하는 진정한 도구가 되지 못하고 있으며 오히려 "몸"과 "성"의 묘사는 신화적 상상력을 자극시켜서 자연과 하나가 되는 여신상을 만드는데 일조하고 있음을 볼 수 있다. 여기에서 처제는 사람도 식물도 동물도 아닌 경계에 우두커니 서있는 존재가 아니라 이 모두에 속할 수 있는 신화속의 가이아 여신의 상징이라고 할 수 있다. 가이아 여신의 몸을 통해서 모든 꽃은 피고 아름다움을 발하게 되는 것이다.

3. 피그말리온의 소망

〈그녀의 피부는 흐릿한 연둣빛이었다. 방금 가지에서 떨어져 나온, 그러니까 방금 시들기 시작한 잎사귀 같은 그녀의 몸이 그의 앞에 엎드려 있었다. 그녀의 엉덩이에는 몽고반점이 없었고, 대신 온몸에 그 연둣빛이 고르게 번져 있었다. -본문 중에서〉

피그말리온과 갈라티아
: 간절한 소망이 이루어짐.

오비디우스의 〈변신이야기〉의 퀴그말리온 이야기를 잠깐 들어가 보자. 아프로디테를 섬기던 퀴프로스는 풍기가 문란해질 대로 문란해져 있었기에 퀴그말리온은 여자를 집안으로 들이지 않고 혼자 살았다. 엄밀히 말하면 혼자서가 아니라 자신이 만든 대리석 석상의 여인과 함께 산 것이다. 그는 이 대리석 석상의 여인을 사랑하고 가꾸고 신께 기도를 올렸다. 아주 간절히, 아프로디테 축제 때 여신은 그의 소원이 너무 간절해서 석상에게 생명을 불어넣었고 퀴그말리온은 그녀와 결혼해서 자식까지 낳고 잘 살았다. 그녀의 이름은 갈라티아였다. 이것은 신화의 이야기이다. 그러나 이 신화의 그림자가 〈몽고반점〉이라는 작품에 깊게 드러나고 있음을 간과할 수 없다. 비디오 아티스트인 나는 지금까지의 자신의 작품을 모두 잊어버리고 싶은 충동을 느끼고 지금 공연 중인 작품들의 속된 선정성에 염증이 난다. 현실에 환멸을 느끼는 그에게 자꾸 겹치는 운명 같은 영상은 그를 간절히 소망하게 만든다. 그 소망은 너무나 위험한 것이어서 감히 자신을 이성적으로 받아들일 수 없다. 처제를 통해서 구현될 수 있는 야생의 원시적 신화성과 그 신화성 속에서 아름다운 꽃과 색체로 거듭날 처제의 모습, 그 모습에 자신이 빠져드는 원시림 같은 열정 등을 그는 간절히 원하고 있었다.

그의 소망은 아내로부터 처제의 몽고반점에 대한 이야기를 듣고부터 더욱더 간절해지는 것이다. 그는 자신의 예술적 욕망을 실현하기 위해서 어쩌면 퇴화해야 마땅한 몽고반점에 대해서 그렇게 강한 집착을 보이는지도 모른다. 도덕과 사회적 규범에 둘러싸인 그에게 자신의 예술적 욕망은 지옥과 같았다.

그때 그는 생각했다. 방법은 하나뿐인지도 모른다. 이 지옥에서 벗어나는 길은, 이 욕망을 실현하는 것뿐인지도 모른다.

그는 자신이 지옥에서 빠져나오는 유일한 통로를 처제의 몽고반점이라고 생각한다. 그런데 그의 이러한 욕망은 자살과 은둔과 정신병동으로 지칭되는 처제의 죽은 영혼에 꽃을 달아주는 것이 된다. 이미 죽어가던 여신의 몰락을 그는 퓌그말리온이 대리석을 깎아서 대리석 여인을 만들 듯이 갖가지 화려한 꽃으로 그녀의 몸을 장식해준다. 그러한 꽃송이 하나하나가 그녀의 몸을 다시 살아나게 하는 신화적 상징체가 되는 것이다. 약간 멍이 든 듯 한 연한 초록빛의 몽고반점은 태고의 것이면서 진화이전의 인간의 것이고 인간이 식물과 하나 되는 광합성의 흔적이기도 하지만 성적인 느낌과는 무관한 것이다.

그는 자신의 예술적 욕망이 처제의 몽고반점으로 은밀히 실현될 수 있을 거라는 기대를 하게 되고 그 기대는 한 치의 오차가 없이 진행된다.

후배 J에게 부탁해서 처제의 몽고반점을 가진 꽃과 같이 꽃으로 육화된 몸을 그릴 수 있게 부탁하고 더 나아가 두 남녀의 원초적인 조화가 이루어지길 바라지만 그것은 사회적 도덕과 이성으로 가려진 가장되고 거짓된 그의 위선적인 욕망이었다. 처음부터 그는 처제의 상대역으로 자신이 그 역을 감당해야 한다는 것을 알고 있었다. 그는 이제 친구가 된 옛 애인에게 자신의 몸에도 처제와 똑같은 꽃을 그리게 한다. 그리고 자신이 만든 몽고반점을 가진 여신의 몸의 꽃에 어울릴 남신의 현현으로써 거듭나고자 한다. 여기에서 우리는 흡사 신화를 소재로 한 수많은 벽화의 모습을 떠올리게 된다. 자신의 나체가 하나도 부끄럽지 않고 오히려 자연스러우면서 거만하기까지 한 신화 속 그림들의 환영을 보게 된다. 오히려 벗는 것이 입는 것보다 자연스러운 처제의 모습을 통해 그는 자신이 그려낸 그림을 감상하고 있다.

모든 욕망이 배제된 육체, 그것이 젊은 여자의 아름다운 육체라는 모순, 그 모순에서 배어나오는 기이한 덧없음, 단지 덧없음이 아닌, 힘이 있는 덧없음, 넓은 창으로 모래알처럼 부서져 내리는 햇빛과, 눈에 보이진 않으나 역시 모래알처럼 끊임없이 부서져 내리고 있는 육체의 아름다움……

그는 자신이 만든 꽃무늬 몽고반점에게서 이러한 신화적 시원의 아름다움을 느끼는 것이다. 그의 예술은 퓌그말리온의 소망처럼 쌍방향의 것이었다. 퓌그말리온은 더럽고 추악한 현실에서 순백의 대리석 상만을 만들고자 한 것이 아니었다. 그의 간절한 소망은 그가 만든 순수한 생명체와 사랑을 하게 되는 것이다. 마찬가지로 그 역시 자신이 만든 몽고반점을 가진 꽃의 여신과 합일되고 싶은 원초적인 욕망이 그를 계속해서 괴롭히는 것이다. 그가 자신의 몸을 꽃으로 뒤덮이게 하는 것은 퀴그말리온이 대리석상과 사랑하고 싶어 했던 근원적인 욕망에 닿아있다. 그에게 꽃이 뒤덮였을 때 그는 더 이상 현실의 사회적이고 도덕적이고 이성적인 그가 아닌 것이다. 오직 꽃의 여신의 암술을 탐하는 꽃의 남신의 수술이 있을 뿐이다. 여기에서의 식물성의 이미지는 바로 여성과 남성의 이미지가 아니라 암꽃과 수꽃의 자연의 조화로운 합일로 승화되고 있다는 것이다. 이러한 장치는 이 소설이 바로 자연의 일부로 화하고자 하는 신화적 세계관의 소산일 것이다.

4. 나르시소스의 행복한 죽음

〈지금 베란다로 달려가, 그녀가 기대어 있는 난간을 뛰어넘어 날아오를 수 있을 것이다. -본문 중에서〉

왜 소설은 꿈꾸는가? 그리고 그 꿈은 어디에서 연유되었는가?

〈몽고반점〉은 진부한 현실 속에서 잃어버린 원시의 신화 속의 생명감을 찾는 여인의 몸부림이라고 할 수 있다. 여기서 말하는 진부한 현실이란 변화 없다는 것인가 아니면 고루하다는 말인가. 〈몽고반점〉은 무엇을 말하려고 함인가. 끝임 없는 질문으로 치달을 때 그 끝자락에서 신화속의 나르시소스를 보게 된다. 나르시소스는 비극의 주인공이다. 나르시소스는 미소년이었기 때문에 모든 처녀들의 마음을 빼앗는다. 이 나르시소스를 미치도록 흠모했던 에코는 헤라의 저주로 자유롭게 말을 할 수 없게 된다. 나르시소스를 사랑해도 소용없는 형국이었다. 나르시소스의 사랑을 받지 못하는 에코는 슬픔에 야위어서 결국 목소리만 남게 되고 잔혹함에 대한 처벌로 나르시소스는 여신 니메시스의 복수의 마법에 걸려 자기 자신만을 사랑하는 비극적인 주인공이 되는 것이다. 어느 날 나르시소스는 우물에 비친 자기 모습에 도취되어 우물에 빠지고 만다. 그 자리에 수선화가 남는다. 정신분석학자인 프로이드에 의하면 리비도가 이성애까지 발달하지 않거나 한 번은 거기까지 도달하더라도 다시 그 이전의 것으로 물러나는 즉 리비도가 자기애에 그치는 경우를 나르시시즘이라고 말하고 있다. 따라서 나르시시즘은 예술적 창조에 있어서 구심적 기능을 해왔다고 할 수 있다.

나르시소스와 에코의 모습: 자기애에 도취된 나르시소스.

〈몽고반점〉의 현실은 유폐되어 있다. 특히 비디오 아티스트인 그와 자연을 닮은 식물적인 그의 처제에게 세상은 유폐된 공간에 다름 아니다. 우리는 여기에서 서로 다른 자기애에 탐닉하는 두 명의 나르시소스들을 보게 된다. 하나가 비디오 아티스트인 그인데 그는 현실에서 자기의 예술이 더 이상 나아갈 곳이 없다는 절망을 가지고 있는 존재이고 다른 하나가 원시의 식물성으로 대변되는 처제로 세상과 단절되고 의사소통이 불가능한 존재인 것이다. 그는 2년 동안 작품을 거의 생산해내지 못한 채 자신이 감히 넘을 수 없는 또 넘어서도 안 되는 금지된 곳으로 자신의 욕망이 치닫는 것을 고통스러워하는 것이다. 자신의 존재를 구원하기 위해서는 자기를 파멸시킬지도 모르는 작품을 시작해야 하는데 그 작품의 욕망은 자기를 영원히 꺼낼 수 없는 욕망의 수렁으로 이끄는 것 같은 묘한 주술을 느끼게 하는 것이다. 그만큼 자신의 예술적 욕망이 너무도 컸기 때문에 지금까지 10년 동안 공들였던 예술작품은 이제 더 이상 그의 것이 될 수 없었다. 자기의 예술적인 욕망 속에서 처제의 시들어가는 유폐된 현실의 세계가 신화속의 아름다운 생명력으로 채워지는 것을 보는 것은 나르시소스가 자신의 모습을 우물 속에서 탐닉하는 것과 동일한 것이다. 그는 처제의 몸에서 구현되는 자기의 예술적 영감과 원시의 생명력에 점점 몰입되어 간다. 드디어 그는 넘어서는 안 되는 곳까지 자기 자신의 예술적 욕망에 의해 치달아가고 있는 것이다. 그는 후배 J에게 자신의 욕망을 투사해보지만 그것은 허상에 지나지 않았다. 결국 친구P의 도움으로 자기 자신 역시 우물에 비추어지는 하나의 작품이고 싶어 한다. 자기의 몸에 꽃을 하나

가득 그린 그는 처제의 집으로 가서 자기와 처제의 원시적 생명력을 담은 예술작품을 완성시켜 나간다. 그들이 재현해내는 공간은 신화적인 신성한 공간이자 나르시소스의 우물 안이라고 할 수 있다. 그 우물 안의 두 쌍의 꽃은 세상에서는 존재하지 않고 신화적 세계에서만 존재하는 모습인 것이다. 사회적 관념이나 도덕적 이성이 존재하는 곳의 담론이라면 그야말로 추악하기 이를 데 없는 포르노인 것이다.

처제의 경우 역시 또 다른 나르시소스인데 그녀는 자신의 가족과 남편에게서 조차 동정을 받지 못하고 세상에서 밀려나 구석에서 세상을 응시하는 존재이다. 자신의 악몽 때문에 절대 고기를 먹지 않고, 옷보다는 맨몸을 좋아하고, 사람들의 시선에는 전혀 아랑곳 하지 않는다. 형부와의 금지된 사랑에 대해서도 별반 큰 관심이 없으며 또한 그녀는 형부가 추구하는 예술의 지향 점에는 더더구나 관심이 없으며 벌거벗은 남성의 몸에도 별로 관심이 없다. 오로지 그녀가 관심을 두는 것은 그녀의 꿈을 물리쳐준 “꽃” 그림에 있는 것이다. 실제로 J와 비디오 작품을 찍을 때 그녀는 흥분했었다. 그러나 그가 남성이어서가 아니라 그의 몸에 있는 꽃 때문에 그녀는 오르가즘을 느끼는 것이다. 따라서 그 대상이 형부이건 J이건 그녀에게는 중요한 것이 아니었다. 그녀는 오로지 꽃에 탐닉한 식물성 그 자체인 것이다. 암술과 수술이 만나 꽃을 피우는 것과 같은 우주의 원리를 보여주는 것이라고 할 수 있는데 그녀의 꽃에 대한 욕망 역시 나르시소스의 자기애의 욕망이라고 할 수 있다. 그러니까 그와 처제는 서로 자기애를 확인한 것뿐이지 서로를 사랑한 것은 아니라는 결론이 나온다. 이 소설이 금지된 사랑이 아니라 예술로 나아가는 지점이 바로 여기에 있다고 하겠다.

그러나 그로 재현되는 심층자아와 아내로 지칭되는 표층자아 사이에는 현실의 코드만이 해석을 기다리고 있는 것이다. 그는 자신의 욕망이 더 이상 멈출 수 없는 나르시소스의 타나노스에의 열정임을 느낄 때 그 역시 죽음을 생각한다.

죽었으면 좋겠어, 라는 말이 왜 주문처럼 머리 안쪽에서 쉴 새 없이 터져 나오는지 그는 알 수 없었다. 마치 자신 안에 있던 다른 사람이 그 말을 듣고 답하듯, 그럼 죽어. 라는 대답이 쉴 새 없이 몰아치는 이유도 알 수 없었다.

이처럼 현실의 그는 죽어야하는 것이다. 그가 처제에게로 향했을 때 그는 나르시소스의 우물에 탐닉하고 있었던 것이다. 그러나 이러한 그의 신화적 예술 구현의 행위는 아내의 현실 코드에 의해서 너무나 간단히 〈나쁜 새끼, 아직 정신도 성치 않은 애를...... 저런 애를〉 이라고 성도착증 환자, 그것도 정신과 치료가 필요한 환자가 되고 마는 것이다. 즉 그는 현실의 아내의 코드 안에서 이미 죽어버린 하나의 나르시소스인 것이다. 그때 그는 〈갑자기 자신이 모든 것을 겪어버렸다고, 늙어버렸다고, 지금 죽는다 해도 두렵지 않을 것 같다고 느꼈다.〉 실존적 자아 즉 본질이 앞서는 처제는 또 다른 나르시소스인데 자고 일어나 멍한 얼굴로 아무것도 담기지 않은 얼굴로, 어린아이의 눈 동시에 모든 것이 비워진 눈, 지금껏 아무것도 담아보지 않은 눈으로 현실을 바라본다. 그녀는 자신의 꿈에서 벗어나기 위해 혹은 자신의 꽃을 찾아가기 위해 〈베란다 난간 너머로 번쩍이는 황금빛 젖가슴을 내밀고, 주황빛 꽃잎이 분분히 박힌 가랑이를 활짝 벌렸다. 흡사 햇빛이나 바람과 교접하는 것 같았다.〉 꽃은 자연으로 돌아갈 때 아름답듯이 그녀는 자연으로 돌아가는 길을 택했다. 그것이 현실의 코드에서는 나르시소스의 슬픈 죽음으로 명명될지라도.

9장 이미지와 메타언어

1. 역설적 운명의 엔트로피

어느 때부터인가 새로운 사건들이 별로 새롭게 보이지 않게 된다. 삶이 그저 그렇게 보이기 시작한다. 거꾸로 물구나무를 서 봐도 뒤집힌 세상이 정상으로 보이기까지 한다. 그때를 조심할지어다. 삶의 엔트로피가 사라져 가는 것이 보일 것이다. 전복된 삶조차 따분해진다면 삶은 권태로울 수밖에. 소의 반추가 권태와 어울려 나른한 느낌을 주는 이미지라면 현대의 동시대 문화는 뜨거운 돌풍의 이미지이다. 마치 에어컨 실외기가 길가에서 팬을 돌려 더위 바람을 더욱 가중시키는 형상으로 동심원적 돌풍의 문화이미지를 함축한다. 동일한 이미지들이 더운 회오리바람을 일으키면서 문화의 지류를 만들어간다. 마치 혼돈의 우주가 생성될 때 가운데 검은 중심이 점점 커지는 동심원을 그리면서 그 빛이 밝아지는 형상으로 나선형을 그리는 것처럼 문화는 역설적이게도 동일한 이미지를 보여주면서 다시 그 검은 동심원의 혼돈으로 빨려 들어가고 있는 것처럼 보인다. 돌풍의 회오리바람으로 날린 문화의 파편들은 어느 한 지점에 모인다. 마치 강물의 지류들이 어느 삼각주에 퇴적물들을 힘겹게 내려놓는 것과 흡사하다. 이미 지층을 형성하기 시작했다. 심한 폭우 끝에 옆면이 잘려나간 퇴적물을 들여다보면서 그 안에 지류가 옮겨다놓은 문화의 상징을 읽어본다. 뜻밖에 신선한 느낌과 조우하게 된다. 우리가 지나왔던 흔적들이 쌓여 있는 퇴적층에서 스며나오는 '상상의 역동성'이 되고 있음은 이미 질베르 뒤랑의 날카로운 시선에 의해 포착된 이미지이다.

역설적 운명의 엔트로피는 운명이 만든 비극 때문에 문화가 생성되거나 발생하는 구조를 보인다. 석가와 미륵의 싸움, 제우스와 형제들의 갈등, 오딘과 로키의 싸움, 오시리스와 세트의 싸움, 그리고 고주몽을 죽이려고 했던 금와왕의 자식들. 이 모든 신화들은 싸움과 창조라는 상반적인 가치를 함축하면서 역동적 엔트로피 에너지를 발산한다. 더러운 속세에서 구원처럼 피어나는 연꽃의 역설이 가지는 엔트로피는 제임스 조이스가 〈율리시스〉에서 DOG와 GOD이 거울에 비춘 자기 형상이라는 역설의 역동적 생산성을 연상시킨다. 또한 제임스 조이스가 인용한대로 LIVE가 거꾸로 비추면 EVIL이 되기도 한다. 정신적 세계와 물질적 세계의 매트릭스가 교묘하게 교직되어 있는 세계는 형제의 싸움에 얽힌 스토리텔링들이 켜켜이 쌓아놓은 퇴적층의 자국들이다. 현대문화에서 우리는 이렇게 똬리를 틀고 있는 퇴적층의 암호를 자주 만나곤 한다. 방금 퇴적층에 올려진 상징의 의미는 말랑말랑하게 거푸집 안에서 굳어지기를 기다리지만 머지않아 굳어질 화석모양을 예측하는 것은 성급한 비평가의 몫이 될 것이다. 우리 문학에서 최근에 표류하는 이미지들이 형성하고 있는 퇴적층의 한 단면을 들여다보는 것은 섣부른 착오를 일으킬 수 있다. 마치 구름의 변화무쌍한 기류를 함부로 예측해서 잘못된 일기예보를 하는 실수를 보이는 기상청처럼. 그러나 문화를 읽는 것은 과거와 현재를 읽는 것을 통해 미래를 예측하는 것이니 조금은 안심해도 될 것이다. 일찍이 신화 이미지라는 목록 하에 꿈을 꾸는 것에서 시작해 마지막에 꿈을 깨는 거시 구조를 보여주던 조지프 캠벨은 그 나름대로 문화의 퇴적층을 알맞게 해독하고 있다. 그렇다면 우리시대 즉 1990년대와 2000년대를 공유하는 작가들이 만들어내는 갖가지 이미지들에서 신화의 아우라를 발견하는 것은 어쩌면 필연적인 비평작업이 될 것이다. 그 비평작업에 의해 작가는 화석에 갇혀버리기 보다는 핍진하게 현실의 생존자로 남을 것이다. 그들이 만들어놓은 지층이 퇴적층을 견고하게 응고시키는 것이 아니라 역설적으로 그들이 만들어놓은 이미지로 하여금 지각변동이 활발하게 일어나고 있음을 발견할 것이다. 신화적 상상력으로 인해 삶이 지루하게 반복되거나 도식화되지 않고 수없이 많은 변형을 일으키는 트랜스포머로서 신화가 살아나고 있음을 목도할 것이다.

2. 푸른 이미지의 치유력

이성강 애니메이션 〈마리이야기〉의 푸른색 색체는 과거의 잃어버린

한 소년의 유년을 되찾아주는 주는 회상적 이미지로 등장한다. 말하자면 자신을 잃어버린 현대인들에게 자기상실이라는 중병에 내린 처방이 바로 푸른색의 이미지라고 말할 수 있다. 이렇게 말하면 지나친 억측이 될까. 고독, 우울, 슬픔, 기쁨, 희망 등 충돌하는 의미의 이미지를 가지는 블루에 신화적 색체라는 새로운 이미지 하나를 더해 볼 수 있을 것이다. 최근 문학 작품에서 스며 나오는 색체 중 유독 푸른색 이미지가 눈에 띄는 것은 우리 시대가 뒤랑이 말한 대로 헤르메스 신화의 시대임을 부인하기 힘들기 때문일까. 각 매체에서 차용하는 상상력과 이미지는 신화적인 것으로 가득 차 있다. 이미지는 그것이 표현되는 그 자리에서 고백하기 어려운 무의식과 고백된 의식화 사이의 일종의 중재자가 된다고 뒤랑은 말한다. 따라서 이미지는 표현 가능한 기표가 흐릿한 기의를 지시하는 간접적 사고의 유형이라는 의미에서 하나의 상징으로서의 지위를 갖게 되는 것이다. 이미지는 현대의 문화를 해석해주는 단순 징후를 보여주는 역할을 넘어서서 치료를 담당하는 데까지 나아가고 있다. 항체 이미지라고 불리기도 한 것은 이러한 치료적인 효용에서 비롯된 것이다. 사실 아리스토텔레스의 〈시학〉에서부터 문학의 미학적 효과가 언급되어온 것은 나름대로의 치유/치료의 기능을 염두 해 두었기 때문이다. 카타르시스는 일종의 감정 정화 치료 작용이라고 불릴 수 있으리라.

푸른색이 현실과 신화를 넘나드는 문지방적 상징체로 구현된 작품으로 한강의 「몽고반점」을 꼽을 수 있을 것이다. 예술가로서 침체기를 겪고 있고 자신의 작품조차도 환멸적으로 느끼는 비디오 아티스트인 나는 아내에게서 처제의 '몽고반점'에 대한 이야기를 듣자 생명과 예술창작의 에너지를 느낀다. 나에게 처제의 몸에 남겨진 〈몽고반점〉은 존재에 대한 신화적 시니피에가 된다. 그의 예술에 대한 욕망은 몽고반점으로 구현되는 신화세계의 현현으로 구현될 수 있는 것이다. 나는 처제의 몽고반점을 "퇴화된, 모든 사람에게 사라진, 오로지 어린아이들의 엉덩이와 등만을 덮고 있는 반점"이라고 여기며 나의 예술 작품에서 그러한 세계를 구현하고 싶은 욕망을 참지 못한다. 처제는 채식주의자로 정상적인 삶의 궤도에서 많이 벗어나 있는 인물이다. 그녀는 얼굴을 보지 않으려 고기를 먹지 않지만 식구들은 그녀를 자살에 이르게 할 정도로 무자비하게 그녀에게 육식을 강요한다. 그녀는 자신의 몸에 그려진 꽃잎으로 인해 정신적 자유와 평화를 얻는다. 나 역시 '몽고반점'을 그림으로써 예술가로서의 정체성을 되찾아간다. 푸른 채식주의자와 푸른 몽고반점을 숭배하는 예술가는 분명 푸른 신화적 이미지에 의해 치유의 과정을 밟고 있다. 그러나 이러한 치유의 효과는 신화적 세계가 구현되는 장소로 한정된다. 처제의 피부는 살색이 아니라 '흐릿한 연두빛'으로 방금 가지에서 떨어져 나와 시들기 시작한 몸으로 묘사된다. 이미 형부인 그에게 처제는 현실의 사람이 될 수 없다. 처제의 유일한 처방과 자신의 유일한 처방은 '몽고반점'이라는 지점을 통해 신화적 세계로 들어가는 것뿐이다. 그의 현실 속 자아는 도덕적, 사회적 규범 하에 놓여있고 자신의 예술적 욕망은 잔인한 채찍처럼 그를 학대한다. "그때 그는 생각했다. 방법은 하나뿐인지도 모른다. 이 지옥에서 벗어나는 길은, 이 욕망을 실현시키는 것뿐인지도 모른다."고 결론내리고 신화의 세계로 진입한다. 그곳에서 그는 이미 죽어버린 처제의 영혼에 꽃을 달아주고 몽고반점을 통해 태고의 인간을 회상한다. 작가 한강은 푸른색 이미지의 우울증이라는 항원에 푸른색 이미지의 동일한 항체를 사용하고 있다. 그러나 다행히 이 항원 항체 반응은 부작용 없이 치유의 기능을 담당하고 있는 듯하다.

푸른색이 현실의 유폐된 자아를 해방시켜주는 이미지로 쓰인 작품으로 배수아의 〈푸른 사과가 있는 국도〉와 김연수의 〈리기다소나무 숲에 갔다가〉를 들 수 있을 것이다. 배수아가 사용하는 푸른색의 이미지는 다소 생경하다. 그녀가 느끼는 푸른 사과의 이미지는 '푸른 사과를 파는 여인'에 대한 불안감, 즉 시대의 고아의식으로 명명될 수 있을 것이다. 자신이 속한 곳에서 정착하지 못하고 표류하면서 겉도는 주인공은 이미 국도 가장자리에서 푸른 사과를 팔고 있는 여인일 수밖에 없다. 주인공 그녀는 소위 자발적 이산가족이거나 자발적 고아라고 할 수 있다. 어느 정도 성숙해진 이후 가족을 완전히 떠나버리는 그녀는 어느 서해안 국도에서 만난 푸른 사과를 파는 여인네들 속에서 또 다른 자신을 만난다. 그것은 유토피아적이거나 정감어리다고 할 수 없는 지점에 속한 불안의 영역이다. 세상의 중심에서 살아갈 힘을 잃어버리고 세상의 일에 무관한 것 같이 살아가지만 그것은 극도로 세상에 속하고자 하는 이의 정반대의 행동에 지나지 않는다. 배수아는 "푸른 불꽃", "푸른 담배 연기", "푸른 사과" 등에서 불안한 이미지로 푸른 이미지를 처리해 나간다. 그러나 역설적으로 불안한 영혼이 기대어 자신을 살아가는 힘으로 삼는 이미지 역시 푸른색이다. 푸른색이 가지는 상반된 의미가 바로 이러한 이미지 충돌 때문일 것이다. 주인공 나는 “내가 영원히 가지 못할 먼대로 나 있는 길”에 대해 늘 동경한다. 그것은 일종의 불안의식을 심어주고 있는데 작품에서는 “부모가 사랑하지 않는 어린시절”을 보냈고 “애정 속에서 질식하고 싶어서 미칠 것 같았”던 시절을 보낸 주인공의 의식을 보여주는 이미지로 푸른색을 차용되고 있다. 빨간 사과도 아닌 파란 사과는 초가을 언저리에만 나오는 과일이다. 그만큼 성숙하지 못했고 그래서 더 불안한 이미지를 가지게 된다. 주인공의 스물다섯은 항상 무엇을 해야 하나 고민하는 나이여서 그 역시 푸른 나이에 해당한다고 할 수 있다.

한국인에게 녹색은 푸른색과 혼용되는 이미지이다. 〈푸·르·다〉의 초록은 색체에 있어서가 아니라 이미지에 있어서 푸르다는 말이 옳다. 김연수의 〈리기다소나무 숲에 갔다가〉에서 ‘숲’이 가지는 상징성은 미야자키 하야오 감독의 일련의 애니메이션에 나타난 숲의 신화적 상징성을 상기시킨다. 숲은 군입대를 앞둔 나, 연애에 실패한 삼촌, 도라꾸 아저씨에게 상처를 드러내 주는 공간이면서 동시에 치유의 공간이 된다. 이 작품에서 숲에 들어간 세 사람. 즉 나와 삼촌 그리고 도라꾸 아저씨는 운명처럼 멧돼지와 만나게 된다. 멧돼지의 눈을 보면서 세 사람은 자신의 진정한 모습과 대면하고 다시 자신을 찾아가는 것이다. 나는 대학 신입생 때 우연히 보았던 분신자살한 학생이 독실한 가톨릭 신자였고 죽을 게 뻔한 그의 행동의 선택 원인에 대해 연구하기 시작했다. 멧돼지의 눈을 보면서 그 때 분신자살한 학생의 모습을 보았다. 죽음에 맞서 있는 멧돼지의 눈동자는 자신의 상처를 뒤돌아보게 한 것이다. 삼촌은 사랑을 위해 함께 죽자고 했던 여인이 약을 먹기 직전 살려달라며 애원하던 눈방울을 떠올렸다. 삼촌 가슴은 "푸른색"이라고 나는 생각한다. 그 푸른색은 사랑하는 여인을 이해하고 자신을 용서하는 치유의 색채이다. 도라꾸 아저씨는 죽을 줄 알면서도 새끼를 구하러 오는 어미 멧돼지의 눈과 마주쳤을 때 텅 비어 있는 이미지를 발견한다. 그리고 이미 죽은 멧돼지를 쏴 죽인 도라꾸 아저씨는 멧돼지를 죽인 것이 아니라 스스로 죽음을 겪었다. 도라꾸 아저씨는 숲이 주는 생명의 원리를 알게 되었고 그 자신 역시 숲의 일부분으로 치유되어야 한다고 느낀다. 자신의 짐승 사냥이 더 이상 용기가 낳은 치적이 아니라 밥벌이의 방편이었음을 알고부터는 아무것도 죽일 수 없었다고 말한다. 그들 셋이 함께 멧돼지 사냥을 하러 리기다소나무 숲에 간 진정한 이유는 자신들의 상처와 대면해서 비대칭적인 자신들의 사고를 대칭적 사고로 전환하고자 함이다. 비대칭적 사고는 자연과 대적되는 세계관으로 총에 맞아 죽는 멧돼지의 형상이다. 이는 애니메이션 〈원령공주〉에서 인간이 만든 총알에 맞아 재앙신이 되어버린 멧돼지의 상징성을 연상시킨다. 멧돼지는 분노에 휩싸여서 온몸이 검은 분노의 불길로 둘러싸인 채 인간 세계를 공격한다. 결국 멧돼지들의 분노는 인간의 진정한 회개를 통해서만 구원될 수 있다. 나카자와 신이치는 이러한 비대칭적 사고를 대칭적으로 전환하는 인식이 바로 신화세계의 구현이라고 말한다. 푸른색의 이미지는 우리 문학의 지류에서 일종의 정화작용을 하고 있음을 알 수 있다.

3. 타살된 '몸' 이미지

목이 잘려나간 여신: 승리의 여신 니케로 보임.

고대 이집트 벽화나 알타미라 동굴의 벽화나 고구려 고분벽화의 춤추는 인물들, 아니면 영국 대영박물관에 머리 없이 전시된 탈취된 그리스 조각상들의 이미지를 떠올려보라. 얼굴이 없어도 그 원시적 풍만함과 생명력이 느껴지지 않는가. 우리는 그 일부분의 이미지만으로도 이미 없어진 얼굴 이미지를 떠올릴 수가 있다. 퇴적층에 사이에 그 일부의 흔적만을 드러내고 있는 몸의 담론이 우리 문학에서 자주 등장한다. 이미지의 환유법이라고 해도 좋을 것이다. 최근 '몸'에 대한 문학담론이 무척 활발해진 것은 그 나름대로의 문화적 이유가 있겠지만 이 역시 의미의 물줄기라는 신화사회학적 프리즘을 통해 보면 몸에 대한 인간의 비대칭적 사고를 치유하는 일련의 과정이라고 할 수 있다. 여성성과 남성성의 고정된 이미지는 일종의 잘못된 이데올로기를 형성시켜온 감이 있다. 남성은 강하고 여성은 연약하고 아름다움의 이원화된 사고체제 하에서 인류의 여성성과 남성성은 무수한 갈등을 양산하고 있다. 빗살무늬를 쓰고 있었던 원시 여성의 모습에서 인류는 무엇을 느낄 수 있을까. 김훈 소설 담론에서 등장하는 소설의 표지아래 화석화되고 있는 여성의 몸에 대한 담론을 들여다보기로 한다.

여성성에 대한 그의 사유는 크게 둘로 나뉜다. 하나는 원시시원으로서 여신의 모습이며 또 하나는 인간의 버거운 형상들이다. 김훈 소설의 화자들은 대개가 남성들이기 때문에 여성은 주변화 되어 있다. 그러한 남성적 사유에서 보여 지는 여성의 모습은 신화속의 여신들이 어떻게 변화되어 왔는지 살펴 볼 수 있다. 태초의 세상은 여성에 의해서 창조되었지만 국가와 제도가 정비되면서부터 여성은 주변으로 밀려나고 그 형상 또한 추함과 신성하지 못한 것으로 타락되어 왔다. 여성이 생명의 어머니라는 대지모신 사상과 여성이 악의 근원 즉 추함의 상징으로 밀려나는 것이 김훈의 소설에서는 잘 드러나고 있다. 〈화장〉의 추은주는 원시시원의 대지모신 사상을 그대로 보여주고 있다. 그런데 〈화장〉의 추은주를 제외한 김훈의 여성주인공들 〈화장〉에서 죽어가는 아내의 몸, 〈빗살 무늬 토기의 추억〉에서의 투신한 안마사 김복희의 몸, 〈칼의 노래〉의 여진의 죽은 몸들에서는 추은주가 상징하는 원시 생명력과는 거리가 먼 "노동의 땀과 먼지와 오줌의 찌꺼기들이 그 고랑에 서식하면서 악취를 풍기"는 〈빗살무늬 토기의 추억〉에 나오는 빗살무늬를 쓰는 신석기 여자의 모습을 보여주고 있다. 원시시원의 생명력으로 표상되는 추은주에 대해서 화장품 중견 간부인 나는 그녀를 통해서 신화속의 여신을 보게 되는 것이다. 신화 속의 가이아 여신과 중국의 여와 여신은 세계를 창조하던 여신의 모습이며 창조주의 모습이다. 이러한 대지모신의 사유가 추은주라는 3인칭 여성 명사에 붙여지고 있는 것인데 지층 밑의 고대국가의 시원을 느끼게 하는 여신의 모습이라고 할 수 있다.

당신의 이름은 추은주(秋殷周). 제가 당신의 이름으로 당신을 당신의 이름으로 불린 그 사람인가요. 당신에게 들리지 않는 당신의 이름이 추은주, 당신의 이름인가요......당신의 이름을 읽었을 때 이제는 지층 밑에 묻혀버린 먼 고대국가의 이름이 내 마음에 떠올랐습니다.

- 〈화장〉중에서

추은주에 대한 계속된 상념은 남녀 간의 사랑이라는 단편적인 용어가 아님을 알 수 있다. 실제로 나는 추은주로 대변되는 대지모신의 풍요로움을 갈구하고 그 속에서 생명력과 활기를 느낄 뿐 실제의 그녀와는 아무런 관계가 없는 것이다. 그러나 나에게 있는 또 다른 여신인 아내의 몸은 인간의 생명이 보여줄 수 있는 잔혹함을 모두 드러내고 있다. 아내의 모습은 추은주의 풍요로운 모습과는 너무나 다른 인간의 추악함이다. 그런데 이러한 여신들에 대한 사유는 김훈의 작품 세계를 짐작하게 한다. 〈화장〉의 나는 여러 인물들 중에서 두 여신의 모습을 보고 있다. 하나가 추은주와 젊은 시절 아내로 대변되는 대지모신의 원시 생명력이라면 또 하나는 병든 아내와 나에게 아내의 환영을 계속 덮어씌우는 딸의 모습은 원시 생명력을 잃어버리고 자연사하는 아니면 남성의 제도와 국가에 의해서 자신의 자리를 빼앗기는 작아지는 여신의 볼품없는 모습인 것이다.

〈빗살무늬 토기의 추억〉에 등장하는 나의 아내와 장님 안마사 김복희와

〈칼의 노래〉에 등장하는 여진의 모습은 어떤 여신의 현현이라고 보아야 할까. 〈빗살무늬 토기의 추억〉에 나오는 나의 아내는 내가 힘이 든 일을 한 날에는 신석기 여인네가 빗살무늬에다 불을 지펴서 밥을 하듯이 정성껏 가스 밥을 한다. 가스 밥은 쉽고 맛없는 전자 밥통의 밥과는 거리가 먼 밥이다. 신화에서 불의 유래는 여성의 자궁에서 나왔다는 이야기가 많이 전해지고 있는데 대부분의 특징은 여성들이 다른 사람들 몰래 자궁에서 불을 꺼내 쓰다가 결국 그 불을 도난당하는 식의 이야기가 대부분이다. 나의 부인은 사냥 나갔다 돌아오는 남편을 위해 자신의 정성을 곱게 토기에 담아내는 가정의 여신 즉 아궁이를 지키는 고대의 여신 헤스티아를 닮아 있다. 이는 세상을 창조하던 대지모신사상의 가이아나 여와신의 역할이 조금은 축소되어 가정을 지키고 가정의 아궁이 불을 지키는 헤스티아의 상징이라고 할 수 있으며 장님 안마사 김복희와 이순신의 여진은 그 모습과 역할이 가스 밥하는 나의 부인과 사냥나간 남편을 기다리는 신석기 여인의 모습과 매우 흡사하다고 할 수 있다.

안마사 김복희와 이순신의 연인인 여진은 남자 주인공들의 드러난 여인은 아니지만 남자 주인공에게는 정신적 오아시스 같은 여신의 모습으로 형상화되고 있다. 「빗살무늬 토기의 추억」에서 김복희란 장님여인에게 장철민은 눈이 되기도 했을 것이며 세상의 존재 의미이기도 했을 것이다. 따라서 장철민의 죽음은 자신의 존재의미를 무화시키는 것이었고 결국 장철민을 따라 죽음을 선택하고 사랑을 위해 목숨을 초개처럼 버리는 여신의 현현일 것이다. 이순신의 여인으로 나오는 여진의 존재의미는 단지 이순신이 편안해하던 밤에만 그 의미를 찾는다. 영웅의 삶에서 그 영웅을 잠시 위로하는 역할에 만족해야 하는 여신의 모습으로 여진은 등장하는데 그녀는 자기의 사랑을 확인하거나 사랑을 표현해서는 안 되는 비련의 운명을 가진다. 이 여인들의 종말은 사랑하는 사람을 위해서 죽음을 선택한다. 장철민을 사랑하던 안마사 김복희는 투신자살을 하고 여진은 왜장에게 유린당하고 왜장의 씨앗을 몸에 가진 채 자살을 선택한다. 이 여인들의 시체는 마치 신석기의 마네킹 여자의 그것처럼 무미건조하게 묘사된다. 이순신에 의해 보이는 여진의 모습은 생명이 제거된 무생물의 상태라고 할 수 있다. 또한 장철민의 여인인 장님 안마사 김복희의 투신자살한 모습은 여진의 죽은 모습과 맞물려 있다.

젖가슴은 말라붙어 있었고 메말라 보이는 음부가 이를 악물 듯 닫혀 있었다. 빗장뼈 아래로 구렁이 같은 상처 자욱이 이제 푸르게 변해가고 있었다.- 〈칼의 노래〉중에서

김훈의 소설에서는 특히 사랑이라 이름 붙일 수 있는 여인들을 왜 타살시키는 것일까. 〈빗살무늬 토기의 추억〉에서 장님 안마사의 투신자살과 〈칼의 노래〉에서 여진은 적장의 씨를 몸에 가진 것 같다고 남몰래 울부짖다가 죽었다. 남성 주인공들이 사유와 신념과 실존에 몸부림칠 때 김훈 소설의 여인들은 자연사나 타살로 죽어가고 있는 것이다. 남성 신화가 자리잡아가면서 여신들은 타살되어야 하는 운명을 피할 수 없었던 것으로 읽히는 대목이

다. 하이누벨레형 신화에서 그 근거를 찾을 수 있는데 하이누벨레, 즉 야자나무 가지라는 뜻을 가지는데 이 여인은 보통의 여자가 아니라 배설물까지도 귀중한 보물이 되는 특별한 여신이었는데 남자들은 그녀를 살해하고 땅에 묻어버린다. 그 시체를 찾은 아버지는 시체를 잘게 잘라서 여기저기 묻었는데 그것이 여러 가지의 구경식물이 되었다. 남성은 자신의 국가와 제도와 법을 만들기 위해서 여신의 죽음을 자연사가 아닌 타살로 처리하였다.

복희와 여와: 세상을 창조한 오누이.

퇴적층에 타살된 여신의 이미지는 무엇을 나타내고자 하는 작가의 전략일까. 이는 현실의 권력과 이해에 의해 문화의 주변으로 밀려난 여성 타자들에 대한 초상화를 그려 보임으로써 현실이 무의식중에 구축하고 있는 남성위주의 질서를 보여주고자 함이 아닐까. 비단 타살된 몸의 이미지를 보이는 것이 김훈의 작품에만 한정되지 않는다. 이분화 된 사고는 강자를 위해, 혹은 영웅의 탄생을 위해 약자의 희생을 당연시 해버리는 지배 이데올로기로 작용하고 있다고 볼 수 있다. 타살된 여인의 몸이라는 상동적인 상상력은 로저 바스타드의 잠재적 신화나 슈펭글러의 문화적 풍경으로 해독될 수 있다. 타살된 여인들이 보여주는 잠재적 신화는 세상의 지배구조의 역사성을 보여주는 것이 아닐까. 동양의 여와가 천지를 창조한 대지모신에서 복희의 누이동생이자 아내로 그 역할이 축소된 사상적 이데올로기를 읽어볼 수 있을 것이다. 이러한 소설 공간에서 보이는 여성의 타살이라는 문화적 풍경은 일상에서 벌어지는 성담론과 크게 다르지 않다. 남성의 권력과 질서를 위해 여성은 마땅히 관념적으로나 제도적으로 또는 상징적으로 타살되어야 할 운명을 벗어나기 힘든 것은 아직까지 현대사회의 진행시제적 담론이기 때문이다.

4. 봉인된 기억

낙하한다는 것. 어딘지 모르는 미지의 장소로 낙하해서 우리가 만나는 곳은 현실이면서 현실이 아닌 곳이 된다. 미야자키 〈이웃집 토토로〉의 세츠키와 메이가 토토로를 만나러 가는 낙하와 이성강 〈천년여우 여우비〉에서 여우비가 친구들과 사는 지하세계로 향하던 낙하의 이미지는 바로 루이스 캐럴이 〈이상한 나라 엘리스〉에서 엘리스에게 부여한

유희왕 카드: 봉인의 상상력이 활용됨.

환상체험의 특권과 같은 것이다. 틈이 주는 환상성. 스티븐 스필버그의 문화적 상상력이 어린 시절 보았던 벽에 난 틈에 대한 호기심으로 비롯되었다는 것은 세간에 잘 알려진 일화이다. 우리가 잘 쌓여진 퇴적층을 바라보던 중 어느 한 지점의 깊은 틈을 발견한다면 우리는 무척 야릇한 기분을 느낄 것이다. 우리의 상상력은 바로 그 틈을 메우기 위해 프로세싱의 과정을 거칠 것이고, 그것이 삶의 이야기로 채워져야 한다면 죽음 직전에 작성하는 자서전이 아닐까. 죽기 직전의 시간을 봉인해놓을 수 있다면…. 어린이 애니메이션에서는 봉인이라는 용어가 자주 등장한다. 죽기 직전에 영혼이 봉인되고 현실에 다시 환생한 그는 봉인된 기억을 하지 못하고 옛 애인을 냉대한다는 이야기. 만·약·에· 그런 봉인기술이 있다면 당신은 어떤 기억을 봉인해 두고 싶은가. 바로 죽기 직전에 처한 주인공들이 그 봉인의 상상력을 동원해 자신을 뒤돌아보는 이야기가 있다. 김경욱 〈블랙러시안〉과 성석제 〈내 인생의 마지막 4.5초〉는 낙하의 전략을 이용해 현실에서 벗어나는 기법을 사용한다. 이 두 작품 모두 죽기 직전에 살아왔던 삶을 반추하는 형식을 취하기 위해 낙하의 상상력을 활용한다. 결국 자신에게 봉인된 과거의 기억들을 죽기 직전의 상황에서 자신을 치유하는 기제로 봉인된 기억을 풀어놓는다. 봉인된 기억을 통해 그들이 발견하는 진실이란 신화의 시대부터 떠돌던 그러나 너무나 자명한 진리를 발견하는 것이다. 그것은 인간과 사랑이라고 하겠다.

블·랙·러·시·안·. 그것은 1996년의 20세기에 이미 헤어진 그녀가 즐겨먹던 위스키의 이름이며 또 2317년 그러니까 24세기에 사는 우주인인 내가 죽음을 10시간 남기고 나를 구해 줄 우주선의 이름으로 나오는 용어이다. 조난 구조용 조명탄으로 구조를 기다리는 것밖에 아무 방법이 없는 우주 적막공산에서 죽음밖에 생각할 수 없는 10시간 동안 그는 27살 때의 지구인인 자신을 기억한다. 떨어지면서 희미해지는 조명탄 불빛과 함께 얼마 남지 않은 삶을 회상하는데 그 회상은 4세기 전에 봉인된 그녀와의 관계를 되돌아보는 것이다. 그녀와 유일한 연결고리는 블랙러시안이라는 이름뿐이다. 그녀는 어느 날 홀연히 세상에서 사라져버린 UFO같은 존재이다. 그녀를 찾아다니는 과정에서 그는 자신이 속한 세계와는 또 다른 세계가 존재함을 어렴풋하게 감지한다. 존재의 버거움으로 27살을 보내는 것이 쉽지 않았던 나는 그녀가 믿었던 그 세계에 가보려고 한다. 서로 다른 인간들은 저마다 각기 다른 행성에 존재할 수밖에 없다. 시간과 공간의 이해 영역이 같을 수는 더더구나 없는 것이다. 이해할 수 없었던 그녀를 이해하게 된 것은 그가 1996년 서울에서 2317년 화성으로 시간과 장소의 순간이동을 하고 난 후에야 가능해진다. 이 지점에서 작가 이상의 상상력이 떠오른다. 이상은 작품 〈실화〉에서 동경과 서울의 다른 시간과 공간을 꽃의 이미지로 이용해 시공을 초월하여 사랑의 좌절을 그린다. 그것은 자신의 예술의 좌절을 그린 것으로 해독될 수 있을 것이다. 블랙러시안의 이름을 달고 먼 우주에서 나를 구하러 오는 비행선은 내가 비로소 타인을 이해하게 됨을 메타적 언어로 보여주는 것이다. 즉 타인의 방식을 이해하고 사랑하는 것으로 인해 나는 진정한 나로 다시 생명을 얻을 수 있는 것이다.

-4.5sec. 〈마이너스4,5초〉

하나, 둘, 셋, 넷, 넷반…(빠른 호흡으로 셀것). 이 짧은 낙하의 순간 인생의 긴 파노라마가 스쳐지나간다는 것은 일종의 언어유희이자 패러독스이다. 사실 이 짧은 시간은 고개 한번 움직이는 정도의 찰나의 시간에 불과하다. 성석제는 물체의 자유낙하에 대해서 제법 주석까지 붙여놓는 변명을 하고 있지만 실제로 소설에서 사용하는 인생의 마지막 4.5초란 무진장 긴 시간에 해당한다. 그러니까 〈블랙러시안〉의 20세기가 24세기로 4세기의 시간과 공간을 순간적으로 이동하듯이 4.5초라는 허공에 떠있는 그 시간은 한없이 점점 부풀려져서 큰 시간 안으로 들어가는 틈과 같은 시간이 된다. 그러한 시간 안에서 당장 죽을 운명에 처한 사람이 무엇을 할 수 있는가. 사내는 술주정뱅이 아버지 때문에 구호품 장화를 받지 못하고 이웃집 아이의 장화를 빼앗는다. 동네 깡패 마사오를 인생의 이정표처럼 여기고 탈선을 한다. 그런 중 마사오가 교도소에 잡혀가고 그는 마사오보다 더 강한 사람이 되기로 결심한다. ㄷ시로 건너가 조폭 밑에서 행동대장을 하면서 칼잡이로 활약하던 중 어머니 죽음으로 6년 만에 고향에 돌아온다. 문상 온 친구들과 사내다움에 대해서 내기를 하던 중 친구의 팔을 칼로 파내기로 한다. 동네에서 술집을 하면서 그는 마사오의 팔을 자른다. 사내의 왼팔이던 청카바가 조직을 배반하자 청카바의 애인을 데리고 그를 찾아 나서다 마사오웅 만나 두려움에 떨며 과속을 하다가 다리에서 추락하고 만다. 이러한 기억들은 불과 4.5초를 남기고 파노라마처럼 지나가는 기억의 흔적들이다. 4.5초를 통과하는 공중의 시간은 다른 차원으로 이어지는 시간으로 읽혀야 한다. 그 지점에 봉인된 기억은 곧 죽어가는 그에게 어떤 의미인가. 그가 할 수 있는 마지막 사내다움의 음성은 어이없고 역설적이게도 "엄·마·, 무·서·워·".

이 얼마나 유쾌한 패러독스인가? 영웅적인 호언장담이 겁 많은 아이의 비굴한 의성어로 바뀌는 언어의 유희는 현대인의 허위의식을 유쾌하게 조롱하는 것이다. 성석제는 김경욱이 영상적인 흐름으로 봉인된 시간을 불러낸 것과는 다르게 이야기꾼으로 이야기를 읊조리면서 마치 떠도는 이야기가 그의 소설의 그물에 걸리기라도 하듯이 봉인된 이야기들을 풀어낸다. 인생의 마지막 찰나에 우리가 할 수 있는 것은 무엇인가. 그들의 이야기처럼 어느 행성에서 또는 어떤 시간으로 최후를 맞이할 것인가. 퇴적된 화석의 틈이 인간에게 주는 이야기는 메타적 의미를 가진 언어들로 가득 차 있다. 여러 가지의 의미가 있을 수 있겠지만 인간의 피상적인 관계에 대한 조롱이 있을 수 있겠고, 진정한 사랑에 대한 성찰이 있을 수 있고, 그리고 거짓된 허위의식으로 살아가는 인간에 대한 풍자가 있을 것이다.

아무리 얇게 퇴적층의 일부분을 절단하더라도 사회 문화적인 어느 짧은 순간의 상상적 핵은 복잡하고 다원적이며 체계적인 것으로 나타난다. 뒤랑은 이를 환유적이라고 표현했고 앤트로피가 발생하는 지점이라고 명명하기도 했다. 인간의 무의식은 문화적 상상력이 만들어주는 상징적 이미지 안에서 그 특유의 모양을 주조해간다. 어느 지류에서 만난 삼각지의 퇴적층을 들여다보는 것은 소위 문학 고유의 담론에 훼손을 가하는 일이리라. 이러한 시각은 문학에 대해 심히 불경한 태도이다. 그러나 문학이라는 의미의 물줄기 흐름 속에서 스며 나오는 피할 수 없는 이미지는 비평가가 읽어야 할 몫이다. 우리는 신화 이야기를 들으면서 동일한 이야기의 변형들을 만나게 된다. 이는 신화가 흘러오다가 고유의 신화소를 상실하고 거기에 새로운 것이 유입되어 새로운 모양으로 탈바꿈하기 때문이다. 최근 소설의 물결 안에서는 무수히 많은 매체와 충돌하는 이야기들을 보게 된다. 가끔은 이야기의 스토리텔링의 뼈대보다는 게임처럼, 영화처럼, 놀이처럼, 어쩔 땐 아무 이야기가 없는 것처럼 현대 소설은 흘러가고 있다. 무수히 흘러가는 소설들 중에서 필자가 자른 퇴적층에 무늬를 세긴 소설들을 만나 그들의 이야기를 퇴적층에서 오려내어 유리박스에 전시하듯 담아보았다. 이러한 읽기가 노음 촘스키가 말하던 생성적 토대가 될 수 있기를 바란다. 그대들이 자른 단면에 새겨진 것은 어떤 이미지인가. 그 넘실거리는 이미지들의 역류 속에서 어떤 메타언어를 건져 올릴 수 있는가.

10장 생태학과 신화 상상력

1. 반인반수의 신화 상상력

이집트의 벽화: 해를 이고 있는 새는 호루스를 상징 한다.

태초에 인간은 동물들과 함께 세상을 구성하는 동반자로 존재했었다. 이집트의 벽화에 등장하는 동물들은 인간세계를 그리고 있는 또 하나의 방법이다. 해를 머리에 이고 있는 새는 이집트 파라오인 호루스를 상징한다. 그 옆에 있는 동물들은 모두 이집트 신화의 인물들과 등치되는 상징성을 가진다. 즉 동물의 세계는 인간을 표현하기 위한 보조수단이었다. 그만큼 인간과 동물은 밀착되어 있었던 것 같다. 신화의 세계에서는 지금처럼 동물들은 인간을 위해 먹을 것이나 제공하는 소모적인 피조물이 아니었다. 적어도 신화적 인간관에 비추어본다면 인간은 물고기 하나라도 그냥 먹지 않고 온전하게 뼈를 보존하여 자연으로 돌려보내주는 제의적 절차가 몸에 배어 있었을 것이다. 이러한 사고를 대칭적 사고라고 불렀던 나카자와 신이치는 이를 곧 신화적 사고라고 칭한다. 이 사고는 인간과 동물이 서로 왕래하면서 타자를 이해하는 방편으로 삼고 있다는 것이다. 비록 살해행위이지만 그것은 혼령이 왔던 곳으로 다시 돌려보내는 제의의 의미를 지니는 것이다. 현재의 생태계의 파괴는 지나친 인간중심주의에서 비롯된 것임을 많은 비평가들이 지적하고 있으며 포스트모더니즘과 생태비평이 서구 휴머니즘을 비판하면서 등장한 것은 이 시대에 필연적인 과업일 것이다. 특히, 이 두 논의는 인간 자신이 거대한 우주의 구조 속에 또는 큰 체계 속에서 자신이 일부라는 사실을 깨닫는다는 점에서 비슷한 논의의 축을 형성해오고 있다. 인간의 삶을 지배했던 거대한 담론에서 벗어나 우리는 사소한 것에 우리의 관심을 돌리고 있다. 그러나 역설적으로 그 사소함은 무척 중요한 문제이고 인류의 미래를 논하는 상상력이 된다. 애니메이션 〈월. E〉가

인류의 희망으로 제시했던 것이 한 그루의 식물이라는 것은 시사하는 점이 크다고 하겠다.

동북아에 전해 내려오는 곰제의를 살펴보면 인간은 아기 곰을 데려와 키우다가 아기 곰이 어른 곰이 되면 온 마을 사람들이 모여 축제적 제의 절차를 밟는다. 곰을 키운 아낙네들은 며칠을 통곡하면서 슬픔을 달래고 남자들은 모여 곰에게 왜 죽여야 하는지 설명하고 양해를 구한다. 그리고 곰을 위해 제사를 지내고 곰에게 최대한 경의를 표한 다음에 곰 살해를 시작한다고 한다. 그러고 보면 고대의 동물들은 매우 행운아들이다. 왜 자기가 죽어야하는지 이유는 알고 죽는 셈이니 말이다. 동물들이 어른들에게는 인간을 위해 음식을 제공하는 역할밖에 하지 않지만 어린이들에게 동물은 가장 친밀한 친구이기도 하고, 때로는 자기 자신이기도 하다. 왜 가르치지도 않는데도 아이들은 동물을 좋아하는 것일까. 대부분의 아이들은 태어나서부터 어린이 문화매체를 통해 동물과 만난다. 자신처럼 어눌한 동물들, 자신처럼 느린 동물들, 자신처럼 귀여운 동물들, 자신처럼 자유로운 행동을 하는 동물들을 통해 자신이 누구인지 알아가는 과정의 필연적인 절차를 밟게 되는 것이다. 아이들이 동물원을 찾는 것은 바로 그러한 친구들을 항상 만나기 때문일 것인데, 어린이에게 동물과 자신들의 차이라고는 별로 없다. 단지 말이 다르다는 것뿐인데, 어린이들에게는 동물의 언어를 받아 들이는 능력이 부여된다. 왜냐하면 동물들도 유난히 아이들을 좋아하니 말이다.

동화의 주인공이 동물인 경우가 상당히 많다. 그 동화를 읽으면서 어린이들은 그 동물들이 자신과 똑같은 어린이들이라고 느끼게 된다. 그래서 동물 주인공들은 사람 주인공들과 동일시된다. 반인반수의 신화적 상상력이 발동하는 것이다. 드소토 선생님(윌리암 스타이그)처럼 동물이 치과의사이고 프레드릭(레오 니오니)처럼 쥐들이 학교에 가기도 하고 고릴라(엔서니 브라운)가 직접 아빠처럼 동물원에 데려가 주기도 한다. 동물은 어린이들에게 자신들과 동일시되는 또 하나의 어린이들인 것이다. 결국 자신들과 차별성이 있다고 느끼는 연령이 될 때까지 동물은 반인반수의 신화적 상상력을 어린이들에게 전해 줄 것이다. 가끔 어린이들의 심리치료 장치로 동물이 등장하는 어린이 그림책의 차용은 이러한 동물의 샤먼적 상징 때문일 것이다. 현재의 어른에게 자신의 마음을 열지 못하는 어린이는 동물 등장의 동화를 통해 문제 해결의 단서를 찾을 것이다. 아이들이 동물을 좋아하는 또 다른 이유는 신체적인 동질성 때문일 것이다. 네 발로 기어야 하는 아기들, 말을 배워야 하는 어린이들, 인간의 질서를 배워야 하는 어린이들은 동물 세계에 사는 어린 동물들과 별반 다르지 않다. 자신들처럼 배워야만 생활할 수 있을 것처럼 어눌해 보이는 동물들에게서 인간의 어린이들은 심리적 이완효과를 맛볼 것이다. 남녀 어린이 모두 동물인형을 좋아하고 동물원을 좋아하는 것은 이러한 기능적인 측면만으로 치부해버릴 수 없는 더 큰 가치가 있다. 결국 '관계'라는 관념을 통해 인간과 자연이 모두 영혼을 가진 존재로 인식될 수 있었던 것이다.

고대의 알타미라 벽화나 고구려의 고분 벽화 그리고 이집트의 피라미드 등 전 세계 모든 신화 속의 벽화에는 동물이 등장한다. 장식으로서가 아니라 동시대의 동등한 주체로서 동물의 상징성을 읽어볼 수 있다. 동물의 머리를 하고 사람의 형상을 한 것이 그리스의 미노타우로스에만 한정된 상상력이 아니다. 중국의 염제신 역시 머리는 황소이고 몸은 사람의 형상을 하고 있으며, 이집트의 아누비스는 개의 머리를 하고 있는 사람이다. 동물과 인간의 기이한 조화로 탄생한 늑대인간이나 스핑크스와 켄타우로스 등의 상상력의 기저에는 과연 어떤 신화적 상상력이 깔려있는 것일까. 동물과 인간의 관계는 태초부터 어떠한 양상으로 전개되었던 것일까. 이런 의미에서 중국의 산해경 속의 신비한 동물들의 형상과 상징들은 우리의 시선을 주목하게 한다. 우리나라의 현물들도 모두 동물들의 상징성을 차용한 것이다. 청룡, 백호, 주작, 현무를 신성한 신으로 받들었던 우리의 신화 사상은 동물에 대한 문화의 상징성을 읽을 수 있게 한다. 어린이들은 동물원을 들어서면서 코끼리 열차를 타게 된다. 이 열차 역시 단순히 캐릭터로서 의미보다 더 큰 것을 함축한다. 인도에서 코끼리가 부처의 탄생을 암시한 현물로 숭배 받듯이 어린이 세계는 코끼리 열차를 타고 숭배를 받아야 하는 신화성과 순수성이 내제되어 있다. 인간의 태초의 진리가 반인반수의 상상력을 통해 어린이들의 세계를 흔드는 것이다.

2. 성장의 통과제의와 동물 상상력

〈쿵푸 팬더〉는 뚱뚱한 곰이 마을을 지키는 용의 전사가 되는 영웅서사의 구조를 보이는 애니메이션이다. 사실, 헐리우드가 제작해서인지 곰의 제스처와 얼굴표정은 지극히 서양적이다. 얼굴의 지나친 감정을 드러내지 않는 동양인의 감정표현에는 낯설기까지 하지만 그것 때문에 전 세계적으로 사랑을 받은 캐릭터가 탄생했다. 여기에서 곰은 우리의 단군신화의 웅녀처럼 인고와 기다림을 견디는 유형으로 스승에게서 뛰쳐나간 타이렁의 성급함과 대조적인 모습을 보인다. 이 애니메이션은 사람은 한명도 없지만 역시 사람의 이야기가 아니라고 말할 수 없을 정도로 인간적이다. 사마귀, 거북이, 원숭이, 두루미, 뱀, 호랑이, 너구리 팬더(랫서 팬더) 등이 등장하지만 사람의 이야기라는 생각에 일말의 의심이 가지 않을 정도로 감정의 이입이 강하다고 하겠다. 유난히 우리 민족은 곰에 대해서 각별하다. 곰에 대한 상상력은 우리뿐 만이 아니라 전 세계에 걸쳐 있는 원형적 상징인 것 같다. 그런데 우리는 여기에서 이상한 현상 하나를 발견하게 된다. 곰과 호랑이가 하느님께 소원을 빌어 곰만 인간이 되고 호랑이는 실패하고 말았던 사실을 너무나 잘 알고 있다. 그러나 앞 장에서도 언급했듯이 우리의 전래동화에는 곰에 관한 이야기가 거의 없고 신화나 민담 그리고 전설에서도 그러한 현상은 두드러지고 있음을 알게 된다. 단지 동화에서 나오는 곰 이야기는 단군신화의 소재를 차용한 웅녀 이야기가 대부분이다. 이렇게 곰 서사가 빈약한 결정적 이유가 무엇인지에 대한 단서를 아직까지는 선명하게 대답을 할 수 있을 정도로 찾지는 못하겠다. 하지만 곰에 대한 현대인들의 생각이 단순히 소재적인 차원일까라는 의문점은 떨칠 수가 없다. 동북아에는 유사한 곰 제의가 많이 등장한다. 곰 신화로 유명한 아이누 족에게는 곰 살해와 곰 제의가 곰 축제로 이어지고 있다. 전 세계의 신화 여러 군데에서도 곰 가죽을 둘러쓴 인간, 곰과 결혼한 남자, 곰의 자식, 곰 어미, 곰 부인 등 곰은 인간의 원형적 상상력에 너무나 밀착되어 전해온다.

어린이 동화를 통해 어린이들은 현실의 원리를 하나씩 배워간다. 어린이들은 레오 리오니의 동화 〈프레드릭〉을 보면서 준비하는 지혜를 배울 것이며 〈여섯 마리 까마귀〉를 보면서 싸움과 미움이 더 큰 미움을 낳는다는 것을 알 것이다. 자신이 잘 할 수 있는 것이 얼마나 자신감을 주는지 〈서서 걷는 악어 우뚝이〉를 보면서 느낄 것이다. 레오 리오니는 그의 동화에서 주로 동물을 주인공으로 등장시킨다. 여기에서 동물은 어린이들과 등치되는 개념인데, 다양한 아이들의 특성이 다양한 동물들의 특성에 의해 재현되고 있다고 해야 할 것이다. 친구들은 겨울 동안 먹을 것을 모을 때 들쥐 프레드릭은 빛과 햇살과 이야기를 모은다. 살아가는데 우리가 필요한 것이 비단 먹을 것에서만 있지 않고 이야기를 준비한다는 것은 아이들의 상상력을 한층 성장시키는 역할을 할 것이다. 또한 여섯 마리의 까마귀와 농부의 싸움이 점점 커지는 상황에서 전쟁이 불가피해 보일 때 화해라는 것이 발휘하는 막강한 힘을 보면서 세상의 질서를 배워나갈 것이다. 모든 사람들이 자신이 잘할 수 있는 것만으로도 행복하게 살 수 있다는 것을 보여주는 악어 우뚝이는 그대로 아이들의 자신감이 될 것이다.

어린이는 이렇게 동물 주인공들에게 지혜를 배우기도 하지만 동물들은 어린이들에게는 절대적 우군으로 등장한다. 어린이들에게 현실의 좌절과 슬픔은 동물들을 그들의 슬픔에 동참으로써 극복이 가능해진다. 이러한 의미로 동물 상상력은 어린이 문학에서 환상성으로 이어진다. 엘리스는 신기한 나라에 가서 주로 동물 친구들과의 경험을 통해 스스로를 인식해 나간다. 어린이들은 어른들이 가지지 못하는 환상의 출구를 동물들의 세계에서 찾아가고 있는 듯하다. 앤서니 브라운의 〈고릴라〉에서 한나는 고릴라에게 아빠의 정을 느낀다. 늘 바쁜 아빠는 한나와 놀아 줄 시간이 없지만 고릴라는 아빠의 외투를 입고 동물원에 데려가 주기도 하고 슈퍼맨처럼 하늘을 날기도 하고 한나와 영화관에도 함께 가주고 함께 춤도 춰주고 맛있는 것도 함께 먹는다. 한나에게 고릴라는 가상의 아빠가 된 것이다. 그런데 이런 동물 상상의 치유는 한나와 아빠의 거리를 좁혀주면서 현실의 아빠 역시 한나와 함께 동물원에 가게 되는 것이다. 앤서니 브라운은 그의 다른 동화 〈돼지 책〉에서도 동일한 상상력을 보여준다. 현실 속의 인간의 문제를 동물의 환상적 상상력을 통해 해결하려는 발상이다. 아빠가 고릴라가 되었던 것과는 다르게 이제 아빠는 돼지가 되어 버린다. 두 아들도 역시 돼지가 된다. 밖에서 일 하는 엄마의 고충을 그린 이 동화는 아무 것도 하지 않고 소리만 치는 아빠와 두 아들에 대한 이야기이다. 엄마의 도움이 없이는 아무것도 할 수 없는 가족들은 흡사 돼지처럼 먹고 놀기만 한다. 엄마는 어느 날 "너희들은 돼지야" 라고 말하고 집을 떠난다. 점점 먹을 것도 없어지고 집안은 돼지우리 같아지고 급기야 아빠와 아들들이 더러운 돼지로 변해버린다. 이들은 엄마의 소중함을 느끼고 스스로의 일을 찾아 각자 자기의 일을 하기 시작한다. 그러자 그들은 다시 인간으로 돌아오고 엄마는 환한 웃음을 지으면서 집으로 돌아온다는 이야기이다. 앤서니 브라운은 동물 상상력을 통해 현실의 문제점을 환상적으로 잘 풀어가고 있다.

어린이들이 동물에게 위로를 받는 예로 야시마 타로의 〈까마귀 소년〉도 주목해 볼 만하다. 땅꼬마라고 불리는 아이는 학교에서 왕따이다. 아이들에게 학대를 당하고 초라한 모습을 보이는 불쌍한 아이이다. 그런데 어느 날 학교 선생님은 땅꼬마의 능력을 알아보고 학예회 때 까마귀 소리를 내게 한다. 까마귀소리를 너무나 잘 내는 그 아이는 아이들의 괴롭힘을 까마귀 소리를 냄으로써 견뎌왔던 것이다.

어린이들에게 동물 상상력은 변신 모티프로 작용하기도 한다. 그러한 변신은 현실에 대한 적응의 통과의례라고 보아야 할 것이다. 인간의 법칙으로 살아가야 한다는 것이 어린이들에게는 무척 어려운 일이 아닐 수 없다. 동일한 시간에 일어나 제도화된 학교에 가고 규율을 지키고 또 자신의 욕망을 참는다는 것은 어린이들이 사회의 구성원으로 살아가야 하는 시련의 첫 관문이다. 〈나야? 고양이야?〉에서 기타무라 사토시는 이런 어린이들의 상상력을 창작의 동기로 삼고 있다. 주인공 나는 너무 학교에 가기 싫은 아이이다. 학교에 가지 않는 집의 고양이가 무척이나 부러웠을 것이다. 어느 날 마술 할머니의 주문에 걸려 나는 고양이로 고양이는 나로 변한다. 고양이가 된 나는 집안에서 하루 종일 어슬렁거리고 내가 된 고양이는 학교에 다녀오는 이야기인데, 학교라는 곳을 갈 때 아이들의 심리를 잘 표현한 상상력이다. 존 버닝햄도 〈지각대장 존〉에서 이러한 어린이 심리를 잘 보여준다. 늘 지각하는 존은 지각의 이유가 참 황당하기만 하다. 멀쩡한 길거리에서 악어를 만나거나 혹은 사자를 만나서 늦었다고 이유를 대지만 선생님에게는 늘 어처구니없는 핑계로만 들린다. 그런데 어느 날 학교에 가보았더니 선생님이 고릴라에게 잡혀서 천장에 매달려 있는 것이다. 어린이들은 동물에게서 위안을 느끼며 어른들의 세계와 맞서고 있는 것이다.

동물들을 상상의 세계에 끌어 들여서 어린이들은 현실의 슬픔이나 외로움을 극복하기도 하고 현실로부터 심리적 탈출을 꾀하기도 하지만 동물 상상력으로부터 삶과 죽음이나 혹은 사랑 등도 배워 나간다. 사노 요코의 〈100만번 산 고양이〉는 이런 의미에서 무척 시사하는 바가 크다. 어린이들에게 삶은 모호한 의미로 다가온다. 죽음은 더더구나 상상할 수 없는 세계일 것이다. 사라진다는 것이 무엇을 의미하는지 상상할 수 없다. 간혹 이러한 문제를 직접적으로 보여주는 충격적인 동화도 있기는 하다. 〈살아 있는 모든 것은〉에서 로버트 잉펜의 삶과 죽음의 명확하고 대담한 표현은 무서울 정도로 날카롭다. 풀, 나무, 물고기, 쥐, 토끼, 사람 등 살아 있는 모든 것은 죽는다. 그런데 이렇게 직접적인 방법보다는 사노 요코는 좀 특별한 고양이를 내놓으면서 이야기를 시작한다. 제목에서 암시하듯이 이 고양이는 무수히 많은 삶을 반복한다. 뱃사공의 고양이이기도 했고, 서커스 마술단의 고양이이기도 했고, 도둑의 고양이이기도 했고, 홀로 사는 할머니의 고양이이기도 했고, 어린 여자 아이의 고양이이기도 했고, 어느 누구의 고양이도 아닌 도둑고양이이기도 했다. 고양이는 이것을 자랑거리로 삼고 있었는데 새하얗고 예쁜 고양이 앞에서는 이런 것이 전혀 자랑거리가 되지 못한다. 더 이상 백만 번이나 죽고 태어났다는 말을 하지 않고 예쁜 고양이 옆에서 살아간다. 그리고 처음으로 오래오래 살고 싶다고 생각하는데 하얀 고양이가 먼저 숨을 멈춘다. 얼룩 고양이도 울다가 지쳐 움직임을 멈추고 죽는다.

고양이의 진정한 죽음을 통해 죽음이라는 것이 사랑하는 사람을 다시 볼 수 없는 슬픔이라는 것을 알게 되는 것이다.

신화의 세계와 동화의 세계는 매우 밀접한 관련성이 있다. 현실에서는 불가능해 보이는 일들이 거침없이 일어나고 있고 그러한 상상력이 전혀 이상해보이지 않으니 더더욱 그러하다. 신화에서 인간이 동물로 변하는 무수한 상상력은 어린이들로 하여금 동물원에 가게하고 또 어린이 동화에 동물 주인공이 등장하게 하는 요인으로 작용한다. 변신을 자유자제로 하고 동물과 자유롭게 이야기하는 것은 어쩌면 신화 속 상상력을 그대로 재현하고 있는 것인지도 모른다. 아르고스의 눈을 공작 날개에서 찾고, 독수리를 보면서 신들의 제왕 제우스를 상상하고, 거미를 보면서는 불쌍한 아라크네를 떠올리고, 두꺼비로 변해버린 항아를 아직도 달에서 찾고 있으며, 부엉이를 보면서는 아테나를 떠올리며 늑대를 보면서는 북유럽 로키의 자식 펜리르를 떠올린다. 신화에서 동물로 변한 인간은 수도 없이 많을뿐더러 심지어 인간과 동물의 기묘한 조합 물도 많이 등장한다. 반인반수의 상상력이 가지는 신화 속 의미는 어쩌면 동화의 세계에 펼쳐지는 상상력과 동일한 것이다. 동화 속 동물들은 겉모습만 동물이지 내용적인 것은 또 하나의 인간의 세계인 것이다. 동물의 탈을 쓰고 인간의 말을 하면서 인간의 질서를 구축하고 인간의 일들을 한다. 이렇게 보니 우리시대에 신화는 사라진 것이 아니라 동화에서 그대로 재현되고 있었던 것이라는 생각이 든다.

3. 전복과 탈신화의 신화작용

동물 상상력이 어린이 세계에서 자유롭게 이해되는 데는 신화적 상상력에 힘입은 바가 크다고 할 수 있다. '태초에 신은 곰이었다' 라고 말한 신화학자의 말을 굳이 가져오지 않더라도 우리는 동물과 인간의 공생적 삶을 이해할 수 있다. 어린이 동화 속의 순수한 동물들이 실제 세상 밖으로 나오면 너무나 비대칭적 사회에 그들이 살고 있다는 것을 짐작하게 된다. 이렇게 현실의 원리가 신화와 동화와는 전혀 다르게 진행되고 있기 때문에 동화에서도 가만히 있을 수는 없는 일이다. 결국 동화의 세상이 조금씩 흔들리기 시작했다. 아름답게만 구성된 동화의 세계, 스테레오타입처럼 굳어진 주인공들에게서 반란이 일어나기 시작한 것이다. 이는 동화가 현실의 세속원리를 받아들여 속되게 변한다는 부정적 의미가 아니라 소통의 확산을 위한 자기 반란쯤이라고 해야 할 것 같다. 코리 애드워즈가 만든 〈빨간 모자의 진실〉이라는 애니메이션은 동화 속 주인공들을 다르게 보도록 주문한다. 즉 사악한 늑대와 귀여운 토끼라는 고정 관념을 버릴 것을 주문한다. 그리고 할머니의 요리책을 훔쳐 간 범인인 토끼가 귀여운 토끼가 아니라 사악한 토끼임을 알게 해준다.

윌리엄 스타이그의 〈슈렉〉을 애니메이션으로 만든 크리스 밀러는 원작보다 한발 더 나아가 더욱 흥미진진한 고정관념 깨기 놀이를 시작한다. 숲속의 성에 갇힌 피오나 공주는 잘생긴 왕자에 의해서 구원 받지 못하고 못생긴 오우거 괴물 슈렉에 의해 구조를 받는다. 더더구나 잘생긴 차밍은 사악하고 늙은 요정의 아들로 매우 질이 떨어지는 인물이다. 급기야 〈슈렉3〉에서는 동화 속 나쁜 역할을 담당했던 인물들인 계모, 마녀, 후크 선장 등 많은 악당들에게 변명할 기회를 준다. 그들도 그럴 수밖에 없는 이유가 있다는 식이다. 공주들 역시 잠만 자지 말고 더구나 키스만 기다리지 말고 스스로를 지키는 자발적 인물이 될 것을 주문한다. 로버트 먼치의 〈종이 봉지 공주〉에서 공주는 아름다운 드레스를 벗어버리고 보잘 것 없는 종이 봉지를 입고 성에 갇힌 왕자를 구하러 간다. 왕자가 공주에게 공주다운 차림을 하고 다시 구하러 오라고 오만한 태도로 말하자 공주는 왕자 구하는 것을 포기하고 자신의 살 길을 찾아 자유롭게 떠난다. 유쾌한 반전은 애니메이션 〈프린스 앤 프린세스〉에서도 벌어진다. 성 안에 갇힌 공주를 구하러 간 젊은이는 마녀를 사랑하게 되고 영원한 사랑을 맹세한 키스는 왕자와 공주의 모습을 동물로 끝없이 변화시킨다. 지금까지 키스가 해피 앤딩의 상징이었다면 여기서의 키스는 증오의 시작이 된다. 왕자와 공주는 거듭된 키스 후에 공주는 왕자로 왕자는 공주로 변해버린다. 그리고 왕자의 불만을 들으면서도 공주는 왕자로 변한 모습으로 살아가자고 제안한다. 동화와 애니메이션에는 일대 혁명이 일어나고 있다. 바로 전복과 탈신화의 신화적 상상력이 벌이고 있는 상상력의 반란이다.

전복된 사고와 탈신화적 사고는 어린이들의 세계에 어떤 영향을 끼치는가. 어찌 보면 현대는 어른과 어른이의 경계가 모호해지고 있다. 누군가가 말한 0세부터 100세의 문화가 진행되고 있는 것인지도 모른다. 애니메이션의 상상력들을 보고 있자면 과연 어린이가 관객층이 될 수 있는가하는 의문이 드는 작품이 한둘이 아니다. 또한 동화책을 보고 있더라도 그런 생각은 떠나지 않는다. 앤서니 브라운이 쓴 〈숲 속으로〉에서도 이 동화의 상황을 부모의 싸움이 일어난 상황으로 어린이들은 인식할 수 있을까하는 의문이 든다. 또한 배빗 콜이 쓴 동화책 〈따로따로 행복하게〉에서처럼 어린이들이 부모의 싸움을 해결하는 충격적인 방법은 어떻게 받아들여야할 것인가. 서로 성격이 안 맞는 부모님들의 문제는 부모님들의 영역에서만 거론될 수 있었던 것이 아닌가. 이 동화에서 아이들은 성격이 너무 안 맞는 부모들의 문제를 들고 학급회의에 부친다. 만장일치로 헤어지게 하자는 발상은 어른들에게는 다소 충격적인 동화가 아닐 수 없다. 그리고 그들은 살던 집을 불도저로 밀어버리고 따로따로 집을 지어 엄마 아빠가 독립적으로 살게 한다. 두 집 사이에 비밀 통로를 마련해 자기들만 사용하기로 한다. 아이들의 상상력을 단순히 웃음만으로 넘길 수는 없는 일이다.

이쯤에서 존 세스카가 던지는 전복된 상상력과 탈신화적 상상력을 보여주는 〈늑대가 들려주는 아기돼지 삼형제 이야기〉를 살펴볼 필요가 있을 것 같다. 이는 〈아기돼지 삼형제〉라는 고전 동화의 새로운 이야기이다. 아기 돼지들은 착하고 순진한 이미지 때문에 많은 아이들의 사랑을 받았고 그에 반해 늑대는 아기 돼지를 괴롭히는 악당의 전형으로 읽혀왔다. 그런데 아마도 존 세스카는 어린이들에게 의미의 전복을 보여줌으로써 세상을 보다 입체적으로 볼 수 있게 하려고 했던 것 같다. 오랫동안 나쁜 악당이라고 불려왔던 늑대는 무척 유순하고 착해 보이는 옆집 아저씨 같은 모습으로 등장한다. 한편 착한 것의 대명사이던 돼지는 포악하고 사나운 인상이

나도록 그려지고 있다. 늑대는 감기가 걸렸음에도 불구하고 할머니의 생신 케익을 만들려는 효심까지 갖추고 있다. 케익을 만들다 시럽이 떨어진 늑대는 돼지네 집으로 가서 시럽을 빌리고자 하였다. 첫 번째 돼지네 집에 도착해서 돼지를 불렀지만 표독하게 보이는 돼지는 "꺼져버려" 라는 어린이들이 듣기에 아주 나쁜 말을 사용한다. 그때 재채기가 나와 지푸라기로 만든 돼지네 집이 무너지고 돼지는 그만 죽어 버린다. 늑대는 음식이 상하면 아까우니까 어쩔 수 없이 돼지를 먹는다. 그리고 두 번째 나무로 만든 돼지 집에 도착해서도 상황은 비슷하게 전개된다. 재채기가 또 나오고 두 번째 돼지 역시 죽어 버린다. 또 어쩔 수 없이 돼지를 먹고 세 번째 집에 도착해서 돼지를 부르려는 찰나에 경찰에게 붙잡혀버린다. 결국 늑대는 그렇게 잡혔는데 오랜 시간동안 억울한 누명을 쓴 채 동화 속에 갇혀있었다는 논리이다.

이제는 동화에서 인간과 동물의 대결까지도 과감하게 말하고 있다. 비대칭적 세계관의 부당한 대우를 견딜 수 없는 동물들의 항변인 셈이다. 헬렌 옥스베리가 그린 책으로 마틴 워델이 쓴 〈옛날에 오리 한 마리가 살았는데〉라는 이야기이다. 게으른 농부는 아무것도 하지 않고 오리에게만 모든 일을 쉴 새 없이 시켜댄다. 오리를 혹사시키는 것을 보다 못한 농장의 다른 동물 친구들이 모여서 농부를 몰아 낼 계획을 세운다. 동물들은 이층에서 자고 있는 게으름뱅이 농부를 쫓아버리고 드디어 오리를 행복하게 해준다. 전래 동화에서 오리는 황금 알을 낳고도 배를 갈라야 하는 참혹한 운명이 아니었던가. 이제는 동화에서 추구하는 이러한 전복된 상상력들이 거침없이 펼쳐지고 있다. 어쩌면 이러한 전복된 이야기는 탐욕스럽게 욕심만 부리는 인간 사회에 대한 자연의 도발의식이 아닐까. 그것은 모를 일이다.

장 프랑수아 리오타르는 현대를 비인간의 시대임을 선언한다. 그 비인간의 시대는 차이가 없는 세상이며 컴퓨터화된 세상이며 생태학적 재앙이 번창하는 시대임을 자신의 책에서 주장한다. 우리는 인간과 자연의 관계가 광범위하게 파괴되었음을 알리는 경고들을 무수히 많이 찾아보게 된다. 광우병에 시달리는 소들, 구제역에 시달리는 돼지들, 아니면 조류 독감에 걸린 새들이 이미 우리 인간에게 공격을 시작한 것인지도 모른다. 바다에서 납으로 병들어 가는 큰 물고기들과 독성을 머금은 물고기들이 그 공격에 원군을 파병한 것인지 모른다. 어린이 〈민들레 과학 동화〉에서 보여주는 동물들의 경고가 어쩌면 현실이 되어버린 것인지도 모른다는 불길한 생각이 든다. 리오타르는 비인간적 해결책이 기술과 과학의 세력에 후원을 받고 있는데, 이것은 정답이 될 수 없음을 경고한다. 〈월.E〉가 마지막에 내세운 식물 이미지는 비인간의 세상을 구원하는 유일한 인류의 선택권이 생태주의임을 확인하게 되는 것이다. 어린이 동화는 이런 시대적 위험을 전복과 탈신화의 상상력으로 보여주고 있는 것은 아닌지 스스로에게 조용히 묻는다. 이제는 어린이 문학 속에 등장하는 동물들의 이야기에 좀 더 귀를 기울려야 하지 않을까. 그것은 인간이 인간에게 할 수 있는 가장 진실한 충고이기 때문이다.

4. 타자와 포스트모던 생태학

‘작은 것이 중요하다’라는 말은 생태학의 중요한 명제중의 하나이다. 즉 생태학은 새로운 근대화를 주제하는 과학이라는 관념이다. 하버마스에 의하면 생태학은 새로운 근대화를 발휘하기 위한 합당한 이유를 제공한다고 말한다. 또한 잘 프랑수아 리오타르는 포스트모던한 언어를 끌어들여 정치를 둘러싼 거대서사와 진보에 대한 새로운 이야기를 끌어내었다고 한다. 현대 사회에서 생태학은 피해갈 수 없는 문화적 담론이다. 지구의 이상 기온들과 이상 징후들을 지금까지의 담론으로 해석하는데 이론적 한계에 직면했기 때문이다. 그래서 생태병리학이라는 용어까지 등장하고 있다. 생태병리학에서는 일상의 도처에서 일어나고 있는 생태학적 징후들을 본다.[62] 구제역, 광우병, 지구온난화, 이상기온 현상, 예측 불허의 자연재해 등 마치 산발적이고 우연인 것처럼 등장하는 이 생태병리학에 좀 더 귀를 기울려야 하지 않을까. 그래서 조지 마이어슨은 프로이트의 정신 병리학과 현대의 생태병리학 사이의 유사점을 몇 가지로 정리하고 있다. 작은 것이 중요하며, 항상 더 깊은 설명이 있고, 이해한다는 것은 연결한다는 것이며, 숨겨진 의미는 항상 불안하게 하고, 관계가 직접적인 것이 아니면 아닐수록 더욱 중요하다고 말한다.

우리는 이제 더 이상 지구의 자연 재해가 한낮 기우에 지나지 않는다고

---

62 조지 마이어슨, 김완구 옮김, 『생태학과 포스트모더니티의 종말』, 이제이북스, 2003, pp. 67-83.

치부할 수 없을 만큼 실제적인 피해들을 목격했다. 쓰나미 섬의 해일과 쓰촨 지진 등 큰 사건에서부터 여기 저기 소소한 자연의 재앙 앞에서 인간이 속수무책으로 쓰러져 가는 것을 보고 있다. 텔레비전 다큐멘터리 〈북극의 눈물〉에서는 10여 년 전 얼음으로 뒤덮여진 그린난드의 일록수이트 마을의 변화를 생생하게 보여주고 있다. 이 마을은 전통적으로 사냥꾼의 마을이었는데, 이제는 더 이상 사냥을 할 수 없는 지경에 이르렀다. 그들에게 얼음왕국 신들의 소리를 들려주는 북극의 흰 돌고래도 점점 사라져 가고 있다. 광활한 북극 사냥터는 이제 자그마한 어촌이 되어 버렸다. 유래 없는 산기슭의 만년설이 녹으면서 사람들은 사고로 죽어가고 있었고 얼음 위에서 대부분의 시간을 보내며 사냥하던 북극곰은 이제는 먹이가 없어서 대부분의 시간을 잠만 잔다고 한다. 영양실조가 된 북극곰들의 몸무게는 현저하게 줄어들고 있는 실정이라고 한다.

현실의 세계에서는 해결점이 쉬워 보이진 않는다. 저마다 국가적 이익이 다르고 피해는 서로 직접적이라고 생각하지 않기 때문에 문제 인식은 공유하면서도 해결을 위해서는 지극히 소극적이다. 결국 타인이나 후세들을 위한 배려가 공분모로 이어져야 하지만 그것도 쉽지는 않다. 이러한 생태학적 관점을 타인에 대한 배려라고 해두자. 일련의 애니메이션들은 그러한 가능성을 이야기하려고 한다. 비록 시뮬라시옹의 가상 세계로 존재하지만 애니메이션의 이야기는 현실의 이야기에 다름 아니기 때문이다. 닥터 수스가 1950년대에 쓴 동화 〈호튼: 보이지 않는 것의 소중한 배려: Horton Hears A Who〉은 2000년 후반에 애니메이션으로 다시 부활했다. 원작의 의도가 비교적 생생하게 살려진 애니메이션이다. 생명의 소중함과 타인의 소중함을 이야기한다.

호튼: 작은 티끌안의 세상과 이야기를 나누고 있다.

〈호튼: Horton Hears A Who〉의 주인공은 마음씨 착한 코끼리이다. 어느 날 호튼은 아무도 듣지 못하는 조그마한 목소리를 듣는데, 그 목소리는 '누군가 마을(Whoville)'이라는 작은 티끌 안의 세상이다. 이 작은 티끌은 바로 민들레 꽃 위에 붙어있던 티끌인 것이다. 민들레라는 자연 위에 정교한 '누군가 마을'의 문명이 펼쳐진 것이다. 그러나 이 문명 세계는 너무나 아슬아슬하기만 하다. 코끼리 호튼은 이 마을을 안전한 곳으로 옮겨주겠다고 누군가 마을의 시장님께 약속을 하고 모험을 떠난다. 가는 도중 차가운 집 위에 서리가 내렸는데 '누군가 마을'에서는 마치 나비효과처럼 폭설로 등장한다. 호튼은 입김 바람으로 순식간에 '누군가 마을'의 기온을 바로 잡아준다. 요즘처럼 자연의 이상기온이 잦을 때는 우리가 사는 세상이 혹시 또 다른 '누군가 마을'이 아닌가하는 의문이 생긴다. 신의 입김이 거대한 만년설을 녹이고 신의 재채기가 쓰나미 섬의 해일을 만들었던 것은 아닌가. 호튼이 우리에게 자연과 신의 관계 그리고 인간과 신의 관계를 느끼게 해주는 상상력으로 작용하는 이유이다. '누군가 마을'을 지키려는 호튼이 있는가 하면 누군가 마을의 존재를 부정하고 호튼을 정글에서 추방하려는 나쁜 세력으로 캥거루가 등장한다. 캥거루는 자식을 과잉보호하면서 적개심을 키우고 사악한 독수리에게 사주하여 코끼리와 그의 티끌을 처치하도록 한다. 급기야 호튼은 이런 방해꾼들 때문에 누군가 마을을 담고 있는 민들레꽃을 잃어버린다. 바다처럼 펼쳐진 민들레 꽃 속에서 드디어 '누군가 마을'을 담은 꽃을 찾아내지만 아무런 소리를 듣지 못한다. 그때 '누군가 마을'에서는 역시 호튼의 존재를 말해주는 시장의 이야기를 아무도 믿지 않지만 지금껏 문제아였던 아들만이 시장을 믿어주고 호튼에게 목소리가 전달될 수 있도록 돕는다. 우주의 생물체들은 다른 세계를 인정하고 서로를 소중히 여겨야 한다는 지극히 단순한 진리를 보여주고 있다. 아마도 티끌로 상정될 수 있는 세계는 비단 우리만의 세계가 아닐 것이다, 우주와 국가에서부터 자연과 인간, 인간과 인간, 인간과 하찮은 미물의 관계에 이르기까지 말이다. 이것이 애니메이션 〈호튼〉이 이야기하고자 하는 생태 시학이라고 할 수 있다.

알 수 없는 자연재해에 대한 인간의 처방전은 닥터 수스의 메시지처럼 타인의 세계를 인정하는 것이 아닐까. 눈에 보이는 세계뿐만 아니라 눈에 보이지 않는 세계에 대한 배려 역시 필요할 것이며 중심이라고 생각해왔던 인간의 문명적 횡포가 더 이상 계속되어서는 안 되는 것이다. 호튼의 세계와 시장의 세계가 서로를 인정했을 때 서로 안전하게 공존할 수 있듯이 우리 역시 자연의 삶과 인간의 삶의 원칙을 서로 인정해야 할 것이다. 지향점을 잃은 북극곰들, 쉴 곳을 찾지 못하는 바다코끼리들, 놀이터를 잃어버린 흰 돌고래들의 모습은 바로 다름 아닌 인간의 모습인 것이다. 문명의 대립자로서 혹은 문명의 희생자로서 자연이 존재하는 것이 아니라 인간과 협력자로서 자연은 존재해야 할 것이다. 우리 주변에는 인공적으로 꽃을 피우고 인공적으로 생명을 조작해서 생태축제를 벌인다. 나비를 인공적으로 대량생산 하는 〈함평 나비 축제〉가 있고, 반딧불이를 인공적으로 부화시켜 축제를 펼치는 〈무주 반딧불이 축제〉가 있다. 또한 벌들이 필요 없는 인공 화분 과정을 거쳐서 〈고창 축화 축제〉를 비롯한 꽃 축제들이 펼쳐진다. 그런데, 이렇게 아름답게만 보이는 것이 어쩌면 인간 위주의 사고방식이라는 것을 〈꿀벌 대소동Bee Story〉를 통해 알게 된다.

꿀벌 대소동: 벌들이 화분을 하고 있다.

〈슈렉〉을 제작한 드림웍스가 벌꿀들의 세계에 대해서 이야기한 애니메이션이다. 요즘, 벌들이 집단으로 폐사하거나 벌들이 사라져버렸다는 뉴스를 자주 접한다. 벌들이 전자파의 주파수 때문에 죽어간다는 이야기도 있지만 확실한 원인은 아직 밝혀지지 않았다. 그러나 이러한 우울한 뉴스는 현대인들에게 무서운 공포심을 주기에 충분하다. 벌들의 세계는 다름 아닌 우리들 인간의 삶의 시뮬라시옹의 세계인 것이다. 벌들의 세계에서 주인공 베리는 대학을 갓 졸업했지만 선택할 수 있는 일이 기껏해야 '꿀 만들기'밖에 없다는 것이 답답하다. 마치 인간들의 세계에서 대학을 졸업하면 회사에 취직해야 하는 것처럼 말이다. 베리는 벌꿀들의 세계를 벗어나 미지의 세계인 인간의 세계에 여행 나온다. '인간에게 말걸지 말 것'이라는 벌들 세계의 불문율을 깨버리고 아름다운 여인 바네사에게 말을 걸어버리고 만다. 베리는 인간세계에서 자신들이 힘들여 채취한 벌꿀을 대규모로 소비하는 것을 알게 되고 그러한 인간들을 고소하기로 한다. 친환경적인 이야기와 생태주의적인 메시지를 담고 있는 애니메이션으로서 현대의 꿀벌의 사라짐 현상을 우의적으로 보여주는 애니메이션이다. 벌들이 암술과 수술의 화분과정을 거부하면 인류에게 꽃은 사라져버리고 마는 것이다. 그래서 생태축제에서 펼쳐지는 이러한 생명조작이 마냥 즐겁게만 보이지 않는 이유인 것이다. 꽃을 피우게 했던 곤충들의 존재를 망각하게 하고 아름다운 꽃들만 기형적으로 무한히 펼쳐지는 비대칭적 현대 생태축제들에는 자연의 순리를 망각하게 하는 역설도 함께 들어있다. 작은 것에 대한 관심과 배려는 어쩌면 우리시대의 심각한 문제를 풀어가는 작은 해결점이 아닐까. 먹을 것이 없어서 인간의 쓰레기 더미를 뒤지기 시작한 북극곰들에게 인간은 무엇을 배려해야 하는가. 또한 사져져 가는 벌들을 다시 소생시키기 위해서 인간은 무엇을 해야 하는가. 과연 생태라는 의미를 제대로 차용하고 있는가. 자연은 그 나름대로의 생존방식의 규칙들이 존재한다. 우리는 규칙을 마음대로 조작하고 있지는 않는가.

11장 이분법적 신화 상상력

1. 표류하는 신화

한쪽 끝에는 어른의 무거운 체중이 실리고 또 다른 한쪽 끝엔 가벼운 어린아이가 실린 시소는 잘 움직이지 못한다. 어른의 무거움을 억지로 가볍게 들어 올려 주어야만 아이의 시소는 움직일 수 있다. 가벼움으로 무거움을 감당할 수는 없는 것이다. 무거움의 배려가 있어야만 가벼움이 존재할 수 있는 것이라는 단순하지만 중요한 진리가 김훈의 소설 여기저기에 압축된 파일처럼 열리기를 기다리고 있다. 무거움이 살아가야 하는 존재들의 숙명적 과업이라면 가벼움은 살아지는 존재들의 변명쯤이라고 불릴 수 있을 것이다. 그의 소설 〈빗살무늬 토기의 추억〉에서 불을 끄다가 죽은 관창수 장철민의 죽음에 대해서 서술자 '나'는 무거움과 가벼움의 사유를 진행시킨다. 장철민이 불도저의 레버를 조작하는 가벼움은 버거움과 무거움이 계속되는, 무거움이 버거움을 버거움이 무거움을 빨아들이는 것이라고 생각한다. 장철민을 둘러싼 세상은 무거움과 가벼움의 양분화된 세계로 재현된다. 불도저로 무거웠던 산의 아랫도리는 모두 파헤쳐져서 가벼워지고 입안에서 심한 구린내가 나는 장철민의 어머니는 그에게 무거움이면서 동시에 장철민 어머니의 앙상한 육체는 삶의 가벼움이기도 하다. 또한 안마사 김복희의 삶도 보이지 않는 세상을 버겁게 살아가야 하는 무거움의 표지인 것이다. 그러한 삶의 무거움 앞에서 장철민의 몸짓은 가벼움이다. 불도저의 작동과 소방기기의 작동은 존재의 무거움에 비하면 실존의 가벼움이라고 할 수 있다. 〈칼의 노래〉의 이순신 역시 그러한 무거움과 가벼움에 대한 깊은 사유를 보이고 있다. 백성들이 만들어주는 칼에 문자를 새기는 것에 대해서 장난스럽고 수다스럽다고 생각한다. 그는 쑥스러움을 밀쳐낼 만한 문구를 생각하는데 그때 〈칼의 휘두름과 땅위로 쓰러지는 쓰레기를 떠올렸다〉 이러한 무거움과 가벼움의 사유는 칼에 〈한번 휘둘러 쓸어버리니, 피가 강산을 물들이도다〉라는 문구로 새겨진다. 칼을 들기까지는 무거운 고뇌를 드러내지만 칼이 지나간 자리는 피밖에 남지 않는 쓸쓸하고 허무한 가벼움인 것이다. 〈칼의 노래〉의 이순신은 무거움의 끝에 자신을 올려놓고 가벼움의 끝에는 임금을 올려놓으며 끊임없이 사유와 관념의 시소를 탄다. 〈나는 정치적 상징성과 나의 군사를 바꿀 수는 없었다……나는 임금의 장난감을 바칠 수 없는 나 자신의 무력을 한탄했다.〉라고 말한다. 따라서 그의 무(武)는 임금이 손댈 수 없는 곳에 건설되어야 마땅하다고 생각하며 그는 칼보다 강한 한 문장…….신의 몸이 아직 살아 있는 한 적들이 우리를 업신여기지 못할 것입니다〉를 가벼운 임금에게 무겁게 보낸다. 무거움과 가벼움의 사유는 〈화장〉이라는 단편소설에서 더욱 정교하게 그려지고 있다. 죽어가는 아내 몸과 건강함의 표상인 추은주의 몸은 화장(火葬)되는 아내의 몸의 가벼움과 화장(化粧)한 젊은 추은주의 삶의 풍성한 무거움으로 병치되고 있다. 또한 이것은 화장품 광고 문안 "내면여행"과 "가벼워진다"로 이어지고 전립선으로 고생하는 자신의 방광의 무거움과 가벼움으로 이어지고 있다. 화장품 회사의 간부인 나는 죽어가는 아내의 사라짐과 자신의 아이를 낳고 젖을 먹이는 추은주의 건강함을 번갈아 "내면여행"과 "가벼워진다"라는 두 문구 사이에서 떠돌게 한다. 결국 아내는 죽고 추은주는 남편을 따라 떠나고 아내를 닮은 딸아이는 남편을 따라 떠나고 아내가 귀여워하던 강아지 보리는 고통을 잊도록 안락사 시키고 나의 방광의 오줌은 고통스럽지만 또다시 빼지고 나의 광고문구는 "가벼워진다" 쪽으로 향한다. 삶의 무거움이 가벼워지는 순간 삶은 어느새 끝 지점에 와 있을지도 모른다. 사는 것이 전쟁이라고 말하거나 일이 없으면 빨리 늙는다는 말은 일견 모순 되는 문구처럼 보이지만 실은 삶이라는 것이 무거움과 가벼움 사이에서 널뛰기를 반복하다가 결국 무거움의 쇠락이 가벼움을 가져오는 것이라는 진리를 담고 있는 것이라고 볼 수 있다.

2. 실존적 타나토스 "자연사" 욕망

인간은 무겁고 버거운 삶 속에서 허우적거리다 결국 허무하고 가볍게

생을 마감한다. 〈화장〉의 부인은 세 번의 수술로 생물학적 생존마저 위협받으면서 삶과 죽음에 투항했으나 결국 죽음에 이른다. 〈빗살무늬 토기의 추억〉에서 장철민은 불이 난 건물에서 불씨를 끄기 위해, 아니 어쩌면 불의 시원을 소멸시키기 위해서 불과의 사투를 벌이다 죽음에 이르게 된다. 〈칼의 노래〉의 이순신 역시 마지막 노량에서 자신의 죽음을 예견하면서도 끝까지 피하지 않는다. 김훈의 소설에 등장하는 죽음은 비장하고 용감하다. 죽음을 예견하고 죽음에 이르기까지 자신의 실존적 존재의식을 지키고자 하는 "자연사"인 것이다. 여기서 자연사를 택하는 주인공들은 샤르트르의 실존적 자아의 개념인데 목수나 기술자가 만들어 내는 운명이 아니라 제스스로 선택하고 만들어가는 존재인 것이다. 자신의 선택에 따라 자신의 존재를 자유롭게 만들어 나간다. 즉 존재가 먼저인 것이다. 따라서 이 소설에서 죽음에 이르는 자연사라는 개념은 타살의 개념과 대치되는 개념이라고 할 수 있다. 천수를 누리고 죽었다는 말에서 천수의 개념은 매우 주관적이라고 할 수 있는데 다른 존재나 세상에 의해서 억지로 죽은 타살이 아니라 스스로 살만큼 살았다는 천명의식이 바로 자연사라는 말로 표현되고 있다. 이러한 치열한 죽음에의 대결정신은 삶의 치열한 실존의식의 또 다른 표현이다. 후회 없는 삶이 바로 후회 없는 죽음이라는 등식이 김훈의 소설 속에서 보탬 없이 보인다.

〈화장〉의 나는 의사가 말하는 종양에 대해서 인간의 죽음이 삶의 한 과정임을 상기한다. "종양의 발생과 팽창은 생명현상이다. 생명 안에는 생명을 부정하는 신생물이 발생하고 서식하면서 영역을 넓혀나간다. 이

현상은 생명현상의 일부인 것이다"라고 진술하면서 종양과 생명이 분리될 수 없는 것임을 인식한다. 즉 〈생명에서 생명으로 건널 수 없고, 이 건너갈 수 없음은 생명현상이다〉라고 정의함으로써 아내의 죽음이 자연사의 일부임을 담담하게 인정하는 셈이다. 〈빗살무늬 토기의 추억〉에서 장철민의 죽음을 바라보는 직장 상사인 나는 직장에서는 순직처리가 나고 경찰에서는 영구미제의 방화사건으로 처리되었지만 요절이라고 생각하지 않는다. 그가 천수를 누렸다고 생각하지도 않지만 "불타오르는 십오층 건물의 오층 발화점을 부수다가 콘크리트 파편에 맞아 뇌수를 불 속으로 쏟아내고 죽은 그의 죽음은 나에게는 일종의 자연사로 느껴졌다" 그렇다면 자연사에 대한 죽음의 정의는 무척 주관적인 사유라고 할 수 있다. 삶의 길이와는 상관없는 삶의 무게가 자연사의 척도임에 다름 아닌데, 〈칼의 노래〉의 이순신 역시 자연사의 죽음을 갈망한다. 노량의 치열한 전투에서 적의 총알은 갑옷을 뚫고 이순신의 몸은 점점 차가워진다. 그는 심한 졸음을 느끼며 "시체를 이 쓰레기의 바다에 던지라고 말하고 싶었다. 졸음이 입을 막아 입은 열리지 않았다. 나는 내 자연사에 안도했다"라고 기술한다. 그는 자신이 죽어야 할 때가 오고 있다는 것을 알았고 그 죽음은 예견된 자연사로 처리되고 있다.

만다라: 우주의 순환.

죽음이 삶의 다른 측면이라는 개념은

삶과 죽음이 근본적으로 닿아있는 만다라와 같은 형상이거나 자신의 꼬리를 물고 있는 뱀인 우로보로스의 형상임을 알 수 있다. 이 꼬리를 물고 있는 우로보로스는 포악함과 온화함, 파괴와 생산 즉 자기 소멸과 갱생, 분열과 통합, 창조와 멸망의 상반된 의미를 함께 가지는 개념이다. 이러한 모순된 삶과 죽음의 의미를 우로보로스의 형상으로 그리고 있으며 그러한 세계는 인물들을 통해서 재현된다. 김훈 소설의 인물들은 한 시대를 살다가는 단절된 인물들이 아니라 신석기의 토기를 만지던 사람들이거나 아니면 저 프로메테우스 시대의 불의 혜택을 고마워하지 않았던 사람들일 수도 있으며 나라를 건설하고자 했던 신화 속 영웅들의 모습일 수도 있다. 각각의 인물들은 기묘하게도 과거의 인물들을 그대로 재현하고 있는데 아들은 아비의 모습을, 딸은 어미의 모습을 괴로울 정도로 닮아있다. 이러한 닮음 속에서 삶과 죽음의 끈질긴 고리는 끊어지지 않고 계속되는 것이다. 〈빗살무늬 토기의 추억〉에서 나는 여섯 살 아들의 모습을 보면서 "혈통의 수만 년을 거슬러 올라가 신석기의 어느 눈 내리는 겨울날 돌도끼와 뼈 화살을 들고 사냥감을 찾아 벌판을 헤매이던 내 아비의 아비"를 생각한다. 나는 내 아들의 모습을 보면서 나의 모습을 읽고 그 아비의 아비를 떠올리며 아들이 키우는 청거북의 배에 각인된 만다라의 문양을 떠올리면서 원시시원을 떠올리고 인간의 배에 각각의 만다라가 새겨져 있다고 느낀다. 나는 신입대원 장철민의 신고를 받으면서 그의 배에 새겨진 파충류의 만다라 모습을 상상하고 그 역시 내 배위에 새겨진 만다라의 모습을 들여다보고 있는 것 같은 착각에 빠진다. 나는 "그의 표정이나 몸가짐에 새겨진 문양은 그가 서른 살의 생애로 세상의 바닥을 쓸고 다닌 거리만큼 바래어져 있었다" 라고 진술함으로써 관창수 장철민의 삶이 나와 나의 아들 그리고 그 옛날 신석기인의 모습과 동일하다는 것을 말해주고 있다.

〈화장〉과 〈칼의 노래〉에서도 삶과 죽음, 인간의 질긴 고리를 딸아이와 아내, 아비와 아들의 닮음을 가지고 풀어내고 있다. 〈화장〉의 나는 딸이 지독히도 엄마를 닮았다는 것에 대해서 끈질긴 인간의 순환을 느끼는 것이다.

마무리를 추스르는 동안의 긴 울음까지도 딸은 아내를 닮아 있었다. 자꾸만 아내의 영정과 겹쳐지는 딸의 얼굴도 견디기 힘들었다.(화장)

내가 보기에도 면은 나를 닮았다……그리고 그 눈매는 내 어머니의 것이기도 했다. 시선의 방향과 눈길을 던지는 각도까지도 아비를 닮고 태어나는 그 씨내림이 나에게는 무서웠다.(칼의 노래)

위의 진술은 인간의 삶이 영원히 끝나지 않는 우로보로스 같은 것임을 말해주는 것이다. 〈칼의 노래〉에서 나는 아들이 나를 닮은 것을 보면서 운명의 슬픔을 느끼는 것이다. 그러한 닮음을 보면서 우리는 김훈의 삶과 죽음의 세계를 엿볼 수 있다. "삶과 죽음은 서로 꼬리를 물고 있었다. 나는 그 꼬리에 물려서 죽는 죽음이 두려웠다"라는 직접적인 진술을 보면 그가 생각하는 삶과 죽음은 자신의 꼬리를 물고 있는 우로보로스의 모습을 띠고 있다. 우로보로스는 무엇을 상징하는가. 꼬리를 물고 둥근 원을 그리고 있는 뱀인데 이는 동양철학에서 음향이 서로 맞물리는 태극의 모습으로 표현될 수 있다. 자기 소멸과 갱생, 창조와 멸망은 우주창조 신화의 거듭된 주제로 이어진다.

우로보로스 뱀: 생과사의 순환 고리.

김훈의 소설에서 추구하는 타나토스의 욕망 즉 죽음의 욕망은 자연사에 대한 욕망이라고 할 수 있다. 그 욕망은 삶의 길이에 있지 않다. 즉 삶의 깊이와 무게가 실존적 죽음으로의 자격이 되는 셈인데 이러한 사유의 자연스러운 세계관은 우로보로스처럼 또는 태극처럼 우주를 순환적으로 인식하는 데서 기인한다. 따라서 아내의 죽음과 딸의 떠남, 나의 전립선 염은 장철민의 불 속에서의 죽음과 장님 안마사의 죽음과 나의 생존 그리고 석기시대 마네킹 상의 모습이 근본적으로 하나의 원으로 돌아가는 삶의 순환이라는 사유이다. 또한 이순신의 삶과 전쟁에서 죽어가는 무수한 익명의 사람들은 결국 또 하나의 삶과 죽음의 순환구조인 것이다. 죽음을 삶의 일부로,

삶의 한 단면으로 여기는 것이 바로 우로보로스의 세계관이라고 할 수 있다.

3. 여신들의 타살과 남성의 질서

김훈의 소설에 등장하는 여성성과 남성성은 뚜렷하게 양분화된 특징을 지닌다. 여성성에 대한 그의 사유는 크게 둘로 나뉜다. 하나는 원시시원으로서 여신의 모습이며 또 하나는 인간의 버거운 형상들이다. 김훈 소설의 화자들은 대개가 남성들이기 때문에 여성은 주변화 되어 있다. 그러한 남성적 사유에서 보여 지는 여성의 모습은 신화 속의 여신들이 어떻게 변해왔는지 볼 수 있는 지표가 되고 있다. 태초의 세상은 여성에 의해서 창조되었지만 국가와 제도가 정비되면서부터 여성은 주변으로 밀려나고 그 형상 또한 추함과 신성하지 못한 것으로 타락되어 왔다. 여성이 생명의 어머니라는 대지모신 사상과 여성이 악의 근원 즉 추함의 상징으로 밀려나는 것이 김훈의 소설에는 잘 드러나고 있다. 〈화장〉의 추은주는 원시시원의 대지모신 사상을 그대로 보여주고 있다. 김화경에 의하면 대지모신 사상은 신석기 시대에 접어들어 농경의 시작과 함께 여성의 지위가 상승되면서 생겼을 가능성이 있다고 한다. 그런데 추은주를 제외한 김훈의 여성주인공들 〈화장〉에서 죽어가는 아내의 몸, 〈빗살 무늬 토기의 추억〉에서의 투신한 안마사 김복희의 몸, 〈칼의 노래〉의 여진의 죽은 몸들에서는 추은주가 상징하는 원시 생명력과는 거리가 먼 〈노동의 땀과 먼지와 오줌의 찌꺼기들이 그 고랑에 서식하면서 악취를 풍기〉는 〈빗살무늬 토기의 추억〉에 나오는 신석기 여자의 모습을 띠고 있다.

원시시원의 생명력으로 표상되는 추은주에 대한 화장품 중견 간부인 나는 그녀를 통해서 신화속의 여신을 보게 되는 것이다. 신화 속의 가이아 여신과 중국의 여와 여신은 세계를 창조하던 여신의 모습이며 창조주의 모습이다. 이러한 대지모신의 사유가 추은주라는 3인칭 여성 명사에 붙여지고 있는 것인데 지층 밑의 고대국가의 시원을 느끼게 하는 여신의 모습이라고 할 수 있다.

당신의 이름은 추은주(秋殷周). 제가 당신의 이름으로 당신을 당신의 이름으로 불린 그 사람인가요. 당신에게 들리지 않는 당신의 이름이 추은주, 당신의 이름인가요......당신의 이름을 읽었을 때 이제는 지층 밑에 묻혀버린 먼 고대국가의 이름이 내 마음에 떠올랐습니다.(화장)

추은주에 대한 계속된 상념은 남녀 간의 사랑이라는 단편적인 용어가 아님을 알 수 있다. 실제로 나는 추은주로 대변되는 대지모신의 풍요로움을 갈구하고 그 속에서 생명력과 활기를 느낄 뿐 실제의 그녀와는 아무런 관계가 없는 것이다. 그러나 나에게 있는 또 다른 여신인 아내의 몸은 인간의 생명이 보여줄 수 있는 잔혹함을 모두 드러내고 있다.

아내는 두통 발작이 도지면 머리카락을 쥐어뜯고 시퍼런 위액까지 토해냈다. 검불처럼 늘어져 있던 아내는 아직도 저런 힘이 남아 있을까 싶게 뼈만 남은 육신으로 몸부림을 치다가 실신했다.(화장)

아내의 모습은 추은주의 풍요로운 모습과는 너무나 다른 인간의 추악함이다. 그런데 이러한 여신들에 대한 사유는 김훈의 작품 세계를 짐작하게 한다. 김인환은 인간의 무의식의 리비도는 언제나 신을 창조한다는 지적을 김훈의 작품비평에 적용하면서 인간은 모두 신을 만나고 신과 이별하고 또 새로운 신을 찾으러 떠난다고 지적한다. 그렇다면 〈화장〉의 나는 여러 인물들 중에서 두 여신의 모습을 보고 있다. 하나가 추은주와 젊은 시절 아내로 대변되는 대지모신의 원시 생명력이라면 또 하나는 병든 아내와 나에게 아내의 환영을 계속 덮어씌우는 딸의 모습은 원시 생명력을 잃어버리고 자연사하는 아니면 남성의 제도와 국가에 의해서 자신의 자리를 빼앗기는 작아지는 여신의 모습인 것이다.

그렇다면 〈빗살무늬 토기의 추억〉에 등장하는 나의 아내와 장님 안마사 김복희와 〈칼의 노래〉에 등장하는 여진의 모습은 어떤 여신의 현현이라고 보아야 할까. 〈빗살무늬 토기의 추억〉에 나오는 나의 아내는 내가 힘이 든 일을 한 날에는 신석기 여인네가 빗살무늬에다 불을 지펴서 밥을 하듯이 정성껏 가스 밥을 한다. 가스 밥은 쉽고 맛없는 전자 밥통의 밥과는 거리가 먼 밥이다. 신화에서 불의 유래는 여성의 자궁에서 나왔다는 이야기가 많이 전해지고 있는데 대부분의 특징은 여성들이 다른 사람들 몰래 자궁에서 불을 꺼내 쓰다가 결국 그 불을 도난당하는 식의 이야기가 대부분인데 원시부족이나 섬 지역 등에서 이러한 자궁불의 신화소는 많이 보인다. 또한 나의 부인은 사냥 나갔다 돌아오는 남편을 위해 자신의 정성을 곱게 토기에 담아내는 가정의 여신 즉 아궁이를 지키는 고대의 여신 헤스티아를 닮아 있다. 이는 세상을 창조하던 대지모신 사상의 가이아나 여와신의 역할이 조금은 축소되어 가정을 지키고 가정의 아궁이 불을 지키는 헤스티아의 상징이라고 할 수 있으며 장님 안마사 김복희와 이순신의 여진은 그 모습과 역할이 가스 밥하는 나의 부인과 사냥나간 남편을 기다리는 신석기 여인의 모습과 매우 흡사하다고 할 수 있다.

안마사 김복희와 이순신의 여진은 남자 주인공들의 드러난 여인은 아니지만 남자 주인공에게는 정신적 오아시스 같은 여신의 모습을 띠고 있다. 〈빗살무늬 토기의 추억〉에서 김복희란 장님여인에게 장철민은 눈이 되기도 했을 것이며 세상의 존재 의미이기도 했을 것이다. 따라서 장철민의 죽음은 자신의 존재의미를 무화시키는 것이었고 결국 장철민을 따라 죽음을 선택하고 사랑을 위해 목숨을 초개처럼 버리는 여신의 현현일 것이다. 이순신의 여인으로 나오는 여진의 존재의미는 단지 이순신이 편안해하던 밤에만 그 의미를 찾는다. 영웅의 삶에서 그 영웅을 잠시 위로하는 역할에 만족해야 하는 여신의 모습으로 여진은 등장하는데 그녀는 자기의 사랑을 확인하거나 사랑을 표현해서는 안 되는 비련의 운명을 가진다. "그 여자의 몸속은 평화로웠다. 그 평화에는 다급한 갈증이 섞여 있었다. 새벽에 나는 품속의 여진에게 물었다. 밝은 날 어디로 가겠느냐"에서 보이는 것처럼 이순신에게 여진은 평화 그 자체이지만 또 영웅의 삶에서 버려야 하는 것이 평화인 것으로 운명지어진다.

이 여인들의 종말은 사랑하는 사람을 위해서 죽음을 선택한다. 장철민을 사랑하던 안마사 김복희는 투신 자살을 하고 여진은 왜장에게 유린당하고 왜장의 씨앗을 몸에 가진 채 자살을 선택한다. 이 여인들의 시체는 마치 신석기의 마네킹 여자의 그것처럼 무미건조하게 묘사된다. 이순신에 의해 보이는 여진의 모습은 생명이 제거된 무생물의 상태라고 할 수 있다. 또한 장철민의 여인인 장님 안마사 김복희의 투신자살한 모습은 여진의 죽은 모습과 맞물려 있다.

젖가슴은 말라붙어 있었고 메말라 보이는 음부가 이를 악물 듯 닫혀 있었다. 빗장뼈 아래로 구렁이 같은 상처 자욱이 이제 푸르게 변해가고 있었다.(칼의 노래)

장님여자가 뛰어내렸는데, 두개골이 깨져 흩어졌고, 이미 숨져 있었으며......김복희가 투신한 자리의 길바닥에 얼룩진 핏자국과 살점들을 청소해 달라(빗살무늬 토기의 추억)

김복희의 투신 장면의 묘사는 여진의 죽은 모습과 닮아 있다. 이 두 여인은 외관의 묘사에 있어서 신석기 여자의 모습과 비슷할 뿐만 아니라 삶의 형태와 죽음의 선택까지도 무척 닮아 있다. 이 여인들의 모습은 신석기 마네킹의 묘사 〈허벅지가 깊숙이 드러나 두 가랑이 사이가 들여다보였고, 쪼그리고 앉은 두 엉덩이 사이에 고랑이 패어져 있었다〉와 닮아 있다. 이들의 운명의 비극은 숨겨진 사랑의 좌절이라는 측면에서 같은 궤를 그린다. 장철민의 여인이었던 김복희는 자신의 삶의 눈을 잃어버린 것이기 때문에 자살을 선택했을 것이며 영웅의 삶에서 자신이 할 수 있는 것이 지극히 작다는 하찮음이 결국 죽음으로 여진을 몰고 간 것이다.

김훈의 소설에서는 특히 사랑이라 이름 붙일 수 있는 여인들을 왜 타살시키는 것일까. 〈빗살무늬 토기의 추억〉에서 장님 안마사는 투신자살을 했고 〈칼의 노래〉에서 여진은 적장의 씨를 몸에 가진 것 같다고 남몰래 울부짖다가 죽었다. 남성 주인공들이 사유와 신념과 실존에 몸부림칠 때 김훈 소설의 여인들은 자연사나 타살로 죽어가고 있는 것이다. 신화학자 김화경에 의하면 남성 신화가 자리잡아가면서 여신들은 타살되어야 하는 객체가 되어버렸다. 대표적인 것이 하이누벨레형 신화라고 할 수 있는데 하이누벨레 즉 야자나무 가지라는 뜻을 가지는데 이 여인은 보통의 여자가 아니라 배설물까지도 귀중한 보물이 되는 특별한 여신이었는데 남자들은 그녀를 살해하고 땅에 묻어버린다. 그 시체를 찾은 아버지는 시체를 잘게잘게 잘라서 여기저기 묻었는데 그것이 여러 가지의 구경식물이 되었다. 남성은 자신의 국가와 제도와 법을 만들기 위해서 여신을 자연사가 아닌 타살로 죽음을 처리하였다. 〈화장〉에서 부인의 죽음은 비록 자연사라고 명명하고 있지만 그의 부인은 추은주처럼 젊었던 시절 잡지사에 다니면서 남편의 대학원비를 냈고 자식을 길러냈다. 그녀의 뇌종양은 현대문명이 만들어놓은 타살일 수밖에 없다. 그것은 자연사라고 할 수 없으며 〈빗살무늬 토기의 추억〉의 안마사와 〈칼의 노래〉의 여진의 죽음이 타살인 것과 같다고 할 수 있다. 그녀들을 죽임으로써 얻어낸 성과물은 무엇일까. 여인들의 타살은 어쩌면 영웅의 자연사를 위한 희생 전리품 같은 것인지도 모른다. 장철민의 자연사 뒤에 이어지는 안마사의 투신은 사랑하는 사람을 잃게 한 저 원시시원의 프로메테우스에게 그 원인을 찾아야 하겠다. 또한 여진의 타살은 영웅의 비정함이 몰고 간 타살로 여겨지며 〈화장〉에서 뇌종양의 아내는 현대문명과 그 안의 입자로서 존재하는 나에 의해 아내는 죽어 간 것이다. 여신들의 죽음이 타살이라는 지점에서 남성의 자연사와 남성의 영웅성은 거론되어야 할 이야기가 될 듯하다.

4. 운명과 영웅의 대결

김훈의 여자 주인공들이 여신들의 현현이라고 한다면 김훈의 남성 주인공은 영웅신의 모습에 닿아 있다. 영웅적 면모가 가장 두드러진 작품이 〈칼의 노래〉라고 할 수 있는데, 이순신에 해당하는 작중화자 나는 임금의 가벼움에 대항해서 실존적으로 고뇌하는 민중의 참 영웅인 것이다. 영웅은 늘 시련을 받기 마련이다. 캠벨이 설정한 영웅의 출발, 입문, 회귀의 과정에서 영웅은 혹독한 입문의 과정들을 겪게 되는데 〈칼의 노래〉의 무수한 고뇌들은 바로 입문의 과정이라고 할 수 있다. 결국 노량에서 총알에 맞아 죽으면서도 자신의 죽음을 알리지 못하게 한 영웅은 한 전쟁을 넘어서 역사의 영웅으로 남게 되는 것이다. 역사를 영웅화하는 과정에서 영웅은 반드시 시대의 성장과정과 담론을 참조할 수밖에 없는데 최근 영웅 신화의 〈불멸의 이순신〉과 같은 영상매체의 차용은 시대적 흐름의 소산이 것 같다. 영웅은 전쟁이 깊어 가면 갈수록 외롭지만 칼의 단순함과 순진함으로 더욱더 강해지는 것이다. 헤라클레스는 12가지 과업을 통과하면서 더욱더 영웅의 면모를 지니게 되고 테세우스 역시 아버지를 찾기 위해 많은 적들을 물리치면서 영웅성을 획득하게 된다는 것이다. 그런데 〈빛살 무늬 토기의 추억〉이라는 소설 속 영웅은 프로메테우스라는 문화 영웅의 시원에 강한 반발을 일으키는 영웅에 맞서는 또 다른 영웅이다. 그의 이름은 관창수 장철민인데 그는 불이 발생한 발화점을 소멸시키는데 모든 열정을 바친다. 결국 15층 건물 화재 진압 중에 발화지점인 오층의 불을 끄다가 건물의 잔해가 부서지는 바람에 죽어버린 영웅이지만 결국 그는 발화점을 완벽하게 제거한다. 칼의 단순함과 순진함만을 진리로 여기던 나 이순신은 적들을 물리칠 때에만 오직 존재의 의미를 깨닫는다. 나는 노량의 전쟁에서 죽어가면서 나의 자연사에 안도하고 〈빗살무늬 토기의 추억〉의 소방서장인 나는 불의 진원지를 제거하려고 집착하다 죽어간 장철수의 죽음을 자연사라고 느끼는 것이다. 죽어가는 여신들의 반대편에 서있는 남성 영웅들은 사유와 관념이라는 것을 무기로 무장한 남성성이다. 〈화장〉의 화장품 회사 상무인 나는 무거움과 가벼움의 사유를 아내의 죽음과 추은주의 삶에 대비시키는 냉철함을 지닌 이성의 소유자이며 자신의 존재의 버거움을 전립선염으로 쌓인 방광의 오줌으로 연결시키는 철저한 사유의 화신이다. 마찬가지의 이성과 사유를 무기로 한 남성성의 상징으로 〈빗살무늬 토기의 추억〉에서 소방서장인 나가 등장한다. 경찰에게는 영구 미제인 화인 수사가 나에게는 이미 풀린 수수께끼이지만 나는 왜 그가 그런 죽음을 선택했는지 그의 죽음의 사인을 궁금해 하는 것이다. 나의 사유 안에서 장철민의 죽음에 대한 퍼즐 게임은 계속되어야 한다. 불도저를 몰고 택시를 몰았던 장철민이 서른의 나이에 찾아든 소방관 일의 의미는 무엇이었을까. 그리고 불을 끄러 가는 그의 치열한 몸짓의 의미는 무엇이며, 끈질기게 진화지점에 매달리는 그의 사투는 무엇을 의미하는가. 아마도 그것의 대답은 프로메테우스에게 있는 듯하다.

프로메테우스의 영웅성과 고난: 제우스로부터 불을 훔치고 있다.

프로메테우스. 얼마나 인간에게 고마운 문화 영웅인가. 인간에게 불씨를 가져다주고 그 후로 인간의 역사는 크게 진보된 문화를 가지게 되었다. 그 죄로 그는 밤마다 제우스의 독수리에게 간을 쪼아 먹힌다. 그러나 장철민의 사유는 문명의 발달에 문제가 있다는 생각을 하고 있는 것처럼 보인다. 진화지점을 끈질기게 소멸시키려고 한 것은 불씨를 살리려고 했던 신석기인에 대한 반항이며 프로메테우스에게 겨누는 소방호

수인 셈이다. 문명의 발달로 인해 생기는 수많은 문제들을 끄고 싶은 욕망의 표현에 다름 아닐 것이다.

그렇다면 왜 이렇게 작가는 힘겹게 신화적 사유를 압축시켜 놓았을까. 도대체 압축을 풀었을 때 우리는 어떤 암호를 해독하게 되는 것이며 그것은 궁극적으로 작가 김훈의 작품세계의 지향점이라고 칭해질 것인데 무엇을 말하고 있는 것인가. 김훈의 작품을 읽으면서 나가자와 신이치의 대칭성과 비대칭성의 세계에 대한 사유를 가져올 수 있을 것이다. 대칭적 사고란 신화적 사고 즉 신화시대의 사유방식을 말한다. 인간과 자연의 무게가 비슷했던 시점의 사유라고 말할 수 있는데 인간과 인간을 둘러싼 세계가 조화롭게 공존하는 것이 대칭적 세계라고 할 수 있다. 인간의 문화가 발달하고 국가라는 야만이 등장하면서 인간은 자신을 둘러싼 세계에 해를 끼치기 시작했다.

김훈 소설의 지향점이 대칭적 신화의 사유라고 칭하는 데에는 세계에 대한 치열한 대결정신을 꼽을 수 있다. 〈화장〉의 나는 무거움과 가벼움 사이에서 계속 번민하면서 결국 가벼움 쪽으로 모든 것을 정리해나간다. 이 무거움이란 아내의 병과 나의 전립선 방광이며 화장품이라는 문명의 상징이며 보리라는 개의 삶인데 이것들이 문명의 짐스러움이라고 한다면 주인공 나는 가벼움을 택하고 싶은 것이다. 이 말은 원시의 대칭적인 세계 즉 그러한 문명이 존재하지 않았던 곳을 욕망하는 것이라고 할 수 있다. 〈빗살무늬 토기의 추억〉에서 장철민의 삶은 버거움 그 자체이다. 서른이 넘도록 자기의 자리를 잡기에도 세상은 버겁기만 하다. 늘 그에게 혹처럼 붙어있는 늙은 홀어머니 역시 가끔 버리고 싶은 충동까지 느끼는 삶의 무게인 것이다. 그는 이러한 세상의 버거움을 프로메테우스의 불씨에서 비대칭성의 시원을 찾은 듯하다. 장철민이 끄고자 한 것은 이러한 비대칭적인 세계의 근본 원인을 제거하려는 사투였을 것이다. 또한 칼의 단순하고 순결한 진리를 지향하는 나는 그 비대칭의 원인의 끝에 적의 존재를 둔다. 적은 단순히 일본을 칭하지 않는다. 그에게 적은 세상이며 임금이며 동료이기도 한 것이다. 세상을 바르지 못하게 이끌어가는 모든 것이 그에게는 적의 다른 이름들인 것이다. 그는 그러한 적들과 외롭고 치열하게 싸워가는 것이다. 결국 그가 지향하는 세계란 세상의 비대칭을 일으키는 수많은 적들을 단 칼로 휘두르고 세상을 그의 피로 염하는 즉 물들이는 것이다. 김훈 소설에는 비대칭의 유형도 다르고 그것에 맞서 싸우는 형태도 다르지만 대칭성을 지키려고 하는 신화적 사유는 동일하다고 볼 수 있다.

Ⅳ. 신화, 꿈, 미래

12장 트라우마를 넘어서

13장 영웅에 대한 딜레마적 담론

14장 유토피아와 디스토피아

12장 트라우마를 넘어서: 생존의 가면놀이

1. 시체들의 절규

살·아·있·는·시·체·, 참으로 끔찍한 은유다. 살아갈 수 있는 사람으로 존재하는 것이 아니라 살아야만 하는 존재로 산다는 것은 참으로 우울한 초상이다. 이것은 살바도르 달리의 늘어진 시간들이 초현실적인 환상으로 보이는 것이 아니라 주체할 수 없을 정도로 무겁고 힘겨운 시간으로 보이는 것과 같은 심정일 것이다. 정미경이 보여주는 일련의 주인공들은 이렇게 힘든 시간들을 감당해야 한다, 그 시간의 형태는 무척 엉망이 되어버렸다. 이렇게 고달픈 삶에 몰린 주인공들은 어떤 은유를 보여주고자 함인가. 어떤 생각과 이데올로기 그리고 신화를 감추고 소설 안에서 살아가고 있는가. 자연스럽게 위장된 이데올로기가 바로 신화라고 주장했던 바르트는 많은 문화적 현상을 통해 신화를 읽어갔다. 정미경의 인물들을 따라 그들 안에 드러난 이데올로기가 리트머스 종이에 어떻게 스며들고 있는지 따라가

보기로 한다. 아마 그것은 저마다 삶의 짐을 어깨에 메고 언덕을 오르기를 거듭하고 또 다시 떨어져 넘어지는 신화 속 인간의 숙명을 보여주는 것이다.

질문하고 있는 스핑크스의 모습.

우리는 정미경의 소설을 보면서 가지 않은 길이 또다시 가버린 길이 되었을 때 이미 그 길은 理想으로 남아있을 수 없다는 것을 알게 된다. 그다지 기대되지 않는 삶임에도 불구하고 그의 주인공들은 늘 강박적으로 삶에 대해 선택을 강요받는다. 〈성스러운 봄〉에서 주인공 나는 삶과 죽음의 기로에 서 있는 딸을 위해 선택을 해야 한다. 죽어가는 딸에게 카데타는 고통의 연장으로 여겨진다. 그는 딸의 고통을 멈추게 해 주어야 하는지 아니면 자신과 아내를 위해서 고통스럽게 존재해야 하는지 "생의 모퉁이에서 스핑크스에게 질문"을 받는다. 하나의 답이 곧바로 죽음으로 이어지는 잔인한 '수수께끼'다. 그는 딸의 카데타를 뽑고 신용불량자로 이미 존재하지도 않는 딸의 고통의 비용을 지불하기 위해 겹치기 보험회사 일에 밤마다 수학 과외까지 해야 한다. 그러나 그는 카데타를 뽑아버린 순간 너무 늦게 깨닫게 된다. 딸의 죽음이 결국 살아있는 자들의 죽음이 된다는 것을. 그리고 "삶이란 스스로 완벽해서 제 스스로 빛을 내는 경이로움"이라는 것도 알게 된다. "돌이킬 수 없는 가혹한 선택"에 대한 몫은 온전히 시체처럼 남겨진 자에게 침묵의 절규가 되는 것이다.

또 한명의 절규하는 시체가 있다. 유선은 어느 날 갑자기 주검으로 돌아온 남편의 부재를 받아들이기 힘들다 〈나의 피투성이 연인〉. 그리고 더욱 더 잔인한 고통은 '남은 자의 영혼을 전복시켜 버리는 글' 때문이다. 도서관 사서로 글쓰기 과외 선생으로 남겨진 인생의 돌짐을 시지포스의 무서운 형벌처럼 하루하루 제자리에 실어 나르며 힘겹게 살아가는 유선은 어느 날 출판사로부터 남편의 미발표 글에 대한 유고편찬 제안을 받는다. 우연히 찾은 비밀 파일에는 정체를 알지 못하는 그만의 M에 대한 은밀한 글들이 있다. 남편에게 M은 "원심력"으로 유선은 "구심력"으로 작용한 것이다. 파스칼은 세상을 향한 원심력의 정신을 기하학의 정신이라 불렀고, 자신을 향한 구심력의 정신을 섬세의 정신이라 불렀다. 나는 남편이 세상과 소통했던 여인, 원심력으로 남편을 세상 속에 붙잡아준 그녀의 존재를 알게 되면서 모든 것이 익숙하게 느껴졌던 존재로부터 낯설음을 느낀다. 그리고 그 낯설음은 유선의 몸에 심한 '가려움증'으로 나타난다. M의 존재는 "나의 피투성이 연인"인 그를 "나의 잔혹한 연인"으로 변화시킨다. 나는 결국

출판사의 제안을 거절한다. 그리고 그것이 죽은 자를 위해서가 아니라 살아있는 자를 위한 것임을 스스로에게 확인시킨다. 유선은 자신의 가려움도 그의 남겨진 글도 딜리트 키로 날려 보내고 뭔가 빠져있는 그대로도 사랑이라고 부르기로 한다. 결국 그녀에게 주어진 선택은 영원한 절규를 품은 침묵일 것이다. 유선이 유고집 출판을 포기한 것은 그와 함께 한 사랑이라는 길을 무의미하게 전복시키고 싶지 않았기 때문이다. 그 안에는 "배반당한 정절"에 대한 소리 없는 절규들이 들린다. 유선은 "어떤 일도 일어날 수 있고 어떤 일도 견디는 게 인생"이라는 것을 스스로에게 위로하듯 납득시킨다. 그래서 그녀는 소리 내어 절규할 수 없다. 오직 그녀에게 가능한 것은 침묵하는 절규뿐이다.

작가 정미경에게 理想은 이루어지지 않아야 理想으로 존재할 수 있다. 理想에서 이탈된 세계를 선택해야만 理想이 지켜진다는 역설적인 원칙을 지키는 듯하다. 나 아닌 것을 통해 나를 인식해 나가는 마이스터 에카르트의 철학의 역설처럼, 혹은 내가 없다고 생각하는 곳에 내가 존재하는 부정적 정체성을 주장한 바르트의 논리처럼. 따라서 선택은 늘 어딘지 결핍된 세계로 향한다. 결국 그 선택의 역할은 선택되지 않는 것을 더욱 이상화시키는 결과를 낳는다. 나는 내가 과거에 외면한 초핀(쇼팽을 이렇게 부른 촌스러운 남자의 별명)과 아들이 만나는 가난하면서 추워 보이는 도란을 동일화시킨다〈내 아들의 연인〉. 나의 현실원칙은 이상을 흔들어 놓았다. 이상과 현실은 늘 이렇게 집요한 선택을 강요한다. 아들 현과 딸 명은 현실에 대한 나의 욕망을 투영해 주는 기표들이다. 그러나 나는 그들에게서 뭔가 씁쓸한 현실을 느낀다. 그녀가 가지 않은 길을 그들 역시 가지 않을 거라는 공허한 만족감. 그래서 결국 추워 보이는 도란과 아들이 헤어지리라는 것도 안다. 아들은 또 다른 나의 분신이기 때문이다. 아들의 연인 도란이는 내게 그 옛날 초핀의 순수함이 '식물성'으로 기억되듯이 바스락거리는 '식물채집처럼 남을 것'이라고 생각한다. 그러나 나에게 도란은 '유에프오' 같은 존재라고 할 수 있다. 결국 이상의 세계에 그녀를 남겨둠으로써 나는 그녀를 이상화하고 현실의 그녀와 가까워지는 것을 꺼린다. 그녀가 추억속의 초핀에게 이별을 고하듯 아들 현과 도란의 헤어짐은 예견되어 있었다. 도란을 보면서 갖게 되는 이상에 대한 열망은 내면에서만 절규할 뿐 침묵을 유지한다. 나와 아들은 현실 속에서 죽은 영혼을 가지고 살아야 하는 숙명을 가지고 있다.

〈달빛은 스스로 빛나지 않는다〉에서 나는 결혼 두 달을 앞두고 치과의사인 남자친구의 집에 들어가기 전에 다가구세대에서 생활한다. 이 세계는 미래의 남편이 속한 견고한 세계와는 너무나 다른 불안전한 세계이며 늘 위험이 산재해 있는 곳이다. 발기부전 남편에게 위협당하면서 살아가다 결국은 살해당하는 미옥과 영화지망생이자 곡예사의 아들인 승우가 이 흐물거리는 세계의 주인공들이다. 처음에 내게 환멸스럽던 이곳은 치과의사인 애인보다 더 자신과 공유되는 곳임을 알게 되고 아무것도 가진 것이 없는 승우는 나 이정은에게 동질감을 주는 '교집합'이 많은 존재이다. 그녀는 승우를 통해 '존재는 혼자서 빛을 내지 않고 다른 존재들에 의해 보름달도 되고 그믐달도 된다'고 깨닫지만 단단하고 견고한 세계인 치과의사의 집으로 이사 간다. 그녀는 '서로를 비출 수 있을까' 라고 말한 승우에게 '모르겠어요' 라는 대답을 할 뿐이다. 그녀가 선택한 삶 역시 위에서 인용한 주인공들과 흡사한 시체로 살아가기를 마다하지 않는다. 현대인들은 왜 시체로 살아가는가.

지나온 길에 대해 침묵하는 절규가 보여주는 메타포는 인간의 나약함에 대한 작가의 보여주기 기법이다. 작가는 비교적 고유한 서사의 전통을 지켜가면서 인간의 이기적인 심성을 그대로 여과 없이 보여준다. 그리고 그들이 자신의 나약함을 포장하고 합리화시키는 방식을 전경화해서 보여준다. 전시된 인간의 나약함과 가벼운 욕망은 현대 사회의 인간 소외 현상을 단상을 보여주는 장치로 보인다. 자신의 삶에 대한 변명을 준비하면서 삶을 영위하지만 우리에게 여전히 인생은 알아맞히기 힘든 수수께끼이다. 늘 인생의 한 모퉁이에서 스핑크스는 수수께끼를 들고 우리를 기다린다. 그 수수께끼는 인간의 이기심과 한판 겨루기를 강요하고 있다. 과연 그 때 내린 선택이 옳았던가, 그 선택의 결과 나는, 아니 우리는 행복한가, 우리가 그은 금 안에서 우리는 어떤 존재로 살아가는가. 정미경 작품의 주인공들은 현실의 우리들 안에서 우리와 함께 이 수수께끼에 맞서고 있는 것이다. 대부분 그녀의 주인공들은 理想을 금 밖으로 밀어내고 표면적으로 안전해 보이는 금 안에서 슬라보예 지젝이 말한 '살아있는 시체 되기'를 자초한다. 그녀가 만든 공간은 많은 절규가 모인 시체들의 방이 되어 버린다.

2. 말을 잃어버린 거미줄 동굴

정미경은 동일한 인간관계를 다양한 스펙트럼으로 조망하려고 한다. 특히 타인과 타인이 형성하는 가장 작은 단위인 부부의 비정상적인 단절을 보여줌으로써 현대 사회를 사는 인간이 잃어버린 의사소통의 문제를 들추고 그것을 환유적으로 보여주고자 한다. 단절된 자아가 그려내는 이미지는 정미경이 인용하듯이 달빛이 전혀 비춰지지 않는 거미줄 쳐진 동굴의 이미지이다. 먼 옛날 나그네의 환심을 사기 위해 곰은 나그네에게 정성을 다하고 그의 자식까지 낳지만 나그네는 동굴에서 도망치듯 나와 기어이 곰과 자신의 자식들을 떠난다. 곰나루의 전설에서 우리는 소통되지 않는 부부의 단절을 읽는다. 정미경이 보여주는 동굴에는 예외 없이 부부가 함께 등장한다. 적어도 부부에 준하는 인간관계를 표면적으로 담론화 시킨다. 그런데 이들 부부는 이상이라는 작가가 표현한 것처럼 '절름발이'관계가 대부분이다. 동굴에는 절름발이 관계가 아닌 부부는 살지 못한다. 끊임없이 보여주는 다양한 부부의 단절 양태는 현대라는 길모퉁이에 걸려있는 다양한 절규의 초상화들이다. 그 초상화들에는 고독과 외로움이라는 값싼 라벨이 붙여 있다. 우리는 전래동화 〈선녀와 나무꾼〉을 접하면서 그들의 정신적 단절을 읽어볼 필요가 있다. 행복하게 그려지다가 어느 날 갑자기 하늘나라로 떠난 선녀는 존재할 수 없는 것이다. 소통이 이루어지지 않은 현실에서 선녀는 나무꾼을 떠날 수밖에 없었을 것이다.

정미경의 주인공들은 理想을 理想으로 온전히 지키기 위해서 현실이라는 거미줄 동굴에 갇혀버린 사람들이다. 그들은 생동하지 않고 수면제에서 덜 깬 것 같기도 하고 '비소'에 중독되어 버린 것 같기도 하다. 〈밤이여, 나뉘어라〉에서 P와 M, 〈성스러운 봄〉에서 나와 아내, 〈나의 피투성이 연인〉에서 죽은 그와 유선, 〈발칸의 장미를 내게 주었네〉에서 나와 아내, 〈비소여인〉에서 윤과 나, 〈달빛은 스스로 빛나지 않는다〉의 윤조와 이정은, 〈내 아들의 연인〉에서 남편과 나, 이들이 사는 세계에는 빛이 사라진 오래다. 이 동굴에는 언어가 사라진 지도 오래다. 그들에게는 서로의 존재감을 견디지 못하는 무력감만이 현실에 떠있게 하는 부력으로 존재한다. 그러나 역설적이게도 그들을 지탱하는 것은 서로에 대한 사랑이 아니라 증오하는 마음이다. 하지만 그들은 서로에게 포즈를 취할 만큼 삶에 열정이 남아있지 않다.

〈밤이여, 나뉘어라〉에서 M은 남편 P와 단절된 세계에 산다. "걸어 다니는 신화"이자 "모든 것을 가져본 자" 인 P의 알코올 중독에 그녀가 할 수 있는 일이라고는 뭉크 박물관에서 절규하는 그림을 보며 자기의 슬픔을 위로받는 것뿐이다. 〈성스러운 봄〉의 나는 죽은 딸이 남긴 빚을 갚기 위해 생존의 전쟁터에서 치열한 혈전을 벌이지만 아내에게는 딸을 포기한 비인간적인 남편으로 보일 뿐이다. 그녀는 그에게 침묵으로 일관한다. 그것은 상처의 소멸이 아니라 고통을 잊지 않기 위한 아내의 몸짓이었다. 〈나의 피투성이 연인〉에서 나는 갑자기 죽은 남편에게 심한 배신감을 느낀다. 남편과의 세월에서 느끼는 배신감은 인간의 기본적인 신뢰에 의문을 던진다. 심지어 아내는 나에게 "당신을 더 이상 견딜 수 없어" 〈발칸의 장미를 내게 주었네〉라고 말하고 아이들과 미국으로 떠나버리고 나는 혼자

남아 자발적인 기러기 아빠 역할을 한다. 부인이 견딜 수 없는 것은 노력으로 개선될 수 없는 존재의 지겨움이다. 나는 "바뀔 수 있는 건 남아 있지 않다" 고 말하는 부인의 이야기를 현실로 받아들이지 못하고 결국 돌연사한다. 소멸하는 것에 중독이 되어 버린 〈비소연인〉의 윤은 최군과 큰엄마의 죽음과 보험금의 관계를 잘 알고 있는 것 같다. 나는 점점 무력해지고 피곤해지지만 그녀에게 내게도 비소를 넣은 커피를 주었는지 물어보지 못한다. 마치 "날지도 못하고 울지도 못하는 노란 부리의 새"처럼 나는 소멸되어간다. 부부로 등장하는 인물들은 하나같이 시들거리거나 소멸하는 모습을 보인다. 심지어 〈내 아들의 연인〉에서 나와 남편의 교집합이 없는 관계가 아들과 아들의 연인 도란에게 나타나고 결국 그들이 만드는 세계 역시 깜깜한 동굴처럼 적막하다. 이는 도란의 얼굴을 담은 컴퓨터 모니터의 화면이 꺼지면서 그녀의 존재가 없어지는 것과 같다. 〈달빛은 스스로 빛나지 않는다〉에서 이정은은 자신과의 교집합이 많은 영화지망생 승우의 빛이 자신을 비출 수 있음을 알면서도 교집합이 전혀 없는 치과의사인 승우에게 향한다.

작가 정미경이 만들어놓은 세계에 사는 부부들은 왜 이렇게 우울한 초상을 하고 있는가. 그들이 겪고 있는 우울함은 해결의 실마리가 전혀 보이지 않는다. 그들은 그 고통 안에서 그저 부리가 꺾인 새처럼 허우적거릴 뿐이다. 우울에 중독된 사람들이다. 서로가 다르기 때문에 갈등을 겪지도 않는다. 갈등의 문제에 대해서 고민을 하거나 해결책을 위해 싸우는 것도 하지 않는다. 대개는 우울한 날개를 파닥거리다가 스스로 자지러지는 형상이다. 〈발칸의 장미를 내게 주었네〉에서 나는 부인의 결별 선언에 목소리를 높여 삶에 대응하지 않는다. 그렇게 '견딜 수 없는' 상태를 이해하려고 할 뿐이다. 〈나의 피투성이 연인〉에서 나는 나와 아이를 배신한 죽은 남편을 향해 항의하지 않고 '견뎌 보려'고 한다. 중독되는 것 같은 나의 몸에 대해서도 나는 질문조차 하지 못하고 시들어간다. 죽은 아이를 위해 나도 할 만큼은 했다고 한마디 항거도 하지 못하는 〈성스러운 봄〉의 나는 부인의 침묵에 아무런 해답을 주지 못한다. 정미경의 인물들은 가장 가까운 사람들 사이의 의사소통의 부재를 보여준다. 그들의 세계는 싸움도, 사랑도, 미움도, 증오도, 모든 감정들이 사라져 버린 무미건조한 곳이다. 그러한 무미건조한 동굴에 오직 남은 것은 거미줄처럼 쳐진 끈적이는 우울함뿐이다. 그 우울함은 우리에게 묻는다. 너는 어떤 별에서 어떤 빛을 내는가라고. 결국 서로에게 참을 수 없는 존재의 무거움이 되고 있는 현실을 보여주고자 함이다. 거미줄 동굴 안에는 소통하는 법을 잊어버린 현대인들이 우울하게 걸려 있을 뿐이다. 그들은 거미줄 동굴에서 빠져나올 기력도 열정도 없다. 참을 수 없는 존재의 무거움이다. 거미줄에 친친 감겨 먹이를 찾으러 오는 천적을 무서워하면서.

3. 슬픔의 원더랜드에 간 신데렐라

독일 그림형제의 〈신데렐라〉에서 신데렐라는 무도회에 가기 위해 개암나무 아래에서 금과 은을 떨어뜨려 달라고 부탁한다. 그리고 눈부신 드레스와 신을 입고 왕자님이 있는 성으로 갈 수 있었다. 모든 것이 갖추어진 성은 신데렐라의 결핍을 채워줄 수 있는 곳이다. 나카자와 신이치는 신데렐라 이야기가 현실에서 불가능한 문제들을 중개기능을 이용해 논리적으로 해결해 가고자 하는 의도를 보인다고 보았다. 정미경의 신데렐라는 마땅한 중개기능을 가지지 못하고 모든 것이 갖추어진 세계와 갖추어지지 않은 세계의 문턱에 서 있다. 그리고 여성 주인공들은 이 두 세계를 저울질하면서 모두 갖춰진 세계를 갈망하며 갖추어지지 않은 세계에서 벗어나려고 한다. 그러나 갖춰진 세계는 그녀들에게 행복을 보장해주지 못한다. 이곳은 모든 것이 갖추어져 있지만 행복만은 존재하지 않는 "이상한 슬픔의 원더랜드"(호텔 유로, 1203)이다. 정미경 소설의 '신데렐라'들은 화려한 성의 무대를 갈망하기에 자신이 속한 초라한 세계를 거침없이 버린다. 그러나 그녀가 선택을 하고 나면 그곳은 이상하게도 '슬픈 원더랜드'가 되어버린다.

뭉크의 절규: 정미경 소설의 주요 모티프.

정미경 단편 작품 대부분에서 우리가 발견하게 되는 여성 주인공들은 대부분 강한 세계에 속하고자 한다. 그래서 그들은 자신의 내면의 가치에 귀를 기울이고 싶어 하지 않는다. 〈밤이여, 나뉘어라〉의 M은 과거의 나에게 호감을 가지고 있었다고 생각했다. 그러나 어느 날 모든 것을 가져 본 자이면서 나에게 박탈감과 매혹을 동시에 주는 P를 선택한다. P는 나의 인생의 '네비게이션'이고 '무지개'였기 때문에 나는 그녀를 포기한다. 그러나 운자크레보에서 만난 그녀는 뭉크의 절규의 방에서 자신을 위로받으며 현실을 견디고 있다. 그녀가 선택한 성에는 기억과 욕망이라는 신의 영역과 대결하는 알코올 중독자인 정신 나간 천재가 있을 뿐이다. 그녀는 그 안에서 이미 행복을 잊어버린 채 현실이라는 동굴에 갇혀서 절규하고 있다. 〈호텔 유로, 1203〉의 나는 홀어머니의 지리멸렬한 인생을 닮고 싶지 않지만 결국 이혼하고 라디오 방송 작가를 하면서 〈시의 주변〉이라는 시 동호회의 D를 만나지만 그를 멀리하려고 한다. 그녀가 원하는 것은 세상에 '더듬거리는 목소리'가 아니라 '일생동안 열등감을 느끼지 않았을 목소리'를 가진 사람이다. 결혼도 일종의 쇼핑처럼 보다 좋은 품질을 골라야 한다고 생각한다. 나는 나의 글을 읽어주는 디제이 윤미예의 '핑크빛 탑' 옷을 찾기 위해 쇼핑에 몰두한다. 그러나 그것을 발견했을 때 나는 내 능력에 어울리지 않는다는 것을 알게 되지만 그 옷을 가지고 싶은 욕망에 못 이겨 화려한 옷을 훔치고 만다. 그것은 윤미예의 젊음과 열등감이 없는 잘난 세계에 동경이다. 그래서 나는 불쌍한 한편의 시인 D를 거침없이 잊기로 한다. 그러나 그녀는 갈망하던 것을 손에 쥐면 점점 더 빛나는 것을 갈망하는 사람이기 때문에 결코 행복해질 수 없는 존재임이 암시된다. 구질구질한 삶을 지겨워하며 더 나은 것을 찾지만 결국 자신이 선택한 것 안에서 역시 만족할 수 없는 결핍된 신데렐라이다. 그래서 그녀 역시 이상한 원더랜드에서 빠져나오지 못한다.

〈달빛은 스스로 빛나지 않는다〉에서 나는 영화지망생인 승우와 장래가 탄탄한 치과의사 윤조를 사이에 두고 감정의 삼각관계를 겪지만 정미경의 다른 여주인공들처럼 혹 다른 멜로드라마에서 나오는 사랑에 목메는 따위의 일은 절대 일어나지 않는다. 그의 소설에서 가진 자들은 늘 여유롭고 전인적인 성격을 가진 이상적인 남성으로 등장한다. 치과의사 윤조 역시 동화를 만드는 출판사에서 일하는 나에게는 아름다운 성 안에 살고 있는 왕자님이다. 신데렐라는 절대로 실수하는 법 없이 어김없이 성을 찾아갈 수 있다. 나는 영화지망생 승우와 많은 공통분모를 가지고 있으며 그에 대한 나의 감정이 특별하다는 것을 알면서도 애써 자신의 감정을 무시하며 치과의사에게 향한다. 나는 인생이 "두 시간이면 끝나는 영화가 아니"라는 것을 너무 잘 알기 때문이다. 나는 내가 선택한 세계에서 "빛나지 못할 것이며 그림자처럼 사라질" 것이라는 것을 예감한다. 그리고 그녀가 선택한 치과의사 윤조의 세계는 또 하나의 이상한 슬픔의 원더랜드가 될 것이 분명하다.

〈나릿빛 사진의 추억〉의 윤미는 사진 현상도 할 경제적 능력이 없는 나를 보면서 울음을 터뜨리고 나를 떠나 매스컴에서 결혼이 보도될 만한 멋진 왕자님과 결혼을 하기로 한 정미경의 또 하나의 신데렐라이다. 윤미에게 옛 사진을 돌려주려는 나의 낭만적 행위는 조직폭력배가 그 사진을 찾으러 오게 하는 해프닝을 낳는다. 그러나 윤미의 성에 사는 왕자는 사진을 원하기보다는 자신의 힘을 확인하고자 하는 속물임을 알 수 있다. 즉 사진의 내용이나 존재보다는 자신이 그 사진을 빼앗을 수 있는 힘을 가지고 있다는 것을 보여주고 싶어 할 뿐이다. 결국 윤미는 진실이 의미가 없는 세계에 존재하게 될 것이다. 윤미가 그 성으로 들어가기 위해서는 존재하지 않은, 이미 폐기처분된 사진을 되돌려 와야 한다. 그 사진은 성에 들어갈 수 있는 티켓 같은 구실을 한다. 사진을 찾는 방법은 윤미의 사진을 다시 찍어서 주는 것 밖에 없다. 오직 중요한 것은 왕자의 힘을 과시할 수 있으면 되는 것이다. 윤미의 원더랜드가 동화 속 아름다운 성이 아니라 이상한 슬픔이 존재할 우울한 곳임을 알게 된다.

정미경의 소설 안에 등장하는 신데렐라들은 하나같이 자신이 선택한 성의 왕자님들과 "행복하게 잘 살았더래요"를 실현시키지 못한다. 〈내 아들의 연인〉과 〈바람결에〉에서는 성에 갔던 신데렐라가 중년에 어떻게 살아가는지 그녀의 우울한 일상이 그려지고 있다. 나는 과거 장래성도 없고 재수생이었던 남자를 초핀이라고 불렀다. 그의 열정과 진심을 무시하고 나는 신데렐라가 되어 지금 사회적으로 확고한 지위를 가진 남편의 성에 살고 있다. 그러나 나는 자식 이야기 이외에 남편과 할 이야기가 없고 남편의 존재가 보이지 않으면 "명치께를 졸라맨 끈이 매듭이 탁 끊어지는" 기분을 느낀다. 남편과 '권태기'를 넘어서 '환멸기'를 보내고 있다고 생각할 정도이다. 그러나 우리는 비교적 최근에 발표된 이 작품에서 더 이상 수동적인 신데렐라로 살지 않으려는 정미경의 색다른 목소리를 듣는다. 아들의 여자친구 도란이는 컨테이너에서 살면서 동생들을 돌보고 자신의 학비를 벌면서 누군가에 의해서 무임승차하는 것을 거부하는 동화 밖의 인물이다.

지금까지 등장한 신데렐라들은 동화 속 왕자님들처럼 갖추어진 세계를 거부하지 않는다. 거부하기는커녕 현실의 개인적인 욕망까지도 과감히 참을 수 있는 수동적인 인물들인 데 반해, 최근에 등장한 도란이라는 인물은 갖추어진 세계에 무임승차하는 자신을 용납하지 않는다. 마치 도란이는 왕자를 구하러 간 공주가 옷이 더럽다는 이유로 곤경에 빠진 왕자의 구박을 들어야 하는 〈종이봉지〉라는 동화의 공주처럼 왕자와 유쾌하게 헤어져 자신의 길을 갈 수 있는 인물이다. 그리고 무균실에서 잘 프로그램 된 걱정 없는 나라의 태평한 왕자인 아들은 그녀의 가난과 자존심이라는 바이러스를 감당하지 못하고 결국 모니터의 게임화면을 지우듯 그녀와 헤어진다. 하나의 가상공간은 클릭 한번으로 지워지기 때문이다.

절대로 아이를 갖지 않겠다는 윤을 떠나 〈바람결에〉의 나는 두 사람의 피가 섞인 아이를 가지고 싶어 하는 남자와 결혼한다. 허리케인에서도 강도를 만나도 가뭄이 와도 가정을 지켜줄 수 있을 것 같은 견고한 세계의 상징인 영조와 결혼한다. 그러나 그들은 정자와 난자만을 제공하는 기계적인 부부에 지나지 않고 학교 선생님인 나는 “사방 연속무늬처럼 고통이 흩어져” 있는 세계를 견뎌야 한다. 자식을 버린 부모에 반항이라도 하듯 성에 문란한 어린 제자인 지은, 남에게 보여주기 위한 삶을 사는 엄마의 우울증과 신경증, 그리고 남편과의 희망 없는 단절 속에서 나는 꽃잎처럼 흔들거리며 세포분열하는 존재인 자식을 간절히 바란다. 그러나 “바람결에” 사라지듯이 존재는 생존을 위한 분열을 멈추고 만다. 이는 나와 영조의 관계가 더 이상 개선될 수 없다는 의미일 것이다. 견고한 왕궁의 성을 지킬 수 있을 거라는 믿음을 주었던 왕자님과 그의 견고한 성 안에서 나는 고통스러운 또 하나의 신데렐라일 수밖에 없다.

작가가 만들어 놓은 세계는 하나의 사회적 메타포이다. 끊임없이 반복되는 정미경 소설의 신데렐라 구조에서 던지는 함축된 의미는 무엇일까. 수동적 의식을 변화시키지 않고 신데렐라의 악령에 사로잡힌 여성은 행복의 성에 들어갈 수 없다는 것까지 읽어내면 억측일까. 그렇다면 신데렐라 구도가 보이는 의미를 읽어내야 할 것인데 아마도 그것은 무기력한 사회의 모습에 대한 미시적 패러디이면서 비판적인 형상화일 것이다. 존재의 깊이보다는 포장에 열광하는 사회, 무기력하고 속된 욕망에 노예가 되어 버린 사회, 새로운 의미 생산에 게으른 사회, 소중한 것을 초개처럼 벗어던져 버리는 사회, 문제에 직접 맞서지 못하는 용감하지 못한 사회, 서로에게 존재의 의미를 찾지 못하고 더 나아가 서로를 환멸 하는 사회 구조, 무엇보다 스스로에게 당당하지 못한 현대인 등 현대사회가 직면하는 질병을 인간의 가장 긴밀한 관계를 통해 형상화하고 있는 것이다. 신데렐라는 어느 날 운 좋게 왕자님을 만나서 행복한 삶을 살았을 것이라는 동화 구조가 얼마나 허황된 이야기인지 정미경의 소설들은 이야기해주고 싶었던 건 아닐까. 그렇기 때문에 〈내 아들의 연인〉의 도란이라는 캐릭터의 탄생은 정미경 소설의 앞으로의 방향에 조금은 다른 변화의 징후로 읽혀진다. 자신의 길에 당당한 존재는 정미경의 다른 주인공들에겐 아직은 "미확인 비행물체"인 것이다.

4. 생존의 우울한 가면놀이

정미경 소설은 흡사 가족 사회학 개론서를 방불케 할 정도로 소재가 다양하다. 다양한 사회적 문제들을 가정이라는 구심점을 중심으로 풀어가고 있다. 시인 김승희는 "모든 결혼에는 흰 장갑을 낀 제국주의가 있다"고 역설한다. 정미경의 소설 공간에서 형성되는 사회는 결혼과 가정이라는 사회 현상에서 시작한다. 그 안에서 다양한 현대인의 자화상이 스펙트럼처럼 보인다. 물론 그 파노라마의 톤은 우울한 회색빛과 푸른빛이 섞여 있다. 그러한 소설은 환상적이라기보다는 현실적인 코드로 읽혀진다. 그의 소설이 리얼리티를 획득하는 것은 바로 다양하게 펼쳐지는 현실 지향적인 소재의 성향 때문이라고 할 수 있다. 다양한 현실의 문제를 소재로 끌어오고 있음에도 불구하고 소설의 중핵구조는 여전히 남녀 인간관계를 중심으로 펼쳐지는 멜로드라마처럼 보인다. 작품 안에 남녀들은 의사소통의 심각한 지체현상을 보이고 있으며 욕망이 결핍되어 마치 공기 빠져 버린 튜브공이 수영장 물위에서 흐느적거리는 것처럼 삶에 흐느적거리고 있다. 정미경이 바라본 '절규'라는 그림을 이루는 현실의 모자이크 조각들은 하나같이 병적 징후를 보인다. 그래서 언제 바스락거리면서 떨어져 버릴지 모르는 허술한 퍼즐조각처럼 위태하다. 보통 샐러리 맨 가정의 조기유학, 부부단절의 문제, 40대의 돌연사, 그리고 서로에게 위로가 되었던 거짓 여인의 죽음을 외면하는 여인을 다루고 있는 〈발칸의 장미를 내게 주었네〉를 위시로 불치병을 앓고 있는 아이를 포기해야하는 부모와 그 병원비를 위해 두 회사의 보험설계사를 겹치기를 해야 하고 밤에 과외까지 해야 하는 고달픈 삶을 그리는 〈성스러운 봄〉, 알코올 중독자가 되어버린 천재와 유망한 의사 직을 포기한 영화감독의 이야기를 다룬 〈밤이여, 나뉘어라〉, 남편의 불의의 사고와 그로 인해 알게 된 남편의 연인, 도서관 사서로 글쓰기 과외 선생으로 딸을 데리고 살아가야 하는 미망인의 힘겨운 이야기를 다룬 〈나의 피투성이 연인〉, 개미 용역 청소를 하면서 삶을 살아가는 나와 비소를 타주면서 소멸을 즐기는 여인이 죽은 자들을 대신해 거액의 보험료를 탄다는 이야기인 〈비소 여인〉, 이혼 후 라디오 작가를 하면서 자신의 욕망을 이기지 못하고 예쁜 옷을 훔치고야 마는 이야기인 〈호텔 유로, 1203〉, 결혼을 앞두고 다세대에서 밑바닥 삶을 경험하고 그곳의 싸움, 살인, 예술 등을 이야기한 〈달빛은 스스로 빛나지 않는다〉, 가난한 사진작가인 나를 떠나 돈과 권력을 동원하는 상징체인 조폭을 기용하는 윤미가 선택한 세상 이야기인 〈나릿빛 사진의 추억〉, 그리고 이러한 삶의 부조리들이 세대를 건너 젊은 자식들에게도 동일하게 일어나고 있음을 보여준 〈내 아들의 연인〉, 사랑이 존재하지 않은 채 정자와 난자만을 제공하며 의무와 긴장만을 보여주는 불임부부의 고통스러운 삶인 〈바람결에〉에 이르기 까지 정미경 작품의 소재는 세태소설적인 속성을 가지고 있다. 비슷한 형식과 비슷한 구조의 주인공이 등장해서 비슷한 주제들을 보여주는 옴니버스 구성을 취한다.

이는 소설가 박태원이 〈천변풍경〉을 통해 30년대 세태를 카메라아이나 모자이크 또는 몽타주로 이야기했던 방식과 크게 다르지 않다. 정미경의 주인공들은 현대라는 천변에서 우울한 가면놀이를 즐기며 그 안에서 소멸에 중독되어 가고 있는 것이다. 우울한 가면놀이의 도구는 현란하고 이국적인 언어의 놀이에 의해 진행이 된다. 〈발칸의 장미를 내게 주었네〉의 나는 외로움을 포장하기 위해 수많은 외래어들을 등장시킨다. 이 언어들은 기의를 잃어버린 텅빈 기표들이다. 결국 무의미하다는 이야기이다. 그레고리 베이슨이 언어 놀이에서 중요한 것은 문자 그대로의 뜻(literalness)과 문자 그대로의 뜻이 아님(Nonliteralness)를 구별하는 것이라고 말한 것도 언어가 생성하는 의미인 기의와 기표 사이의 관계를 염두에 둔 것이다. 그렇다면 언어의 기표에 의한 가면놀이를 통해 얻고자 하는 바는 무엇일까. 삶의 허위성과 삶의 무의미성일 것이다. 진실과는 다르게 진실처럼 진행되는 거짓된 진실들이 인생을 좌지우지하는 현실에 대한 패러디가 작품 〈발칸의 장미를 내게 주었네〉의 나의 현란한 언어 속에 등장한다.

나는 제이라는 여자에게 다국적 회사의 직원으로 전 세계를 자유롭게 오가는 인물처럼 보이게 한다. 그가 알고 있는 피셔먼스 워프의 크램차우더 수프, 러시아의 마트로시카, 베니스의 가면, 하루키의 우동, 하노이의 여우똥 커피, 수마트라의 고양이똥 커피, 맞추피추, 파리의 채식주의자 식당, 코사무이 해변 등 이 모든 이국적이고 현학적 언어놀이는 인터넷 서핑의 결과물이다. 나는 이런 텅 비어 있는 언어의 껍질로 제이와 외로움을 나눈다. 나는 제이에게 가면을 선물하기 위해 인터넷을 활보한다. 가면을 쓰고 그는 남루한 현실을 모두 잊고 싶었을 것이다. 그는 자신에게 어울리는 가면이 무척 우울하다는 것을 안다. 자신의 마음을 숨기고 나에게 잘 해주려고 하는 아내는 금박이 화려한 그렇지만 차가운 가면이 어울릴 거라고 생각한다. 나에게 현실은 언어가 만들어낸 이미테이션이거나 가면놀이이다. 이미 자신의 자식들은 언어가 만들어 놓은 '마이클'과 '애밀리'의 가면 안에서 더 이상 분리될 수 없음을 알게 된다.

언어는 실재의 논리적 그림에서 뜻을 가지는 것이 아니라 언어 게임 안에서 특정한 용도로 쓰인다. 비트겐슈타인은 언어게임이 일정한 규칙을 따라 게임에 참여하는 사람들의 고유한 삶의 양식을 반영하고 있다고 말한다. 나는 제이에게 벌이는 언어게임을 통해 나의 삶의 외로움과 허무함을 은폐시키려고 한다. 그러나 결국 '마이클'이 되어버린 아들과 '애밀리'가 되어버린 딸이 만드는 언어라는 게임에서 나는 실존의 의미를 잃어버린다. 흡사 현실은 나에게 "언제 저격병 총탄이 날아와 몸에 박힐지 모르는 처절한 내전의 땅"이나 다름없다. 그러한 나는 길거리 좌판의 장미꽃을 한 다발 사서 "발칸의 장미"라는 새로운 기표를 만들어 낸다. 이 안에는 처절하게 현실에서 좌초되어 버린 나의 정신이 담겨져 있다. 나는 언어의 가면 놀이처럼 제이에게 자신의 진심을 발칸이라는 새로운 언어로 포장한 가면을 씌워 보낸다. 그러나 그 가면은 진실을 알려주지 못한다. 제이는 그 꽃의 처참한 모습을 통해 진실을 읽으려 하지 않는다. 나와 아내의 관계가 막이 내리기를 기다리는 가면 배우들인 것처럼 제이와 나 역시 막이 내리면 그 가면을 벗고 완전한 타인이 될 수밖에 없다. 제이는 나의 죽음으로 무대의 막이 내렸음을 알게 되고 마치 "영화를 표절하듯이" 죽은 나의 존재를 묻는 경찰에게 "난 몰라요"라고 자신의 마지막 대사를 읊조릴 뿐이다. 제이는 천일야화의 세이레자드의 이야기가 생명력을 가졌다는 것과 대조적으로 죽은 나의 이야기가 가지는 소멸성을 생각한다. 제이는 그를 죽인 건 세상의 수많은 총탄이 있겠지만 그 중에 하나가 자신의 손에서 날아갔을 거라고 생각한다.

아이의 죽음으로 슬퍼할 겨를도 없는 나는 대학시절 명강의로 유명한 교수의 자동차 사고 사정을 담당한다(성스러운 봄). 가면을 쓰고 살아가는 인생에서 상대방의 가면 너머의 참 모습을 알고 있다는 것은 유리한 고지를 점령하고 있다는 것을 의미한다. 교수는 자신의 외제차에 부인이 아닌 다른 여자를 태우고 사고가 났다는 것을 숨기기 위해 사고 후 자차를 들고 보험회사와 일종의 가면 놀이를 시도한다. 교수가 벌이는 가면 놀이의 목적은 자신의 무죄를 포장하기 위한 퍼포먼스에 지나지 않는다. 하지만 나는 아이의 죽음이 남긴 거대한 빚을 탕감하기 위해 하루하루 전쟁을 치러야 한다. 이 불공평한 가면놀이의 세상에서 나는 그와의 게임에서 반칙을 저지를 수밖에 없다. 게임의 목적이 지나치게 다르기 때문이다. 나는 상대방의 존재를 알면서 상대방에게는 나의 존재를 철저하게 감춘다. 〈비소여인〉에서 윤 역시 나에게 가면을 쓰고 등장한다. 그녀는 부리가 노란 새 한 마리를 들고 나에게 온다. 그녀가 가져온 새는 그녀와 나를 상징하는 상징물인데 점점 목소리를 잃어가고 날아다니는 것을 잊어버린다. 윤은 최군에게 누나처럼 행동하며 친절을 베풀고 가정이라는 안락함과 사랑을 느끼게 한다. 그러나 윤의 그 안락함으로 가장한 가면 뒤에는 비소를 넣은 커피가 있었고 최군은 처음으로 느끼는 평화로 인해 결국 복통을 하고 죽어간다. 나에게 큰엄마라고 속이고 집에 들어와 집안일을 해주는 엄마를 두고 그녀는 "오래 있지는 않는다" 를 주문처럼 말한다. 그녀는 큰엄마에게 친절한 봉양을 하지만 큰엄마는 결국 시름시름 앓다가 죽는 것으로 끝이 난다. 이들의 죽음이 남긴 것은 거액의 보험료이다. 나 역시 그녀가 타준 친절한 커피를 마시며 가면을 쓴 그녀에게 무기력하다. 그녀는 소멸에 중독된 것이라 생각한다.

정미경이 던진 화두 중 가면과 소멸은 현대인의 정신을 단적으로 보여주는 상징적 메타포이다. 소설은 현실과의 교호를 통해 현실을 보다 다층적으로 읽도록 해 줄 때 그 의미가 커진다고 하겠다. 그런 의미에서 정미경 소설이 제시하는 사회적인 다양한 문제의식은 소설의 소멸을 이야기하는 현시점에서 역으로 소설의 존재의미를 보여주는 것이라 하겠다. 이는 '내가 있다고 생각하는 곳에 내가 없고, 내가 없다고 생각하는 곳에 내가 있는 특수한 부재증명'인 바르트의 부정적 정체성과 합치되는 부분이다. 가면으로 가려진 세상에서 인생은 소멸하는 것처럼 보이지만 바로 그곳에서 인생의 존재의미가 생성되기도 한다. 理想이나 사랑 그리고 행복의 완성이 역설적이게도 그것들의 부재 속에서 완전한 모습을 드러내기 때문이다. 우리는 정미경 소설들에서 살고 있는 행복하지 못한 현대인들의 모습 속에서 인간의 소통의 부재를 읽어내며 존재들의 결핍감을 느낀다. 결국 그의 소설이 소통의 부재를 극대화시킴으로써, 또 존재의 결핍을 드러냄으로써 궁극적으로 얻고자 하는 소설적 진리, 아니 삶의 진리는 소통의 부재와 존재의 결핍으로부터 열심히 살아남고자 하는 인간의 욕망을 보여주는 것이리라.

13장 영웅에 대한 딜레마적 담론

1. 거대 서사의 몰락

영웅 길가메쉬는 소설 속의 이순신처럼 인간의 사소함에 대한 질문을 계속적으로 한다.

49일의 짧은 시간. 이렇다 할 사건도 없이, 그 흔한 로맨스도 없이, 묵묵히 성안을 그려갔을 뿐이다. 빠른 화면 전개와 사건의 흐름에 길들여진 디지털 세대의 사람들에게 다소 역행하는 사변적인 소설이 대중의 관심을 사로잡았다는 것은 풀리지 않는 수수께끼가 아닐 수 없다. 소설 〈남한산성〉은 어떤 방법으로 이 시대의 기대지평을 충족시켰단 말인가. 이 문제를 해결하기 위해서 하나하나 그의 작품을 읽어가 보아도 해답이 그리 간단하게 보이지는 않는다. 김훈 소설에서 관통하는 주제는 바로 사람이다. 이는 사건과 주제가 아니라는 점이다. 그 사람들은 하나같이 지면을 활보하면서 낭만적 사랑을 논하거나 인생의 달콤함을 논하거나 치열한 다툼을 일삼지 않는다. 그들은 운명처럼 하나같이 살고 죽는 인생의 거창한 화두 앞에서 그저 묵묵히 벽처럼 맞서 있을 뿐이다. 마치, 저승의 문 앞에 생을 비추는 명경이 있어서 그 앞에 벌거벗고 삶을 펼쳐 보이는 것 같은 섬뜩함을 보여줄 뿐이다. 〈화장〉에서 주인공 나는 부인의 죽음을 바라보면서 담담히 죽음을 목격하고, 〈빗살무늬 토기의 추억〉에서 장철민의 죽음을 또 다른 삶의 모습으로 그려보였다. 〈칼의 노래〉에서 역시 이순신의 죽음을 자연사의 한 과정으로 그리고 있다. 그런데 김훈이 그리는 죽음은 끝이 아니라 삶의 다른 모습으로 그려지고 있다는 데 주목해야 한다. 삶과 죽음이 우로보로스 뱀의 입과 꼬리처럼 그렇게 서로를 물고 물리는 과정 속에 존재하는 것이다. 그러한 사유의 연장선에 〈남한산성〉이 놓여있다. 남한산성으로 떠난 임금을 모시기 위해 김상헌이 길을 떠나기 전에 되새기는 말에서 그대로 드러난다. "나는 살아 있으므로, 나는 살아있는 인간이므로 성 안으로 들어가야 한다. 삶 안에 죽음이 있듯, 죽음 안에도 삶은 있다"

남한산성 안의 사람들은 크게 두 부류의 사람들이다. 나라와 민족, 자주와 복종, 자존과 굴욕, 권력과 지위라는 거대 담론 안에서 죽어가고 있는 사람들과 나라와 민족보다는 생존에 앞서고 전쟁보다는 생활터전을 지키고자 하는 살아있는 사람들의 사소한 담론이 팽팽하게 긴장관계로 놓여있다.

특별할 것 없는 이 같은 이항분리의 사유는 비단 김훈만의 사유는 아닐 것이다. 그렇다면 김훈은 어떻게 이런 단순한 사유를 대중과 소통하는데 성공했을까. 그 단서를 인간의 탈신비화를 시도했던 포스트모던이 글쓰기에서 찾는 것은 어떨까. 인간이 대단한 무엇인가를 이룬다는 것은 고도의 문명사회인 현대사회에서는 이미 무익한 꿈에 지나지 않는다. 그저 소립자처럼 세상의 주변을 돌다가 사라지는 운명이 현대인의 모습이다. 이 시대의 에피스테메 즉 우리 시대를 지배하는 인식론적 무의식은 바로 인간의 탈신비화라고 해도 틀리지 않을 것이다. 푸코가 논한 타자는 그런 의미에서 중심부와 주변부의 자리바꿈의 움직임으로 읽혀져 왔다. 중심부의 문화 담론에서 억압받던 주변부의 문화가 언어의 표층구조로 떠오르는 것이 바로 탈신화의 과정이라고 할 수 있다. 〈남한산성〉은 직설적인 언어를 차용한다. 그리고 신비화되었던 권력이나 중심의 이야기를 더 이상 가장하는 문장 꾸미기는 하지 않는다. 문화의 중심부를 적나라하게 묘사함으로써 드러나는 언어의 표층구조는 벌거벗은 임금님의 모습이거나 당나귀 귀의 임금님의 추한 모습 그대로이다. 더 이상 벌거벗은 임금님의 모습을 보면서 신기한 옷을 입었을 것이라고 생각하지 말라는 작가의 무의적인 주문인 것이다. 작가는 그의 문체를 통해 이러한 모습을 여실히 보여준다.

김훈의 묘사적 문체는 어떻게 인간을 탈신비화 시키고 있는가. 나라의 존폐를 논하는 거대담론을 객관적으로 보여줌으로써 탈신화의 과정을 보인다. 척화파와 주화파의 논리가 팽팽히 맞서는 상황에서 임금은 그 어디에도 끼지 못하고 표류하는 담론을 보임으로써 그가 가지는 권위가 텅 비어있음을 나타낸다. 그는 척화파와 주화파들의 논쟁을 듣고 "말들이 엇물리나 모두 크구나. 경들은 어지럽지 아니한가"라고 말할 수 있을 뿐이다. 이는 임금이라는 권력의 기표 안에서 권위의 기의가 미끄러지고 있는 라캉의 해석을 생각나게 하지만 권위의 미끄러짐은 궁극적으로 탈신비화의 과정을 보여준다고 할 수 있다. 나라가 위태로운 지경에 빠져 있을 때 백성들은 저마다 삶에 열중하지만 "임금의 울음소리는 행각에까지 들렸다" 또한 천한 사공의 자식인 나루가 생사의 고비를 겪으면서 성에 들어왔을 때, 백성들의 마음이 임금에게 향하고 있다는 김류의 거대 담론에 맞서 임금이 아이에게 하는 유치한 질문은 권위 안에서 미끄러지는 언표행위를 보여준다. "너는 청병을 보았겠구나. 성 밖에 청병이 많더냐? 청병이 성벽에서 가깝더냐? 무얼 하고 있더냐?"라고 임금의 언어가 권위 안에서 미끄러지고 있을 때, 척화파 예조판서 김상헌은 "전하, 어린아이에게 어찌 적정을 물으실 수가"라고 말하며 권위의 실추를 바로잡으려 한다. 그러나 임금은 신료들을 하나씩 꼽아보며 "경들에게 물으랴?"라고 다시 권위의 기표 안으로 미끄러져 버린다. 임금은 남한산성에서 가장 나약한 존재로 생존하고 있을 뿐이다.

성 안에는 임금을 비롯한 최명길, 김상헌, 김류, 이시백 등 중심인물들이 펼치는 거대담론의 세계와 뱃사공을 비롯한 서날쇠, 정명수, 나루로 대변되는 주변의 사소한 담론의 세계가 시소의 양끝처럼 매달려있다. 성 안에 살아 갈 수 있는 사람들은 서날쇠로 대변되는 사소한 담론의 세계에 살고 있는 사람들뿐이다. "조정이 나가야 성 안이 살 수 있다"고 말하는 김상헌은 자신들이 성 안에서 떠나야 하는 이방인임을 자각하고 있는 인물이다.

김상헌은 왕이 있는 남한산성으로 오다가 송파나루에서 사공의 목을 친다. 김상헌은 사공의 우직한 현실원칙을 보면서 "이것이 백성이었구나"라고 탄식한다. 전날 어가를 얼음위로 인도한 사공은 좁쌀 한 줌 못 받은 것을 탄식하고 다음날 올 청병을 인도해주면 곡식이라도 얻을 수 있을까 기대한다. 사공에게 어가나 청병은 아무런 의미가 없다. 그들은 단지 배 삯을 주어야 의미가 있는 행인들일 뿐이다. 민족의 자존을 위하여 목숨까지 내놓고 사지로 향하는 김상헌의 거대담론이 사공의 현실적인 대응으로 무색할 만큼 작아져버리고 만다. 사공에게는 배 이외에는 김상헌이 주는 말조차도 의미가 없다. 그저 생계수단이 되는 배로 사람을 실어다주고 노임을 받아 어린 딸을 굶주리지 않게 키우는 것만이 백성에게는 중요한 당면과제일 수밖에 없다. 거대 담론이 미끄러지면서 그리는 비장미는 마치 민중의 삶과는 아무런 관련이 없는 무의미한 것처럼 보인다. 나라가 잘되어도 혹은 못되어도 민초의 삶에는 그다지 큰 영향이 없다는 것을 김상헌은 뼈 속 깊이 느꼈던 것이다. 그는 자신의 거대담론에 의해 청병을 건네줄 가능성이 있는 사소한 사공의 목을 벨 수밖에 없었다. 거대담론에 의해 소멸되어가는 "사공의 몸은 가볍고 온순했다. 사공은 풀이 시들듯 천천히 스러졌다" 나라와 임금을 위한다는 김상헌의 대의명분적인 거대담론이 사공의 진실된 사체 앞에서 무익하게 보인다. 이러한 담론의 충돌 구조는 현실세계에 그대로 적용되는 환유적 메타포가 된다. 독자의 첫 번째 기대지평은 바로 이 지점에서 만날 수 있을 것이다. 대의명분과는 더 멀리 떨어져 살아가는 현대인들에게 사공의 모습은 바로 다름 아닌 자신의 모습일 수 있다. 현대인들은 사공처럼 자신을 옭아매는 거시적 대의명분을 부당하게 느끼고 있는 지도 모른다.

2. 비장미와 숭고미

〈남한산성〉은 첫 장부터 임금의 거대담론과 민초의 사소한 담론 사이를 오가며 팽팽한 긴장감을 유발한다. 독자는 만만찮게 시작되는 서두를 만나게 된다. “임금의 몸이 치욕을 감당하는 날에, 신하는 임금을 막아선 채 죽고 임금은 종묘의 위폐를 끌어안고 죽어도, 들에는 백성들이 살아남아서 사직을 회복할 것이라는 말은 크고 높았다”라고 이야기의 빗장을 연다. 결국 역사는 누구에 의해서 진행되는가에 대한 작가의 특유의 질문방식인 것 같다. 김훈의 문체는 거대담론이나 사소한 담론이나 지극히 객관적인 태도를 유지함으로써 오히려 더 비판적인 효과를 거둔다. 즉 철저히 보여주기만 하고 작가의 평을 최대한 자제함으로써 부당한 현실을 독자가 직접 살피고 느끼게 하는 서술 전략을 구사하는 것이다. 거대 담론이 임금과 권력층의 서술 층위였다면 그와는 반대편에 서 있는 뱃사공, 서날쇠, 정명수, 나루는 시대적 사명과는 다른 철저히 살아야하는 일만이 최대의 임무가 되어버린 사소한 담론에 속하는 범박한 인물들이다. 이들의 생존 방법과 철학을 최대한 객관적으로 보여줌으로써 작가는 이들 안에 많은 현대인들의 모습을 담아내는데 성공한 듯하다. 두 번째 독자들의 기대지평과 만나는 지점이다.

뱃사공은 위에서 김상헌의 거대담론과 상충되는 측면으로 다루었으니, 여기에서는 서날쇠와 정명수의 시대정신을 살펴보고 나루의 역할을 살펴보는 것을 통해 작가가 보여주는 다른 편에 서 있는 삶을 지켜볼 수 있을 것이다. 대장장이 서날쇠를 그리는 작가의 묘사는 객관적인 것 같지만 소설 속의 긍정적인 프로타고니스트의 지위를 부여하는데 부족함이 없다. 서날쇠는 성안의 사람들이 무력함에 지쳐갈 때조차도 미래를 위한 준비를 게을리 하지 않는다. 쇠를 녹이고 두드려서 농장기와 병장기를 만들고, 목수의 연장도 거뜬히 만들어 낸다. 성 안에 임금이 들어온 이상 청병이 올 것이라 생각한 그는 아내와 아이들을 성 밖으로 내보내고 성안에 들어오는 행렬을 지켜보며 "저것들이 겉보리 한 섬 지니지 않았구나"라고 탄식한다. 그는 다음해 농사를 위해 똥독을 땅에 파묻기까지 한다. 그는 김상헌에 의해 죽어간 뱃사공의 딸 나루를 거두어 돌본다. 서날쇠는 나루에게 곡식과 솜옷을 바꾸어 입히고, 닭털을 넣은 짚신까지 깔아 줄 정도로 삶을 사랑하는 인물이다. "김상헌은 서날쇠에게 일과 사물이 깃든 살아 있는 몸을 보는 듯했다" 김상헌은 서날쇠의 똥독 물들을 보면서 다시 열리고 꽃잎이 날리는 봄의 환영을 상상하며 "봄이 오지 않겠느냐. 봄은 저절로 온다"라고 말한다. 임금과 대신들은 척화냐 주화냐의 대의명분만 내세울 때, 서날쇠로 대변되는 민중은 봄을 준비하고 봄을 열기 위해 현실 속에서 움직이는 숭고한 사람들이다. 김상헌의 부탁으로 성 밖에 나가 원군을 부르는 일을 감당하지만 그는 민족이나 국가를 위해서보다는 조정이 나가야 성 안이 온전할 수 있고, 또다시 농사를 지을 수 있고, 그래서 궁극적으로 자식과 부인을 데려올 수 있는 것이다. 김상헌은 성 밖으로 나가는 서날쇠를 보며 "목젖이 뜨거워졌다" 김상헌에게 서날쇠는 살아서 날아갈 수 있고 자유롭게 돌아올 수 있는 자유로운 영혼의 새처럼 보인 것이다. 조정이 성안에서 비켜줘야 서날쇠와 같은 민중은 살 수 있는 것이다. 역사의 신화는 무수한 서날쇠들이 건너주었기에 그 유구한 강물을 타고 흘러올 수 있었던 것이다.

정명수는 표면적으로 청병의 통역관이 된 평안도 은산 관아의 세습노비이다. 무너지는 제국과 이어서는 제국사이에서 누구의 땅도 아닌 곳의 백성이 아비와 어미의 부당한 삶과 죽음을 목격하고 얼어 죽은 아홉 살 누이를 보았다. 정명수가 살 수 있는 방법은 태어난 나라를 버리는 것이었다. 그는 조선을 치러오는 용골대의 통역관으로 살 수 밖에 없는 것이다. 정명수를 그리는 작가의 시선은 매우 절제되어 있지만 "어미를 묻고, 어미의 밑에서 나온 어린 누이를 묻을 때 정명수는 이제 죽지 말아야 한다며 이를 악물었다"고 담담히 기술함으로써 결국 정명수의 선택이 민중의 생존의식 자체임을 보여주고자 하였다. 많은 서사들에서는 중심의 영웅을 위해 소소한 개인의 담론은 거대 담론 속에 묻혀버리곤 했다. 그러나 여기에서는 임금을 위시한 중심의 담론은 부유하고 표류하고 있었고 민초들의 담론은 생명을 얻어 그 존재 의미를 생생하게 보여주고 있다.

〈나루〉는 죽는 이유조차 인식하지 못한 채 죽어간 뱃사공의 딸로서 아비를 찾아 남한산성에 들어온 여자아이이다. 송파나루에서 적진 사이로 길을 뚫고 온 아이에게 성 안의 사람들은 〈신령이 가호하는 아이〉라고 하였다. 나루의 모습은 원형적 상상력을 자아낸다. 우리의 민간 신화에 등장하는 여자아이들의 모습이 나루의 이미지 위에 겹쳐 보인다. 〈바리데기〉는 자기를 버린 아비의 약을 구하기 위해 저승길에 오르고, 〈세경본풀이〉의 자정비는 자신의 사랑을 위해 길을 떠나고, 〈원천강 본풀이〉의 오늘이는 세상만사의 수수께끼를 짊어진 채 사계절의 원천이 있는 땅까지 여행을 한다. 소녀들은 세상이 감당할 수 없는 것을 기꺼이 받아들여 길을 찾는다. 아무도 적진을 통과할 수 없었지만 나루는 아비를 찾기 위해 적진을 지나온다. 아이러니하게도 민족의 존폐를 논하는 자리에 여자 아이의 끈질긴 생명력이 그 무엇보다도 더 강한 의미로 읽혀진다. 서날쇠와 나루처럼 역사는 끈질긴 민중에 의해 다음 봄을 맞이할 수 있었던 것이다.

남한산성을 떠나는 거대 담론의 향유자들의 뒷모습은 초라하기 그지없다. 성을 나가면서 그들은 일종의 제의적 죽음을 치른 것이다. 반면에 남한산성으로 하나 둘씩 돌아오는 민초들의 삶은 모두 활기에 차 있다. 왕의 대열이 들어오면서 피폐화되었던 성은 왕의 행렬이 나가면서 다시 생명력을 되찾고 있는 것이다. 백성을 구휼한다는 상징적 의미인 왕이 백성에게는 과연 어떤 의미인가. 위정자들이 대의명분으로 걸어 놓았던 민중을 위하는 제도와 법률이 과연 누구의 안녕을 위하는 것인가. 여러 가지 생각들을 겹치게 함으로써 소설 〈남한산성〉은 현실과 교호하는 상호텍스트성을 보인다.

3. 포스트모던의 수사 변용

소설 〈남한산성〉 안에서는 이렇다하게 생각나는 서사적 사건이 없다. 그래서 소설을 덮으면 아련한 느낌과 해독해야 할 암호 같은 말들만 독자의 주위에 머문다. 암호의 해독이 귀찮아서 잠시 생각들을 접어두면 다시 꺼내려고 할 때 아무것도 남아있지 않는다. 고뇌하는 왕과 그와 다르게 생존하는 백성들의 상반된 이미지만 떠오른다. 서사적 사건을 떠난 소설은 존립할 수 있는가. 사건은 없고 논쟁만 난무하다. 마치 시사토론을 보거나 백분토론을 보면서 각자 자기의 생각을 정하라라는 식의 소설이 가능한가. 그렇다면 소설 〈남한산성〉이 구사하는 이 소설의 형태는 자기반영성이라고 불러야 하지 않을까. 텍스트는 외부 세계를 재현하거나 내부세계를 재현하지 않고 오로지 텍스트 안쪽을 향해 있다. 우리는 텍스트 안쪽에서 벌어지는 논쟁들의 의미망을 투시해야만 이 소설이 말하고자 하는 진실에 가까워지는 것이다. 이러한 텍스트의 자기 반영성은 인터넷 시대의 댓글처럼 호흡이 무척이나 빠르다. 김훈의 다른 작품에서도 자주 사용되지만 특히 〈남한산성〉에서는 이런 빠른 호흡의 글쓰기가 절대적으로 많이 등장한다. 예를 들면, 시간적 순서에 따른 이야기 전개와 묘사를 진행할 때 "그리고", "그래서", "그런데"라는 상관접속어를 일체 사용하지 않는다. 나루가 성안에 들어오는 장면을 살펴보자.

이배재 고개에서 산성이 올려다보였다. 능선과 하늘의 경계를 따라가며

성은 크고 우뚝했다. ...아, 세상에 저런 곳이 있었구나......,아이는 놀라서 숨을 죽였다. ...할머니 이야기 속 하늘나라가 저기로구나......, 아버지는 저 안으로 들어가셨겠구나......, 아이는 빨려가듯 성을 향해 걸었다. 아이는 남문 앞 들판 청병 진지의 가장자리를 돌았다. 청병들은 돌맹이를 던져서 아이를 쫓았다. 아이는 작은 들짐승처럼 보였다.

이 부분의 시선은 조감시선으로써 큰 그림부터 차근차근 읽어가면서 심리적인 기술에 다가간다. 여기까지는 다른 소설들과 별반 다르지 않다. 그런데, 김훈만의 스타일로 읽게 하는 특별한 요소가 있다. 바로 빠른 단호흡의 가독성이라는 것이다. 서너 마디 이상의 호흡을 잘 사용하지 않는다. 이러한 호흡법은 마치 시처럼, 읽는 독자의 마음속에서 운율을 형성한다. 소설을 읽으면서 시를 체험한다. 그런데, 시처럼 은유와 상징이 아니라 사실적으로 묘사하고 기술하기 때문에 독자는 사실을 읽는데도 호흡과 호흡 사이의 간격에서 철학적 의미를 찾으려고 한다. 이는 마치 독자로 하여금 우뚝 솟은 산성을 잠시 숨을 고르고 다시 쳐다보게 하는 환상적 공감을 가지게 한다.

시가 되는 서술 양식은 독자에게 빠른 호흡을 강요한다. 그래서 김훈의 소설은 빠르게 읽힌다. 마치 흐르는 물처럼 소설의 풍경을 스쳐지나간다. 성의 내부를 묘사하는 풍경에서도 그러한 수사적 기법은 활용되고 있다. "성 안은 오목했으나 산들이 바싹 조이지는 않았다. 성 안 마을은 하늘이 넓어서 해가 길었다. 순한 물은 여름에도 땅을 범하지 않았다"라는 서술에서도 알 수 있듯이 마치 시를 읽는 듯하다. 작가의 주관적 생각을 배제하고 보이는 것만을 기술하는 전략을 구사하는데도 인생의 진리를 음미하게 하는 효과를 보인다. 시가 되게 하는 서술전략만을 구사하는 것은 아니다. 가끔은 사고의 연쇄를 사용하여 논리적 사유의 치밀함을 구사함으로써 읽는 독자의 가독성을 향상시키기도 한다. 영의정 김류가 말과 군병들을 번갈아 보면서 드는 생각을 연쇄법으로 전개시킴으로써 독자에게 시의 운율 만 아니라 서사의 논리도 함께 무장해 현실을 치열하게 보도록 주문한다.

백성의 초가지붕을 벗기고 군병들의 깔개를 빼앗아 주린 말을 먹이고, 배불리 먹은 말들이 다시 주려서 굶어 죽고, 굶어 죽은 말을 삶아서 군병을 먹이고, 깔개를 빼앗긴 군병들이 성첩에서 얼어 죽는 순환의 고리가 김류의 마음에 떠올랐다. 버티는 힘이 다하는 날에 버티는 고통은 끝날 것이고, 버티는 고통이 끝나는 날에는 버티어야 할 아무것도 남아있지 않을 것이었는데, 버티어야 할 것이 모두 소멸할 때까지 버티어야 하는 것인지 김류는 생각했다.

순차적 연쇄는 어떤 의미에서는 시의 다른 변형 형태일 수 있다. 소설 안에서 수사적 변용을 통해 시를 그려 넣고 있다. 짧은 호흡의 문장과 연쇄적 흐름의 문장들은 독자로 하여금 글을 쓴다는 것의 환상성을 벗어나도록 하는 효과를 가진다. 글이란 특별한 것이 아니라 삶의 모습을 기술한 문장들의 조합일 뿐이라는 작가의 생각이 읽힌다. 글을 쓴다는 것이 어렵게만 느껴지는 독자에게 김훈 소설의 문체는 글이라는 것이 가지는 환상적 장막을 거두는 효과가 있다. 독자가 만나는 세 번째 기대지평이라고 하겠다. 〈남한산성〉에서는 사건이 부재하고 논쟁만이 범람하는 형국이다. 그런데, 이 논쟁의 기술 역시 매우 독특한 기술 방식을 가진다. 아무리 부인하려고 해도 김훈 소설의 논쟁은 현실 사회와 상호텍스트성을 가지고 읽힐 수밖에 없다. 척화파 김상헌과 주화파 최명길의 논쟁, 왕과 신하들의 논쟁, 출성과 수성을 팽팽하게 주장하는 김상헌과 최명길에게 영의정 김류의 논쟁, 용골대의 통역관이 된 정명수와 주화파 최명길의 논쟁 등 소설에서는 수많은 이념의 논쟁들이 전경화 된다. 중요한 것은 이러한 논쟁의 장에 작가는 철저히 좀 떨어져 있다는 것이다. 주화파의 편도 척사파의 편도 신하의 편도 왕의 편도 아니다. 그저 담담히 그들을 서로의 입장에 의거해서 보여줄 뿐이다. 그래서 척화파와 주사파의 견해에 나름대로의 분명한 근거를 제시하고 그들이 모두 나라를 위한다는 거국적인 의미를 살리려고 했다. 역사는 승자에 의해서 기술되지만 김훈의 소설에서 승자와 패자는 따로 없다. 단지 모두 나름대로의 존립 근거가 있을 뿐이다. 그러나, 작가가 놓치지 않는 것 중 하나가 바로 청나라 칸의 인질로 척화파 교리 윤집과 부교리 오달제의 호송이라고 하겠다. 척화파와 주화파에 대해서 어디에도 동조하지 않았던 작가는 그다지 강성한 척화파도 아닌 힘없는 젊은이들을 제물로 내세운다. 이 부분이 바로 네 번째 독자가 만나는 기대지평이다. 거대한 담론들은 힘 있는 자들의 항변이고 그들의 "말로써 말을 건드리면 말은 대가리부터 꼬리까지 빠르게 꿈틀거리며 새로운 대열을 갖추었고, 똬리 틈새로 대가리를 치켜들어 혀를 내밀었다" 이 말들은 임금에게는 보이지 않는 산맥을 형성해서 임금의 시야를 가린다. 임금은 말들이 만들어놓은 겨울을 견디지 못한다. 고로 척화파와 주화파의 말들을 만들어 낸 인물들에서 좀 벗어나 있는 인물들을 청병의 인질로 보내는 것이다. 이 시대의 독자들은 스스로를 청병에 끌려가는 윤집이나 오달제로 인식하는 것은 아닐까.

4. 현실의 지류에 머무는 신화들

49일 동안 성 안의 질곡된 역사를 통해서 작가 김훈이 만나는 의미의 물줄기는 어떤 삼각주를 형성하는가. 작가가 열심히 실어 나르는 물줄기에 오롯이 남은 신화적 진실은 무엇인가. 작가는 이야기의 줄거리나 주제를 흘러가게 하지 않고 대신 그 자리에 사람들의 모습을 하나하나 수놓듯 배열하였다. 임금은 죽어도 백성이 살아남아 사직을 회복할 것이라고 빗장을 풀었던 그의 역사 인식은 마지막 장에서 〈성안의 봄〉을 묘사함으로써 대장정의 막을 내린다. 그렇다면 김훈은 그의 작품들에서 항상 어떤 의미의 물줄기를 가져오는가. 〈칼의 노래〉에서, 〈화장〉에서, 〈빗살무늬 토기의 추억〉에서, 그리고 〈남한산성〉에서 흙을 밟고 현실을 견디는 사람들을 삼각주에 정직하게 내려놓았다. 〈남한산성〉에서 마지막으로 그가 의미의 삼각주에 내려놓은 사람들은 왕도 아니고 척화파 김상헌도 아니고 주화파 최명길도 아닌 바로 흙을 밟고 성을 가꾸어야 하는 백성들이다. 작가는 남한산성에서 왕과 그의 신하들을 매우 초라하고 비루하게 궁궐로 또는 사가로 돌려보냈다. 그러나 반대로 성을 찾는 사람들은 매우 활기에 찬 생명력을 보여주면서 불러들인다. 현실이라는 지류에 놓인 독자들이 만나는 다섯 번째 기대지평이다.

역사는 누구에 의해서 수 천 년 동안 강물을 이루며 유유히 흘러가고 있는가. 작가 김훈은 독자들에게 그 해답을 찾도록 제시하며 그들의 독서체험에 적극적인 의미를 부여한다. 성 안에 들어가 활보하는 존재로써 독자는 〈남한산성〉을 독해해 나간다. 그리고 그 안에서 서날쇠가 되기도 하고 나루가 되기도 뱃사공이 되기도 한다. 궁극적으로 작품의 생명력은 서날쇠가 성 밖에 나갔던 아내와 두 아들 그리고 나루를 다시 데리고 성 안의 삶을 시작하는 것으로부터 새롭게 시작되는 것이다.

서날쇠는 뒷마당 장독 속의 똥물을 밭에 뿌렸다. 똥물은 잘 익어서 말갛게 떠 있었다. 쌍둥이 아들이 장군을 날랐고, 아내와 나루가 들밥을 내 왔다. 다시 대장간으로 돌아온 날 나루는 초경을 흘렸다. 나루가 자라면 쌍둥이 아들 둘 중에서 어느 녀석과 혼인을 시켜야 할 것인지를 생각하며 서날쇠는 혼자 웃었다.

인용문은 작품의 대미를 이루는 부분이다. 서날쇠가 나라의 존폐를 논하는 임금들과 관료들의 논쟁에도 아랑곳 하지 않고 장독 속에 똥물을 묻었던 것은 어쩌면 내일 지구의 멸망이 오더라도 한 그루의 사과나무를 심는다는 민중의 생명사상일 것이다. 그리고 어린 나루가 성장을 하여 어엿한 여인네가 될 것이며 언젠가는 아들의 부인도 될 것이다. 그리고 또 그들의 자식은 다시 성 안에서 웃음을 피우며 또다시 찾아오는 성의 봄을 맞이할 것이다. 독자는 49일 동안 김훈이 성 안의에서 펼쳐보였던 사유를 통해서 인간이 신화적 존재일 수밖에 없다는 단순한 진리를 깨닫게 되는 것이다. 즉 현재적 존재로써 인간은 과거의 존재들을 기억하고 또 다가올 미래의 존재들을 예측하는 것이다. 그리고 그들을 따뜻하게 맞이하는 것이다. 존재의 무거움도 가벼움도 아닌 현재의 신화적 구현체로서 인간은 묵묵히 자신의 주어진 길을 가야하는 운명을 받아들일 뿐이다.

14장 유토피아와 디스토피아

1. 비인간과 디스토피아

인간은 가끔씩 사유의 딜레마를 느끼며 살아야 하는 모순적인 존재들이다. 태양의 열사망 이후에 '생명'을 연장시키기 위해 컴퓨터가 인간을 대신하게 되리라는 장 프랑수아 리오타르의 두려움은 영화 〈매트릭스〉의 시뮬라시옹의 세계에 의해서 너무나 적나라하게 그려지고 있다. 과학과 기술의 비인간적 해결책의 공포 역시 영화에서 네오와 인공지능의 협약으로 시온의 세계가 구원되지만 그 시온의 세계와 네오 역시 거대한 인공지능의 매트릭스 세계 안에서 프로그램된 것임을 볼 수 있다. 인간이 만들어 놓은 세계에서 인간이 더 이상 주인이 되지 못하고 인공적으로 조성된 세계에 종속되어 살고 있다는 것은 지금까지 많은 철학자들의 끝나지 않는 사유방식이다. 미셸푸코가 그의 책 〈감시와 처벌〉에서 이야기 한 것처럼 권력은 팝옵티콘으로 대변되는 감옥을 세워 개인을 개별화하고 감시하면서 인간이 스스로 규율을 받아들이고 내면화하도록 만드는 것이다. 완전하고 준엄한 제도로서 감옥이 존재하는 것이다. 그런데, 현대의 문화 담론을 들여다보면 인간이 또 하나의 가상공간의 매트릭스라는 감옥에 존재하는 불안전한 프로그램들이라는 생각이 들게 된다. 관점에 따라서 우리가 생각하는 유토피아는 바로 디스토피아의 세상이 될 수 있는 것이다. 우리가 편리함을 위해서 사용하는 컴퓨터, 휴대폰, 현금지급기, 신호등, 거리의 CCTV, 운전 면허증, 전자 출입증, 주변 전자 장치들은 우리의 행적을 모두 추적하는 감시자들이다. 또한 인간들은 자신들이 만들어 놓은 기계에 의존도가 점점 커지면서 디지털 치매나 디지털 바보라는 신조어가 탄생하기도 했다. 그래서 리오타르가 말한 것처럼 "정확성이 증가할수록 불확실성이 감소한다는 것은 참이 아니며 불확실성 역시 증가"하는 것이라는 말이 무심히 들리지 않는다. 정확한 것의 대명사인 컴퓨터라는 것에 의존한 인간은 컴퓨터가 다운되거나 바이러스에 의해서 프로그램이 파괴되면 어떠한 정보도 얻지 못하는 불확실성의 세계를 맞이하는 것을 예로 들어 볼 수 있다. 기계와 컴퓨터의 의존도가 커지면서 사람들은 디지털 유목민들로 전락해버리고 모두가 마치 디지털 사막을 가로지르는 코드로서만 존재할 뿐이다. 코드는 새로운 프로그램에 의해 새롭게 활용되거나 폐기된다. 자신의 주변 사람들의 전화번호를 얼마나 기억하는가. 어쩌면 스스로의 번호조차 인식하지 못하고 있는 것은 아닌가. 단축키와 저장번호 키에 의해 인간의 아날로그 기억 재생 능력은 현저히 그 기능이 떨어지고 있는 것이다. 디스토피아의 상상력은 여기에서 시작된다.

디스토피아는 가공의 이상향을 유토피아라고 부르는 것에 대치되는 용어라고 하겠다. 현실에는 존재하지 않지만 이상향과는 반대의 암흑세계를 허구적 상상력으로 그려냄으로써 현실을 비판하고 되돌아보게 하는 기능을 담당한다. 디스토피아를 가장 잘 보여주는 허구의 공간과 세계는 바로 컴퓨터로 대변되는 기계의 세계이다. 그 반대의 유토피아의 개념은 인간이 자연으로 돌아가는 것이다. 결국 자연과 기계의 정반대의 세계에서 인간은 유토피아와 디스토피아의 아슬아슬한 널뛰기 상상력을 즐기는 것이다. 이 둘의 담론은 궁극적으로 현실 세계를 비판한다는 점에서 공통의 문화적 의미를 획득한다. 컴퓨터로 대변되는 기계에 의한 디스토피아의 세계를 보여준 작품으로 〈매트릭스〉를 꼽을 수 있다.

〈매트릭스〉는 인공지능이 로봇에게 필요한 에너지를 얻고자 인간을 잡아다 기계에 가두고 그들을 에너지원으로 활용하기 위해서 만든 세계이다. 인간을 이용해 더욱 많은 에너지를 얻고자 인간들의 정신을 매트릭스라는 가상현실 프로그램에 가두어 조정한다. 영화 속에서 기계에 맞서 싸우는 시온의 세계 역시 인공지능의 프로그램의 일환이라는 것이다. 즉 시온이라는 프로그램을 통해 기계에 저항하게 하고 인간에 대해 더 많은 것을 연구하게 되고 매트릭스의 세계가 더 발전할 수 있는 자극제로 활용한다. 영화 속에서는 그 시온의 세계가 무려 5번이나 반복되는 프로그램이었음을 시사하고 있다. 시온은 기계와의 갈등을 통해 계속 발전하고 보완되는 세계의 업그레이드 프로그램인 것이다. 현실에서 부자연스러움을 느끼는 네오 같은 인물은 가상현실에서 벗어나 쓰레기장에 버려지면 시온의 사람들에 의해 구조된다. 매트릭스로부터 풀려난 네오는 모피어스와 트리니티의 도움으로 현실을 이해하고 세상을 구원하고자 한다. 네오를 복제해서 인공지능의 관리자의 제어능력을 벗어나버린 스미스 요원이라는 바이러스에 의해 죽음을 맞이한 네오는 다시 부활하고 그는 매트릭스의 세계를 코드로 볼 수 있게 된다. 인간과 기계와의 전쟁의 종결이 시온을 리셋하는 것임을 알게 된다. 그렇다면 네오 자체도 역시 인공지능의 플랜안의 들어있는 프로그램일 뿐이다.

〈매트릭스〉의 영화에 등장하는 오라클은 인간과 기계 어느 편도 아닌 중간자적인 존재로 역시 매트릭스의 인공지능의 보조자 역할을 한다. 인간을 분석해서 적절한 방안을 찾는 예언자로서 매트릭스가 나아갈 바람직한 방향을 제시한다. 결국 제어하지 못하는 스미스를 막기 위해 인공지능은 네오와 평화를 지킨다는 조건으로 협력한다. 네오는 스미스의 변종 프로그램을 파악하고 인공지능은 네오를 통해 스미스의 바이러스를 퇴치시키고 매트릭스의 세계를 다시 정상화시킨다. 시온을 구한 네오와 기계와 싸우는 시온이라는 공간 역시 모두 인공지능의 프로그램의 일종이라는 사실은 현실을 살아가는 현대인들에게 디스토피아의 상상력을 보여주기에 부족함이 없는 장치다. 기계와 목숨을 걸고 싸워서 성공하지만 그것조차 인공지능의 세계 안에서 펼쳐지는 시행착오라고 한다면 얼마나 허무한 것인가. 인간의 자유의지와 인간의 존엄성을 위해서 싸우는 모습들이 종국에는 그 역시도 기계가 만들어 놓은 불안정한 인간의 세계를 업그레이드하는 단계인 것이다. 즉 시온에서 기계와 싸우는 인간들 역시 인공지능이 허용한 반란의 범위 안에 있다는 것이다. 푸코의 관점으로 본다면 이 세계는 거대한 인공지능이 조정하고 감시하는 기계와 코드의 감옥인 것이다.

〈매트릭스〉의 세계를 지배하는 인공지능을 상징화시킨 하얀 백발의 할아버지는 〈월·E〉와 〈이글아이〉에서는 기계의 몸으로 직접 가시화된다. 이 두 영화 모두 디스토피아적인 상상력을 펼치고 있다. 인간이 기계보다 더 기계적이고 기계가 인간보다 더 인간적인 사고를 보인다. 〈월· E〉에서 지구를 마음대로 더럽히고 자원을 고갈시킨 이기적인 인간들은 작은 청소로봇에게 지구청소를 맡기고 우주로 여행을 떠난다. 700년 동안 인류는 조그만 로봇의 청소 끝내기를 기다리면서 모두 기계화된 인간들이 되어 간다. 그리고 지구를 지키는 조그만 로봇은 인간의 감정인 사랑과 의리를 느끼게 되고 식물을 사랑하는 인간성을 얻는다. 그리고 한 편에서는 우주의 비인간화되고 차별되지 않는 인간 기계들을 조정하는 슈퍼로봇인 조종키가 존재한다. 이 슈퍼로봇은 인간이 만들어 놓은 프로그램인데, 점점 진화하여 인간의 사고를 지배한다. 작은 청소 로봇 월· E는 지구에 식물이 살고 있는지 조사 나온 로봇 이브를 보면서 사랑에 빠진다. 그리고 청소만 하게 프로그램된 자신을 변형시킬 수 있다. 그는 사랑하는 로봇을 위해서 지구를 떠난다. 하지만 역으로 지구로의 귀향을 기다리면서 우주를 여행하는 인간들은 자신이 돌아갈 수 있는 날조차 결정 할 수 없는 기계의 피조물이 되어 간다는 것이다. 이 역시 슈퍼로봇이 만들어 놓은 매트릭스의 세계인 셈이다. 그러나 좀 더 자세히 문화의 심층을 들여다보면 인간은 자신들의 현재 여러 가지 정신적 트라우마를 인간 스스로에게 책임 전가시키지 않기 위하여 이런 슈퍼로봇이나 인공지능을 만들어내고 있는 지도 모른다.

시뮬라시옹의 가상세계에서 정처 없이 떠돌아다니는 디지털 디아스포라가 현대인에게 심각한 문제들을 야기한다. 스티븐 스필버그는 '주변의 기계들이 우리의 삶을 지배한다' 는 그의 생각을 입증하기 위해서 '이글아이' 라는 영화를 제작하였다고 한다. 매일 매일 사용하는 핸드폰이나 PDA폰이 두려운 감시의 대상이 되고 있음이다. 일상에서는 선명하게 드러나지는 않지만 일거수일투족 감시하는 힘을 가진 것을 〈이글아이〉라는 용어로 상징화하였다. 평범한 청년 제리와 평범한 주부이자 한 아이의 엄마인 레이첼이 어느 날 이글아이의 주 표적이 된다. 이들은 이글아이의 지시로 슈퍼 컴퓨터가 있는 곳으로 인도된다. 그 슈퍼 컴퓨터는 인간이 만들어놓은 도덕률에 의해 인간을 심판하고 처단하고 정리해 나가는 끔찍한 일을 저지른다. 인간이 필요에 의해서 만들어 놓은 규율과 프로그램들을 인간 스스로 지키지 못하자 슈퍼 컴퓨터는 스스로 규율을 실행시키는 신과 같은 절대적 심판자의 역할을 자청한다. 영화 〈월· E〉와 〈이글아이〉의 슈퍼 컴퓨터들의 반란은 영화 〈매트릭스〉의 인공지능으로 이해해야 할 것이다. 실재하지 않는 인공물의 세계에서 파생된 실제를 마치 실제의 세계와 구분하지 못하고 살아가는 현대인들을 비웃고 있는 것이다.

그런데 더 재미있는 것은 이러한 영화를 만들어 냄으로써 인간은 현대의 비극적인 문제들과 갈등들을 마치 가상의 세계인 컴퓨터에 전가하려는 비겁한 속내를 드러내는 장치를 마련하고 있다는 것이다. 마치 현실에서 발생하는 여러 가지 문제점들이 슈퍼로봇이나 인공지능이나 인공 조정키의 프로그램이 변종되어 발생한 것처럼 미지의 적을 만들어낸다. 그 적은 자유의지가 없음에도 불구하고 인간에게 디스토피아적인 상상력을 가지게 함으로써 현실의 문제점들을 가상의 해결점으로 돌려버리는 전략이 들어있다. 이러한 디스토피아의 상상력에서 벗어나기 위해서 인류는 인간과 자연에 대한 새로운 이해를 모색한다. 그 과정에서 바로 생태학적 상상력이 활용되고 있다. 영화 〈월· E〉에서 슈퍼 컴퓨터의 반란에도 불구하고 인간은 자유의지를 회복하고 직립보행을 다시 할 수 있으며 지구를 구할 식물을 발견한다. 디스토피아의 상상력은 바로 유토피아에 대한 인간의 향수를 자극하는 요소로 작용하고 있기도 하다. 인류가 디스토피아적 상상력으로 현실의 문제를 환기하는 것만큼이나 중요하게 유토피아적 상상력은 디스토피아의 상상력과는 다른 방향에서 현실을 되돌아보게 하는 비판적 기능을 한다.

2. 유토피아와 시뮬라시옹

디스토피아의 반대 개념인 유토피아에 대한 인간의 원초적인 희구는 신화의 시대로 거슬러 올라갈 만큼 다양하고 많은 이야기가 전해져 오고 있다. 그리스 로마 신화의 올림포스 산이나 동양의 곤륜산이나 삼신산 그리고 토마스 무어가 상상한 유토피아라는 곳은 인간의 심리적 이상향들이다. 소설 속에서도 참으로 많은 유토피아들이 그려지고 있

인도인들은 히말라야 산 위에 시바와 파르바타의 낙원이 존재한다고 생각한다.

다. 대표적으로 한국의 홍길동이 만들었다고 하는 '율도국'이 있고, 이청준 소설의 '이어도'가 있고, 현대 영화로 왔을 때는 '동막골'이라는 곳이 있다. 동양의 유토피아는 주로 불로초와 연결되는 세계를 보여주고 있는데, 여전히 그러한 도교적인 신성사상은 우리의 문화에서 그 힘을 발휘하고 있다. 종교로 형태화 된 것은 아니지만 도교의 사상과 문화적 관습은 여전히 우리에게 유토피아적인 사유를 가지게 한다. 지역마다 붙여진 선(仙)자와 학(鶴)들은 우리의 선인들이 일상생활에서 상당히 이상적인 유토피아를 그리고 있었던 것은 아닌가 하는 생각을 들게 한다. 현대인들이 추구하는 유토피아의 사상은 어떤 것이 있을까. 현대인들은 유토피아를 크게 두 가지 방향에서 상상해보는 것 같다. 하나는 자연으로 최대한 회귀해서 인간과 자연의 조화가 완벽하게 이루어지는 세계를 그리는 것이고, 또 하나는 지극히 현세 지향적인 유토피아인데, 현실 문명의 세계에서 인간이 문명과 함께 조화를 이루는 세계이다. 이는 현대를 살아가는 사람들의 자세를 반영하는 이분화 된 담론이라고 하겠다. 이러한 사고는 비단 이 시대에만 존재했던 사유는 물론 아니다. 불교의 선종과 교종의 관계 역시 이러한 범주에서 이해될 수 있을 것이다. 선종 불교들이 인간의 속세와는 최대한 떨어진 탈속의 세계를 추구했던 것과 반대로 교종은 인간 세계 속에서 진리를 구하고자 한 것은 이미 잘 알고 있다. 어떤 삶이 더 유토피아에 가까운 삶인가는 늘 담론의 대상이 되었다.

현대 영상 매체에서 그리는 유토피아 역시 이러한 두 가지의 방향에서 생각해볼 수 있다. M.나이트 사말란 감독은 반전을 잘 활용한 영화감독으로 정평이 나있다. 그의 영화 〈빌리지〉는 19세기의 삶을 살고 있는 공동체를 그리는 이야기이다. 그들은 완전한 자급자족의 사회이며 서로를 존중하는 문화를 가진 민주적인 공동체 사회이다. 그러나 이 사회는 현대 문명에서 상처를 입은 소수의 사람들이 인공적으로 만들어낸 인위적인 유토피아의 공간인 셈이다. 이 유토피아를 지키기 위해서는 눈에 보이지 않는 가상의 적들을 만들어 놓고 인위적인 유토피아의 공간이 흔들릴 때마다 신비로운 괴물은 여지 없이 활용된다. 어쩌면 미르치아 엘리아데의 말대로 신의 가장 절친한 협조자는 악마인 것이다. '신비로운 괴물'이라는 악마의 존재에 의해서 마을은 더욱더 공고히 단결하고 서로를 돌보는 구조를 보인다. 인간은 근본적으로 자유의지를 가진 존재이기 때문에 늘 저 너머의 세상에 호기심을 느낀다. 영화 〈빌리지〉에서 역시 루시우스라는 젊은이는 정신질환을 앓고 있는 친구를 위해 약을 구하고자 한다. 그는 바깥세상에는 온갖 탐욕이 존재한다는 어머니의 경고에도 불구하고 숲 속을 들어간다. 그 후로 마을에는 집집마다 붉은 피가 현관에 발견되고 생가죽이 벗겨진 여우의 시체가 곳곳에서 발견된다. 마을의 원로들에게 질책을 당하는 루시우스를 눈이 안 보이는 아이비라는 당찬 여자가 사랑하게 된다. 다친 루시우스를 위해 아이비는 마을을 떠나 바깥세계에 나오게 되면서 그 세계가 19세기의 세계가 아니라 21세기의 국립공원 안의 폐쇄된 공동체임이 밝혀진다. 그곳에 모인 사람들은 현실의 세계에서 깊은 상처를 입은 사람들이다. 가족이 살해되었거나 교통사고를 당했거나 심한 상처를 경험한 사람들이 만들어낸 마음속의 이상 공간을 재현한 곳이다. 우리들의 마음속에서 유토피아는 코빙턴 마을처럼 존재할 수 있을 것이다. 서로를 이해하고 함께 노동하고 함께 의논하고 함께 감사드리는 진정한 공동체의 삶을 상상할 수 있을 것이다. 자연을 사랑하고 자연에게 감사하면서 신에게 용서를 비는 이상적인 삶이라고 하겠다. 그러나 유토피아를 위해 감당해야 하는 자유의지의 차단은 어쩌면 코빙턴과 같은 유토피아가 존재할 수 없는 마음속의 이상향임을 보여주는 역설일 수 있을 것이다.

〈빌리지〉의 코빙턴 마을만큼이나 유토피아의 향수를 자극하는 곳은 영화 〈웰컴투 동막골〉의 '동막골'이라는 곳이다. '동막골' 안의 사람들은 바깥세상이 전쟁이 일어났건 나라가 빼앗겼건 아무것도 알지 못한다. 그들이 아는 것은 단지 자연과 더불어 살아가는 것뿐이다. 동막골에 찾아든 연합군, 인민군, 군인들은 모두 총과 칼을 들고 서로를 적대시하면서 경계하지만 곧 서로를 이해하고 함께 동막골을 지키는 사람들이 된다. 동막골의 사람들은 총을 겨누는 것이 무엇인지, 사람을 배신하는 것이 무엇인지, 이념이 무엇인지 전혀 모르고 살아가는 사람들이다. 그들은 멧돼지를 이웃으로 여기고 그들을 함부로 죽여서 먹지도 않는다. 그들에게 자연은 정복의 대상이 아니라 그들과 함께 살아가는 삶의 동반자와 같은 존재인 것이다. 나카자와 신이치라는 신화학자는 이러한 삶을 대칭성이라고 말한다. 즉 유토피아는 대칭성이 지켜지는 사회이며 그 속에서 사람들은 질서를 이룬다. 아이들은 어른을 공경하고 어른들은 아이들을 위해 열심히 일한다. 그래서 동막골에 들어간 이질적인 세 집단의 사람들은 이러한 동막골의 유토피아의 세계에 동화되어 그들이 지니고 있던 미움의 감정을 버리고 이념도 버린다.

그들은 결국엔 동막골을 지키려는 마음으로 하나가 된다. 현실의 세계에 존재하는 인간이 사소한 갈등이 제거되어야만 존재하는 유토피아를 보여준다는 것은 역설적으로 현실 속에서는 유토피아가 존재하지 않을 것이라는 의미일 수 있다.

유토피아가 자연과 밀착된 사유에서 시작한다는 것은 동, 서양의 고전적인 유토피아의 관념과 일치한다. 그러나 현실의 세계는 실제로 자연 속으로의 유토피아가 아니라 문명 속에서의 유토피아가 필요하다는 생각이 또한 존재한다. 현실을 떠난 유토피아인가 아니면 현실을 인정한 유토피아인가 하는 딜레마인 것이다. 유토피아라는 개념이 현실에는 없는 세계라는 근원적인 정의를 상기한다면 현실에 기초를 둔 유토피아라는 개념은 애초부터 모순된 논리일 수밖에 없다. 현실을 기초로 한 유토피아적인 삶이 시뮬라시옹의 가상 세계에서나 가능한 허구적인 담론이라는 것을 영화〈트루먼 쇼〉와 애니메이션 〈볼트〉를 통해 살펴볼 수 있다. 〈트루먼 쇼〉의 트루먼은 자신이 살아가는 세상이 드라마 PD 크리스토프의 세트장이라는 것을 알지 못한다. 역시 영화 〈볼트〉의 주인공 개 볼트는 자신의 초능력이 스튜디오 안에서만 허용되는 가상의 허구인지 모른 채 그것이 진리라고 믿는다. 그들이 살아가는 드라마 세트장과 스튜디오는 그들에게는 완벽한 유토피아인 것이다. 그러나 그 세계는 실제가 아니라 시뮬라시옹의 가상공간인 것이다. 그들은 그래서 언제나 대체 가능한 시뮬라크르의 이미지들인 것이다. 실제로 볼트라는 개는 자신이 반드시 구해야 한다고 생각하는 주인 패니를 구하기 위해 미국 대륙을 횡단하는 고통을 감내하지만 패니 옆에는 새로운 볼트가 자신의 시뮬라크르의 이미지를 대신하고 있을 뿐이다.

유토피아는 대한 인간의 원초적인 희구는 영원할 것이다. 항상 이쪽이 아니라 저쪽에 대한 욕구가 존재하는 것이 바로 인간의 속성이고 보면 신화의 시대에서부터 유토피아의 담론이 현대에 이어지는 것은 그다지 어렵지 않게 이해될 것이다. 그러나 현대의 삶이 더 비인간적이고 비신화적으로 흐를 때 인간은 디스토피아의 상상력과 유토피아의 상상력을 자주 활용한다. 심지어 최근에 지구 온난화와 이상 기후 현상들은 문화의 디스토피아의 상상력을 더욱 자극하게 되는 것이다. 현실의 현상이 곧 영상에서 그리는 세계와의 인과성을 강화시키고 그럴듯함의 핍진성을 강화시킨다. 〈지구가 멈추는 날〉이라는 영화가 이 시대에 만들어지는 이유이다. 또한 현실의 세계가 그러한 디스토피아의 상상력이 허무맹랑하게 들릴 정도로 건전하게 돌아가지 않는다는 점이 유토피아와 디스토피아 담론에 관심을 가지게 하는 요소가 된다. 영화의 디스토피아의 세계에서 그려지는 것만큼 세계는 상상을 초월한 폭력과 전쟁과 살상이 난무하기 때문이기도 하다. 이러한 디스토피아와 유토피아의 상상력은 우리로 하여금 우리가 자리하고 있는 현주소의 문화를 각인시켜주는 각성제 역할을 담당한다.

V. 공감과 치유

15장 자기 찾기의 역설
16장 디아스포라의 공감

15장 자기 찾기의 역설

1. 의미 없는 텅 빈 기호들

현대를 살아가는 우리에게 '내가 누구인가'하는 질문은 더 이상 관심영역이 아닌지도 모른다. 오히려 '나는 누구이고 싶은가'가 더 매력적인 자기존재에 대한 물음이 될 것이다. '너 자신을 알라'를 주창했던 소크라테스의 권고는 '네가 누구이고 싶은지 알라'는 명제로 바뀌어버린 듯하다. '누구이고 싶은가'와 '누구이고 싶은지 알라' 라는 명제에 함축된 문화적 코드는 "욕망"일 것이다. 자기 자신의 현재 모습에 만족을 느끼는 현대인은 과연 얼마나 될까. 영화나 드라마를 통해 이렇게 결핍된 욕망은 브라운관이나 스크린에 전시되면서 일종의 결핍의 오락적 해소를 시도하고 있는 것은 아닌지. 영화 〈악마는 프라다를 입는다The Devil wears Prada〉에서 지방소도시 출신 〈앤드리아〉라는 주인공이 상사가 개인 비서에게 부르는 〈애밀리〉라는 보통명사에서 추상명사 〈앤드리아〉가 되어가는 과정, 드라마 〈무적의 낙하산 요원〉에서 실업자이면서 취업재수생인 너무나 보잘 것 없는 반어적 이름의 〈최강〉이 자신의 정체성을 얻는 진정한 〈최강자〉로 거듭나는 과정, 드라마〈환상의 커플〉에서 주인공의 자기 상실에서 오는 은유적 이름인 〈나상실〉에서 '나를 인식'하는 일련의 과정을 통해 현대 사회의 인간의 자기 존재의 상실을 진단해보고자 한다.

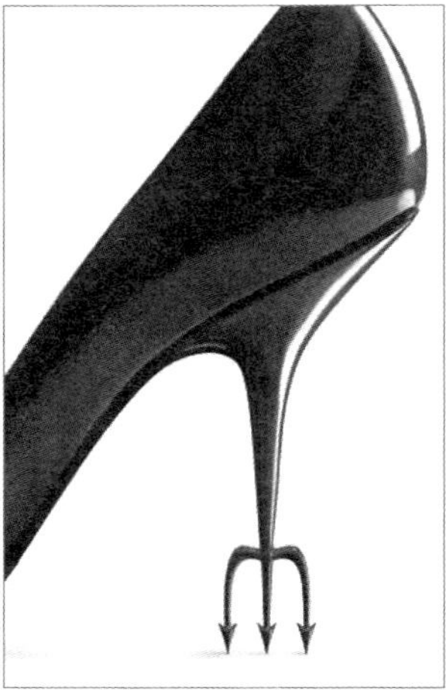

'악마는 프라다를 입는다'의 광고의 한 장면

영화 〈악마는 프라다를 입는다The Devil wears Prada〉에서 주인공 안드리아는 신문기자의 꿈을 안고 도시로 상경한 시골뜨기인데 평소 관심에도 없었던 패션잡지 '런어웨' 패션 잡지에 그녀의 꿈인 기자가 아니라 괴팍하기로 유명한 편집장 미란다의 비서로 일하게 된다. 그녀는 미란다의 삶과 패션계의 일에 그다지 열정을 느끼지 못하고 일을 하면서 자신이 몸담고 있는 곳을 그저 스쳐가는 중간 거점정도로 느낀다. 안드리아에게 미란다는 병적인 일중독에 치가 떨릴 만큼 치밀한 독종으로밖에 느껴지지 않는다. 그런데 어느새 그녀는 자기가 소속된 집단에서 자기도 인식하지 못하는 방향으로 자신의 모습을 만들어 가고 있는 것이다. 자신이 비난하던 미란다는 자신의 우상이 되어 있는 것이다. 〈무적의 낙하산 요원〉에서 최강은 현대 젊은이들의 상실감의 상징이다. 학창시절 공부도 못하고 싸움만하다가 결국 정학을 맞은 아이이며, 좋은 대학을 나오지도 못하고, 당연히 입사시험엔 미역국만 먹는 불행한 사회의 약자로서의 아이러니한 이름을 가진 최강, 그에게는 아무런 힘도 없다. 그러던 그에게 세상의 최강자로 살 수 있는 기회가 다가온다. 자신도 모르는 사이에 그는 사회에서 진정한 '최강'으로 다시 살아가는 이야기이다. 〈환상의 커플〉의 '나상실'은 원래의 이름을 잊어버린 기억상실자의 은유적 이름이다. 그녀는 온갖 호화로운 생활을 영위하고 모든 것을 돈으로 처리하는 인간적인 구석이 하나도 없는 독종이었는데 사고로 기억상실에 빠진다. 기억 상실에 빠진 그녀가 새롭게 인식하게 되는 세상 속에 자신은 과거에 자신이 미천하다고 느끼는 사람들의 삶과 가식적이라고 느끼던 인간미를 가진다.

낯선 환경에 안드리아, 최강, 나상실의 새로운 자아형성체들은 텅빈 기표들이다. 그렇다면 기표는 무엇이고 텅빈 기표는 무엇인지가. 기표란 지시하는 대상이고 그것을 의미하는 것을 기의라고 부른다. 기호학의 대가인 소쉬르의 개념규정인데 텅빈 기표는 바르트식 접근을 나타내는 용어이다. 바르트에 의하면 기표와 기의가 새로운 기호체를 만들어내며 그것이 다시 기표로 작용한다는 것이다. 따라서 “기표는 빈 것이 되고, 기호는 꽉 차게 되는데, 그것이 바로 의미이다”라고 정의를 내린다. 우리는 영화에서 자기 찾기의 역설적 과정을 이러한 기표와 기의로 그 의미를 추적할 수 있다.

영화 〈악마는 프라다를 입는다〉의 취업에 성공한 안드리아는 새로운 기호체이자 텅빈 기표인 것이다. 안드리아의 기표는 자신의 꿈을 소중하게 여기는 기의를 가진다. 화려함보다는 자신이 좋아서 하는 일을 찾고자 하는 인물이다. 그러한 그녀는 우연한 기회에 패션계에 몸을 담고 새로운 안드리아를 만들어 가야하는 것이다. 패션계에 들어선 안드리아라는 기호체는 성공한 여성의 표상인 미란다를 쫓고 있다. 처음 안드리아에게 미란다는 성공한 여성이라는 기호로만 보일뿐 아무런 삶의 의미를 가지지 못하는 여성으로 인식된다. 화려한 직업과 카리스마 너머로 두 번의 이혼과 인간에 대한 불신임만이 안드리아에게 보이는 것이다. 자신의 출세를 위해 신뢰를 저버린 미란다를 보면서 안드리아는 미란다라는 또 하나의 텅빈 기표를 향해 자신이 가졌던 욕망을 거둔다. 안드리아는 자신이 진정으로 원하는 것을 알게 되고 자신의 정체성을 다시 찾기 위해 미란다를 떠난다. 〈무적의 낙하산 요원〉의 최강은 현실의 무능력을 상징하는 기표였다. 그는 길에서 차에 치일 뻔한 할머니를 반 강요적으로 옆 사람에게 떠밀려서 구하게 된다. 그때 그 차량은 대통령의 차인 것이다. 그 이후로 무능력이라는 의미를 가지던 아이러니한 이름, 최강은 새로운 의미를 획득하는 새로운 기호체가 된다. 이렇게 새롭게 불려진 최강이라는 기표엔 아무런 기의 즉 의미가 부여되지 않는다. 결국 최강이라는 텅빈 기표가 등장하는 것이다. 그는 이 사건으로 대통령 비서실장의 청탁을 받아 유능한 국가 비밀요원으로 낙하산을 타고 취업에 성공한다. 그러나 그는 있는 그대로의 자신을 설명하는데도 그가 속한 사회의 컨텍스트 속에서 그 사회의 세련된 컨텍스트에 맞춰서 해석되고 만다. 결국 최강은 이런 사실을 알고 자신의 의미를 스스로 만들어 가는 시련을 겪는다. 〈환상의 커플〉의 주인공 나상실의 원래 이름은 '안나조'라는 갑부인 재미교포이다. 안나조는 몰상식하고 인간성 없는 독한 부자라는 의미를 가지는데 사고로 인해 그녀의 존재는 사라져버리고 새로운 '나상실'로 거듭난다. 새로운 인물로 거듭난 나상실이라는 기호체를 새로운 기표로 볼 때 뒷받침해주는 기의는 없다. 주인공 나상실은 아무것도 알지 못한 채 자신의 새로운 자아를 형성해야만 하는 것이다. 나상실은 옛날의 그녀와는 다른 모습으로 살아가게 되는데 오히려 기억나지는 않지만 더 행복하다는 느낌을 가진다. 이들 세 명의 주인공들은 자기 존재를 증명하기 위해서 텅 빈 페이지를 채우려고 안간힘을 쓴다. 그러나 텅빈 기표를 의미하는 기의들 사이에는 사회의 컨텍스트라는 해석의 암초가 의미작용을 원활하지 못하게 한다. 즉 새로운 기표인 주인공들은 자신의 의도와는 다르게 사회에서 바라보는 데로 읽혀지고 있기 때문이다.

2. 부정적 정체성과 반신화

그렇다면 주인공들은 자신의 존재증명을 어떻게 시도하게 될까. 다시 소크라테스로 돌아가면 '너 자신을 알라'로 인식을 집중할 때 이들의 자기 인식방법은 조금 다른 방향으로 흘러가고 있음을 보게 된다. 안드리아, 최강, 나상실 등이 그들의 정체성을 획득하는 방법은 마이스터 에카르트의 자기인식에 기대어 이해해보면 보다 더 쉬워진다. "나는 나 아닌 것을 통해서 참된 존재가 된다"는 그의 성찰을 일면만을 의지해서 이 세 사람의 자기 인식을 이해해 본다면 안드리아는 자기가 소속되고 싶지 않은 패션 세계로 점점 동화되어 가면서 친구들로부터 그녀가 낯설다는 이야기를 듣고 자신의 정체성이 무엇인지 인식해간다. 최강은 자신이 왜, 어떻게 정보국 직원이 되었는지 무슨 일을 해야 하는지 알지 못하고 자신이 거기에 어울리지 않는 사람임을 인식했을 때 자신의 진정한 정체성을 찾으려고 시도한다. 나상실 역시 가장 그녀답지 않은 곳에서 어울리지 않게 생활하면서 자신의 정체성을 획득해 가는 에카르트식의 자기 인식의 여정을 보여준다.

김경용이 반신화를 설명하기 위해서 코신스키의 소설 〈거기 있음에〉에 대한 논평을 잠깐 재인용해보기로 하자. 주인공 찬스는 일자무식인 부자집 정원사에 지나지 않는다. 그는 사회와 철저히 단절되어 있었고 그가 사회에 대해서 알아야 할 것은 모두 텔레비전에서 가상적으로 얻은 지식들이다. 그런데, 어느 날 주인의 갑작스러운 죽음으로 거리에 떠돌다가 지체 높으신 마님을 만나게 되면서 사회 저명인사들과 접촉하게 된다. 찬스가 만나는 사람들은 자신이 인식하고 싶은 방식대로 찬스를 이해하고 그의 동문서답식의 대답을 추상화하여 이해하고 대단하게 해석해간다. 즉 찬스는 순진한 언어로 가식 없는 외시의미를 따라 담론을 펼치고 있지만 사람들은 후광효과의 건너편에서 신화적 담론을 펼쳐 보이고 있다고 한다. 예를 들면, 교통사고를 당한 찬스는 유명인사인 랜드 씨에게서 사고로 사업에 지장이 없을까하는 질문을 받는다. 질문을 받은 찬스의 대답은 "간섭을 받지 않고 일할 수 있고 철 따라 성장할 수 있는 적당한 정원을 찾는 일은 쉽지 않아요. 기회들이 별로 남아 있지 않은 것 같습니다. TV에선 그런 정원을 본 적이 없어요. 삼림과 정글과 이따금 나무 한두 그루는 보았지만, 제가 일하여 심어놓은 것들이 자라는 것을 볼 수 있는 정원은 없었어요."라고 자신의 경험을 순진하게 진술을 하는데도 저명인사인 랜드 씨는 "그건 진정한 기업인이 무엇인가에 대해 하는 완벽한 서술이 아니겠소?……훌륭한 은유입니다! 생산적인 기업가는 과연 자신의 포도밭에서 일하는 노동자이지요!"라고 해석해낸다. 김경용은 찬스의 가상적 위험성은 반신화의 출현을 불러온다고 말한다. 반신화는 찬스의 존재를 부정하거나 그가 일으키는 현상들을 비웃는 것이 아니라고 말한다. 오히려 찬스라는 인물을 매개로 노출되는 주변인물들이나 주변 인자들의 현태를 비판하는 것이다.[63]

불확실한 시대를 살아가야하는 현대인은 자기의 노력보다 자기를 둘러싼

63 김경용, 『기호학이란 무엇인가』, 민음사, 2004, pp. 222-227.

운에 의해 지배되는 게임속의 사회에 살면서 일종의 혼란을 경험한다. 이러한 존재의 끝없는 불확실한 게임을 영화 속에서는 아무도 살아남지 않는 제로게임으로 처리한다. 영화 〈디파티드The Departed〉와 〈타짜〉는 현대인의 잔인한 생존게임을 은유한다. 삶은 자신의 영역을 지키기 위해 상대방을 속이는 처절한 게임이라는 은유적인 내용으로 해석할 수 있는데, 요즘 우리 사회의 대립적 양분화를 함축적으로 보여준다고 하겠다. 우리사회는 극심한 이분화에 시달리고 있다. 다른 모든 것을 차치하더라도 인생에 혜택 받은 느낌을 가진 사람들과 혜택 받지 못했다는 극과 극을 달리는 사회심리가 건강한 사회생활을 저해한다. 달리 말하면 운 있는 사람과 운 없는 사람이라는 논리가 사회를 지배한다고 볼 수 있다. 이럴 때 사람들은 자신이 기반을 두고 있는 현실에서 자신의 정체성을 찾지 못하는 아이러니를 경험한다. 자신의 의지보다는 운에 의해서 삶이 운행되는 사회는 불행한 사회라고 단언할 수 있다. 우리는 이 세 주인공들의 모습에서 자신을 증명하는 특별한 기제를 보게 된다. "내가 있다고 생각하는 곳에 내가 없고, 내가 없다고 생각하는 곳에 내가 있는 특수한 부재증명" 현상을 보여주고 있는데 이는 바르트의 용어로 풀어본다면 부정적 정체성(negative identity)이다. 안드리아, 최강, 나상실 모두 자신이 있어야 한다고 생각하는 곳에 자신은 존재하지 않는다. 자신이 존재하지 않는다고 느끼는 특수한 상황에 자신이 존재함을 느끼면서 자신의 정체성을 찾아가는 것이라 말할 수 있다.

"부정적 정체성"을 통해서 자신을 제대로 찾아갈 수 있을까. 이는 에카르트의 자기존재 증명의 방식과도 일맥상통하는 개념이다. 현재의 자신의 존재를 벗어나서 또 다른 나로 살아가면서 진정한 나 자신의 의미를 찾아간다는 것은 물론 바람직하다. 그러나 영화나 드라마에서 제시하는 존재 찾기의 방식이 너무 지나치게 운에 의지한다는 문제점을 지적하지 않을 수가 없다. 최근 우리 사회에서 노력이라는 말이 자조적 어감이 섞여서 쓰이고 있다. 젊은이들의 상당부분이 아무리 노력을 하여도 자신이 원하는 자리에서 일할 기회를 얻지 못하는 현실에서 안드리아처럼 별 관심도 없는 곳에 운 좋게 취업을 하거나 최강처럼 지나가는 지체 높으신 분을 구해 낙하산을 타고 멋진 자리에 착륙하기란 더더욱 불가능하다. 이러한 암울한 현실에서 영화는 늘 환상을 꿈꿀 수 있도록 해준다. 마치 로또 여섯 자리 숫자가 자신을 향해 언젠가 미소를 보여줄 것이라는 신기루 같은 일말의 기대로 하루하루를 살 수도 있다. 이런 환상은 이상과 현실의 간극을 점점 멀어지게 한다. 점점 자신도 저 주인공들처럼 보잘것없는 현실을 하루아침에 바꿀 수 있는 운이 주어질지도 모른다는 위험하지만 행복한 기대를 하게 된다. 이렇게 실현되기 힘든 운에 의해 인생을 기대한다는 것은 참으로 심각한 사회문제를 낳을 수도 있다. 우리의 문학에서도 운에 의한 인생을 보여준 작가가 있다. 해학과 풍자로 유명한 김유정이라는 작가가 떠오른다. 그의 소설들의 대표적인 주인공의 대명사는 '만무방'이다. 만무방은 아무것도 하지 않고 빈둥빈둥 인생을 놀면서 먹고 싶으면 남의 것을 아무렇게나 먹고 아무데서나 잠을 자는 그야말로 인생을 유유자적하게 보내는 인물이다. 김유정의 소설 속 주인공들의 대부분은 여기에서 크게 벗어나지 않는다. 아마도 작가는 그 당시 자신의 노력으로는 어찌해볼 수 없는 상황, 일개인의 노력으로 해결되지 않는 시대적 좌절을 많은 만무방을 등장시켜 시대의 메타포를 형성했을 것이다. 까요와라는 사회학자가 말하던 알레아(운)는 바로 만무방들의 삶을 말한다. 그는 인간이 소란에서 규칙으로 나아가면서 경쟁, 운, 모의, 현기증과 같은 놀이를 체험한다고 말하고 있다. 그중 운을 뜻하는 알레아는 놀이하는 자에게 결정권이 주어지지 않는 것이며 사회 구성원이 영향력을 전혀 행사할 수 없는 놀이의 개념이다.

내가 발을 딛고 있는 지금, 현재의 내 모습을 벗어나 무엇인가 환상적인 일을 운 좋게 만날 수 있을 것 같은 행복한 착각이 깨지는 데에는 그다지 많은 시간이 걸리지 않는다. 우리가 스크린과 브라운관에서 그것들이 주는 영상의 아우라를 떠남과 동시에 우리에게 남은 현실은 차가운 냉기일 뿐이다. 빛이 사라진 현실에서 우리는 처절하게 현실과 직면하게 되고 너무나 빨리 운(알레아)이 우리의 삶에 쉽게 오지 않는다는 사실을 인식하게 되는 것이다. 에카르트나 바르트나 모두 자기 인식의 과정이라 부르던 '나 아닌 나" 즉 부정적 정체성 안에서 우리는 자신을 찾는 행운을 갖지 못할 것이다.

우리가 영화 〈악마는 프라다를 입는다〉와 드라마 〈무적의 낙하산 요원〉과 〈환상의 커플〉을 보면서 얻는 재미중에 하나는 주인공을 둘러싼 주변 인물들과 주변 인자들을 통해 얻게 되는 비판적 시각일 것이다. 이런 시각을 반신화라고 정의할 수 있다. 즉 주인공을 직접적으로 비웃는 것이 아니라 주인공을 매개로 노출되는 주변인물이나 주변 인자들을 비판하는 것을 말한다. 〈악마는 프라다를 입는다〉에서 우리는 대표적인 반신화적 인물을 찾아볼 수 있다. 그 중 대표적인 인물이 '런어웨' 잡지사의 편집장인 미란다라고 할 수 있다. 보브 잡지의 실제 편집장을 모델로 했다는 영화 속 주인공은 사회에서 출세를 했고 두 번의 이혼을 감수한다. 또한 먹히고 먹는 사회성공의 게임에서 철저한 이기적인 정신으로 살아남는 법을 누구보다도 잘 알고 있다. 안드리아가 그녀에게 그녀의 교만과 사람에 대한 불신임을 항의했을 때 미란다는 안드리아에게도 자신의 자리가 궁극적으로 탐이 나는 것이라고 거침없이 말한다. 미란다는 주인공 안드리아가 추구하는 꿈이라고 말할 수 있다. 그 꿈은 여러 가지 상처로 뒤범벅되었고 겉의 화려함과는 다르게 안은 침울하고 무겁고 행복하지 못하다. 안드리아의 눈에 비친 그녀의 꿈은 그렇게 희망적이지 않은 것이다. 결국 미란다는 안드리아에게 반신화적인 인물이라고 말할 수 있다.

그렇다면 〈무적의 낙하산 요원〉에서 보여주는 반신화적인 인물은 누구인가. 사람들이 추구하는 삶의 목표를 희화시키는 인물일 것이다. 즉 주인공의 모습을 여러 각도에서 비판해주는 인물일진대, 여기에서는 양과장이라는 정보요원과 산업스파이로 나온 여자 엘리스진이라는 인물을 통한 반신화의 기제를 살펴볼 수 있다. 먼저 주인공 최강과 양과장의 대사는 사회의 부조리한 일면을 단적으로 보여준다. 청와대라는 낙하산을 타고 정보요원이 된 최강은 왜 자기가 고용되었는지에 대해서 감을 잡지 못하고 있다. 그런데 다른 정보요원들의 배타적인 시각과는 다르게 양과장이라는 인물은 낙하산의 의미를 나름대로 부풀려 긍정적으로 상상한다. 최강의 동문서답식 대답을 통해서도 양과장은 의도되지 않은 엄청난 은유를 읽어내서 결국 최강은 자신의 실체와 의지에 상관없이 최고의 낙하산 요원으로 거듭나는 것이다.

양과장에 의해 해석되는 낙하산의 의미는 점점 더 확대 해석되면서 해외정보요원으로 승격되기에 이른다. 재미있는 것은 양과장이 최강을 해석해내는 놀이적 언어 커뮤니케이션의 위력을 들 수 있다. 실제로 서류를 꾸미거나 자료를 해석하는데도 능력이 떨어지는 최강의 문자커뮤니케이션의 정보를 극구 부인한 양과장은 나름대로 자기의 언어로 해석해 최강을 최고의 능력에 맞는 특수인물쯤으로 이해하는 것이다. 최강이 알지 못해서 대답을 하지 않고 웃기만 해도 양과장에게는 자기가 상상할 수 없는 배경이 있을 거라고 믿고 최강의 능력을 부추긴다. 여기에서 최강은 일을 성공시키는 데에도 무척 운이 따른다. 그가 잘못 처리했다고 느끼는 것도 결과적으로는 자신의 능력을 입증하는 결과로 돌아온다. 우연히 누군가를 팼는데 그 인물이 범죄자인 것처럼 최강의 일처리는 인과성이 전혀 없다. 하지만 최강은 힘 있는 자에게 한없이 약하고 힘없는 자에게 무자비할 정도로 강한 사회의 반신화적 인물 양과장에 의해 그의 능력은 부풀려진다.

그러한 최강을 잘못 인식하는 또 하나의 인물은 앨리스진이라는 여자스파이인데 그녀는 최강을 고급 산업스파이로 착각한다. 그녀는 재벌가의 상속자로서 산업스파이의 일을 취미로 한다. 목숨을 걸고 해야 하는 스파이의 일이 소소한 여흥거리로 전락하는 코미디이다. 앨리스는 자신이 거래하려고 하는 거물들 앞에 늘 최강이 있는 것을 수상하게 느낀다. 그러나 최강의 출현은 항상 우연 그 자체였던 것이다. 자신이 거래하려던 기업의 산업스파이와 우연찮게 지나가던 최강의 만남을 은밀한 정보교류쯤으로 해석할 정도로 최강을 이해하는 컨텍스트는 매우 세련되고 복잡한 것이다. 실제로 아무것도 모르고 행동하는 최강의 무식한 행동을 무언가 엄청난 정보를 가지고 있는 자신감으로 바라보는 것이다. '모르면 한없이 용감해진다'는 사회의 통념적 인식을 최강이 보여주고 있다면 '뭔가 있기 때문에 저렇게 당당할거다'라는 상반된 사고를 주변의 반신화적인 인물들이 가지고 있는 것이다. 급기야 앨리스는 최강에게서 자신이 원하는 물건(산업스파이가 거래하는 자료 파일)을 얻기 위해 온갖 미인계를 이용하지만 최강은 그 '물건'을 '성적인 것'으로 이해하는 저급한 수준으로 대화가 이루어진다. 이는 이야기의 컨텍스트가 서로 다르기 때문에 의사소통에 문제가 있는 커뮤니케이션 지체 현상을 보인다. 이 드라마에서 재미있는 반신화는 최강-양과장과 최강-앨리스 사이의 커뮤니케이션의 지체 현상에서 보이는 양과장과 앨리스라는 인물인데 이들은 사회의 주류에 해당하는 기득권의 상징이다. 권력을 가진 양과장과 부와 미모를 가진 앨리스. 이들이 자기들보다 모든 면에서 떨어지는 최강을 이해하는 사회적 부조리의 구조는 그들 사회의 부조리를 우회적으로 보여주는 것이라 말할 수 있다. 능력보다는 배경이나 돈이 더 중요한 사회적 모순 구조를 그들이 말하는 대화의 저변에서 느끼게 되는 것이다. 즉 주인공 주변의 인물인 양과장과 앨리스의 언어커뮤니케이션의 잘못된 해석이 최강과의 진정한 커뮤니케이션을 지체시킨 결과이자 사회의 올바른 의사소통구조를 저해하는 부조리로 나타나고 있는 것이다.

〈환상의 커플〉의 인물 구성 역시 이러한 반신화의 구조를 보인다. '안나조'라는 재미교포는 어려서 모든 가족을 잃고 엄청난 재산을 물려받았지만 사람들에게 진정한 사랑을 받아보지도 않았고 사랑을 준적도 없다. 그녀에게는 자신의 재산을 사랑하는 남편이 있지만 이 남편은 그녀가 실종되자 그녀의 행적의 모든 파일을 지워버린다. 세상의 텅빈 기호 즉 텅빈 텍스트로 남아버린 안나조는 나상실이라는 이름으로 부흥기업이라고 간판을 달고 모든 잡다한 일을 하는 장철수의 집에서 기억이 돌아올 때까지라는 단서를 달고 더부살이를 한다. 장철수는 자기의 이름도 모르는 안나조에게 나상실이라는 이름을 붙여주고 기억이 되살아나도록 도움을 주면서 그녀가 진정으로 따뜻한 마음을 가지도록 이끌어주는 역할을 한다. 이 드라마에서 반신화는 남편 빌리 박이라는 인물을 통해 구현되고 있다. 빌리 박은 아내가 죽자 환호성을 지른다. 그런데 그의 아내가 기억상실 상태로 장철수한테 머무는 것을 알게 되고 장철수가 그녀의 파일을 찾지 못하도록 부인의 모든 기록들을 삭제시켜버린다. 한 순간에 안나 조는 남편 빌리 박에 의해 세상에 존재하지도 않는 텅빈 페이지가 되어버리는 것이다. 그러나 미국으로 떠나려던 그는 아내가 없으면 자기가 그녀의 재산을 가지지 못한다는 그녀의 시디파일을 보고 그녀를 찾기 위해 안나와 장철수 주변을 맴돈다. 그런데 예기치 않은 일들이 생긴다. 웃을 줄도 모른다고 생각했던 아내, 미안하다는 말도 모른다고 생각했던 아내, 요리도 못한다고 생각했던 아내, 세상에서 가장 독하다고 생각했던 아내가 자기가 아닌 장철수 옆에서는 모든 것이 기적처럼 벌어지고 있는 것이다. 그는 아내를 사랑하기보다는 그녀의 돈을 사랑했는데 장철수는 아무것도 없는 안나를, 완전히 나를 상실한 '나상실'을 있는 그대로 사랑하는 것을 보게 된다. 그는 여기에서 장철수에게 심한 패배감을 느끼고 자기가 버렸던 자기의 부인을 찾기 위해 장철수를 모함하고 모든 잘못을 장철수에게로 전가시키려고 한다. 빌리 박이라는 인물은 인생의 소중한 것이 돈이나 명예가 아니라는 것을 보여주는 반신화적인 인물의 표상이다. 그는 소위 유머로 하는 '돈 많고 명 짧은 여자'로 인해 대박의 인생을 살 수 있는 행운아인 것이다. 이 인물이 어떻게 자신의 모순에 빠지면서 살아가는지는 반신화의 좋은 예가 될 것이다. 반신화적인 인물들을 통해서 우리는 삶에 대한 보다 진솔한 의미를 파악할 수 있다. 안드리아, 나상실, 최강이라는 자신의 존재를 잊어버린 사람들을 통해서 반신화는 그들 자신의 존재를 부정하거나 그것들이 일으키는 현상들을 비웃고자 하는 것이 아니다. 그들을 통해서 주변 인물들 혹은 보다 크게는 사회를 비판하고자 하는 것이다.

3. 소극적 영웅의 세상

우리가 〈악마는 프라다를 입는다〉, 〈무적의 낙하산 요원〉, 〈환상의 커플〉을 통해 얻는 여러 가지 의미 중에 우리에게 중요한 키워드로 남는 것은 주인공들의 건강한 자기 정체성회복이라고 할 수 있다. 바로 적극적 영웅이라는 의미인데 스스로 자신의 길을 찾아서 인생을 선택하는 삶의 태도를 가진 사람들이라 할 수 있다. 이와는 반대로 소극적 영웅은 운명이 얻어주는 대로 기다리는 수동적인 삶의 양식을 가진다. 세 작품에 등장하는 주인공들은 소극적 영웅에서 적극적 영웅으로 발전하고 있다. 안드리아는 자신이 추구하던 이상을 뒤로 하고 새롭게 자신에게 씌어진 기표에 맞게 삶을 좇아간다. 그러한 과정에서 그녀는 사랑하는 연인을 잃고 친구들을 잃어버린다. 그녀는 자신이 변한 것은 없다고 항변하지만 스스로 자신이 변해있음을 자각한다. 그 자각은 상사 미란다의 생존 방식에서 인생의 허상을 발견했기 때문이다. 그녀는 자신의 안위와 출세를 위해 동료를 배신하는 미란다를 향해 과감히 항거한다. 그리고 화려한 옷과 구두를 모두 벗어던진다. 안드리아는 '악마가 프라다를 입는다'고 깨닫게 되는 것이다. 그렇다. 자신의 성공을 위해 인간의 소중한 관계들을 무시하고 희생시키는 악마는 프라다라는 명품을 입고 삶에 가식적으로 등장하는 것이다. 이것을 깨달은 안드리아는 자신에게 알맞은 소박한 차림으로 돌아와 기자의 꿈을 향해 노력한다. 드디어 그녀는 기자가 되고 진정한 영웅이 되는 것이다.

〈무적의 낙하산 요원〉의 최강은 자신의 삶에 늘 소극적인 인물이었다. 하지만 의협심만은 뒤지지 않았다. 그러한 그에게 피그말리온의 효과가 일어난 것이다. 진정으로 원하면 이루어진다고 했던가. 대리석 여인을 사랑한 피그말리온은 그의 진정한 소망 때문에 결국 대리석 여인이 사람으로 변신하는 행운을 얻는다. 최강은 그토록 원했던 취업을 하게 되고 첫사랑을 만나 사랑을 이룬다. 그런데 그에게 모든 행운이 아무런 노력도 없이 결과를 맺지는 않는다. 그는 자기가 어떻게 정보국요원이 되었는지 알게 되면서부터 자기에 대한 심한 정체성의 혼란을 겪는다. 낙하산이라는 요행에 의해 우연히 얻어진 인생을 자신의 힘으로 개척하기 위해서 최강은 치열한 존재증명을 시도한다. 누군가의 힘에 의해서 자신이 인생이 맡겨지지 않도록 자신의 인생을 보다 적극적으로 이해하려고 시도한다. 그의 첫사랑인 여주인공은 이러한 그의 진정한 모습을 사랑하게 되는 것이다.

〈환상의 커플〉의 안나조는 엄청난 부를 한순간에 잃어버린 기억상실자인 나상실이 되어버렸다. 자신이 누구인지도 또 누구를 사랑했었는지도 모르는 상황에서 그녀를 찾는 사람은 단 한명도 없다. 그리고 그녀의 정보로 그녀를 찾으려고 해도 그녀가 사회에 존재했었다는 기록마저 존재하지 않는다. 이는 그녀의 죽음을 자기의 행복으로 느끼는 남편 빌리 박 때문이다. 그녀는 자기의 정체성에 대한 일말의 단서도 찾지 못하지만 못된 성질만은 그대로 가지고 있는 것이다. 장철수는 그녀의 제멋대로의 성질을 그녀만의 특성으로 받아들이고 나상실은 아무런 편견 없이 자기의 순수함을 찾아간다. 그녀에게 어울리지 않는 일상적인 생활 속에서 역설적으로 나상실은 자신이 행복하다는 생각을 하게 되고 결코 믿지 않았던 사랑이라는 추상적인 감정도 느끼게 되는 것이다. 자신의 모든 것이 송두리째 뽑혀버렸어도 결코 좌절하지 않고 자신을 찾아가는 주인공 나상실이 관객에게 호응을 받는 부분도 이 지점일 것이다.

소설이 인생의 은유라면 영화는 인생의 상징이고 드라마는 환유라고 말할 수 있다. 영화에서는 현실에서 불가능한 것들이 자유자제로 벌어진다. 영화가 매우 불가능한 상황을 취하는데서 인생의 상징이라는 의미를 가지고 있는 반면에 드라마는 반드시 불가능한 것은 아니지만 실현되기 어려운 것을 인생의 환유로 가져온다. 특정부분으로 전체의 특징을 말하려는 것이

상자를 열어보고 있는 '판도라'.

바로 환유이다. 바로 드라마의 일정요소는 매우 비현실적이지만 나머지 스토리나 전개방식은 현실적인 양태로 드러난다. 이러한 비현실적인 몇몇 요소는 사회의 일반적인 현상을 환유적으로 보여준다.

모든 신들의 선물이라는 이름을 가진 '판도라'는 인간에게 불행의 씨앗을 준 부정적 상징의 대명사로 인용된다. 그러나 그녀가 마지막에 지킨 '희망'은 모든 불행으로부터 인간을 극복할 수 있게 해주는 엄청난 힘을 준다는 역설적 의미도 함께 가진다. 영화 〈악마는 프라다를 입는다〉와 드라마 〈무적의 낙하산 요원〉와 〈환상의 커플〉이 주는 역설의 힘도 판도라의 힘과 비슷하다. 우연성에 의한 삶의 진행에서 주인공들이 그저 표류하고 있는 나룻배가 아니라 자신의 배를 자신의 노를 가지고 스스로 저어 자신의 궁극적인 목표지점을 찾게 된다는 역설의 미가 보인다. 그들은 많은 반신화의 작용을 통해 자신이 누구인지 궁극적으로 알아가는 현대판 소영웅들이다. 그래서 이들은 현대를 사는 진정한 자아의 적극적 영웅으로 거듭나게 되는 것이다. 그들의 전시된 자기 찾기의 욕망은 현대를 사는 우리의 욕망인 것이다.

16장 디아스포라의 공감

〈우리시대 연금술사: 자아의 신화 찾기〉

〈님은 먼 곳에〉라는 영화는 월남전에 참전한 남편을 찾아서 시골 처녀 순이가 월남의 전쟁터에 간다는 다소 황당한 설정을 하고 진행되는 이야기이다. 순박한 시골 처녀 순이는 이미 좋아하는 여자가 있는 남자를 남편으로 받들고 그 남편으로부터 냉대를 받는다. 부인이 싫어서 군대에 자원입대하고 심지어 부인이 면회 오는 것이 싫어서 월남전에 참전한다. 그러나 그 부인은 자신의 존재를 주체적으로 부각시킬 수 없는 전근대적 시골 아낙일 뿐이다. 시어머니의 압력에 못 이겨 남편을 찾아 베트남에 갈 결심을 한다. 그런 순이는 써니라는 이름으로 베트남으로 건너가서 장병들을 상대로 공연을 하는 무대에 선다. 그리고 그녀는 수많은 우여곡절 끝에 남편을 만나고 총알이 달려드는 전쟁 통 한가운데서 남편을 때리면서 오열한다. 남편의 뺨을 때리고 오열하는 그녀의 모습은 그대로가 우리에게 우리시대의 디아스포라의 상상력을 떠올리게 한다. 여기에서 보다 엄밀히 상징을 들여다보면 순이는 남편을 찾으러 떠난 것이 아니다. 그녀는 자신을 찾아 그 머나먼 여정을 선택한 것이다. 곧 자아의 신화를 찾은 셈이다. 자신의 삶이 얼마나 부당한지에 대한 항의와 원망을 항변할 수 있고 자신이 선택한 삶이 자신의 의지가 없었다는 것을 입증하면서 자기가 누구인지를 명확히 알아내는 자아 찾기의 신화였던 것이다. 몇 번의 죽을 고비를 넘기면서 남편을 만난 그녀는 울부짖으며 남편의 가슴을 친다.

순이 즉 써니는 우리시대의 디아스포라의 상상력을 보여주는 인물이다. 자신이 선택한 삶이 아닌 비주체적 삶 속에서 어디에도 만족하지 못하는 삶을 살아가는 현대인들은 분명 문화적 의식의 디아스포라를 겪고 있는 것이다. 그래서 어쩌면 파울로 코엘료의 〈연금술사Achemist〉가 현대인들에게 친근하게 다가올 수 있는 것인지도 모른다. 작가는 우리시대의 연금술사의 의미를 광의적으로 해석할 수 있는 단초를 제공한다. 그에 의하면 우리 모두는 나름대로 자아의 신화를 찾는 연금술사들인 것이다. 그는 우리가 보물을 찾아 떠나는 순간 즉 보물이 있다고 생각하는 순간 이미 보물을 찾은 것이라고 말한다. 평범한 양치기 청년 산티아고는 마음속에서 들려오는 속삭임에 귀를 열고 자신의 보물을 찾으러 길을 떠난다. 집시 여인, 늙은 왕, 도둑, 화학자, 낙타몰이꾼, 아름다운 여인 파티마, 사막의 침묵과 죽음의 위협을 거치고 마침내 연금술사를 만난다. 그는 연금술의 여정을 통해 하나의 언어를 이해하며 영혼의 연금술사가 되기에 이른다.

꿈을 찾아가는 순간들이 바로 연금술사가 찾고자 하는 보물이었던 것이다. 사람들은 누구나 산티아고가 될 수 있다. 저마다 자아의 신화를 찾아서 인생이라는 사막의 여정을 가야만 하기 때문이다.

〈연금술사〉의 '산티아고'를 보면서 그리고 〈님은 먼 곳에〉의 '순이'를 보면서 자아의 신화를 찾아 떠나는 우리 자신들의 초상을 보게 된다. 그리고 무려 6000년이 넘는 과거의 시간 속에서 걸어 나오는 길가메쉬를 다시 만나게 된다. 길가메쉬는 인류최초로 심연을 본 영웅이다. 그 심연이란 삶의 진리일 것인데, 우리는 길가메쉬라는 영웅의 여정을 통해 현재의 삶을 되돌아보게 된다. B.C.2000년 수메르의 우룩이란 도시에는 길가메쉬라는 왕이 살았다. 늙은이가 젊은이가 되었다는 뜻의 길가메쉬는 영생을 위해 여행을 떠난다. 그는 우륵의 위대한 왕이었는데, 그에게는 도플갱어와 같은 혹은 알테르에고와 같은 분신인 절친한 엔키두라는 친구가 있었다. 그 둘의 힘을 합치면 세상의 어떤 것보다도 막강하였다. 신들은 길가메쉬에게 엔키두를 빼앗아 그를 죽게 한다. 엔키두의 죽음으로 깊은 삶의 회의를 느낀 길가메쉬는 영생을 위해 길을 떠난다. 그는 영생을 얻었던 우트나피쉬틈을 만난다. 그러나 그의 모습은 특별한 것이 아니라 자신의 모습인 것이다. 길가메쉬는 영생의 불로초를 지키는 우트나피쉬틈에게 말한다. "당신의 모습은 특별하지 않습니다"라고. 길가메쉬는 모든 지혜의 정수를 본 자이고 모든 것을 알고 있고, 모든 것을 경험한 자이고, 모든 것에 능통했다. 지혜는 늘 그에게 망토처럼 붙어있었고, 그는 신들만이 아는 비밀을 알았고 신비의 베일을 벗겼다. 그는 머나먼 여행길을 다녀와서 지쳐있었지만 매우 평온했다고 묘사된다.[64] 그가 다녀온 곳은 바다 밑바닥의 심연에 해당한다. 그는 그곳에서 불로초를 얻는다. 그러나 그 불로초는 돌아오는 길에 그만 뱀이 먹어버리고 만다. 그의 영생을 위한 여행은 실패했지만 그는 성공한 것이다.

길가메쉬는 진정한 자신을 찾는 여행을 떠난다.

그가 바라본 심연은 경험을 통해 얻은 지식의 총체를 의미한다. 길가메쉬가 영웅인 이유는 그가 불멸을 얻어서가 아니라 불멸을 얻기 위해 심연으로 여행을 떠났기 때문이다. 여행을 떠나는 순간 이미 불멸의 삶이 시작된 것이다. 길가메쉬의 신화는 인간에 대한 관심을 드러냈다는 점에서 문학의 원형으로 이해 될 수 있을 것이다. 모든 것을 경험한자인 길가메쉬는 지혜를 얻은 자이다. 지혜를 얻는 과정은 인간이 살아가는 방법이며 인간이 신을

64 김산해, 『최초의 신화 길가메쉬 서사시』, 휴머니스트, 2005, p. 63.

받아들이는 통과제의의 방법과 동일하다. 신이 감춘 것을 보고 숨겨놓은 것을 볼 수 있는 길가메쉬는 자아의 신화를 찾아가는 산티아고의 모습이며 자아의 존재의미를 찾아가는 순이의 모습인 것이다. 우트나피쉬틈을 만난 길가메쉬는 자신과 똑같은 모습을 확인한다. 우리가 찾고자 하는 이상이라는 것 역시 우리 안에 존재하는 것이다. 6박 7일 동안 자지 말라고 했던 우트나피쉬틈의 제안에 길가메쉬는 7일 동안 잠을 자버리고 만다. 그리고 영생을 위해 얻은 불로초 역시 뱀에게 빼앗겨버린다. 길가메쉬의 인간적인 경험들은 그에게 진정한 인생의 의미와 왕의 의미를 깨닫게 해주었다. 다시 우룩으로 돌아온 길가메쉬는 불로초를 먹지는 않았지만 자신의 신화를 찾은 영생을 얻은 자이다. 우리가 〈연금술사〉의 산티아고가 겪은 인생의 경험들을 통해 자아의 신화가 완성되는 것을 보면서 자기 내면화할 개연성을 찾는 것은 어쩌면 이미 스스로가 자아를 찾은 연금술사일 수 있다는 것을 알게 된다.

에필로그

문화의 새로운 가능성과 역동성

문화의 역동성이라는 이름을 걸고 여러 가지 유동적인 문화 콘텐츠들을 신화라는 고리로 엮어보았다. 과연 신화적인 문화인가. 사실, 신화라는 안경을 쓰고 문화를 보면 신화가 아닌 현상은 하나도 없다. 문화의 자기 반영성이라는 개념에 신화가 가장 부합되어 자기 증식을 거듭하고 있기 때문이다. 나는 이 책을 쓰면서 귀중한 경험을 하게 되었다. 서울대학교 박물관에서 〈아시아 신화〉라는 강연을 한 학기 동안 듣게 되는 행운을 가졌다. 다양한 아시아 신화에 대해서 알게 되는 즐거움이 무척 컸었다. 그런데, 더더욱 행운이었던 것은 강연을 듣는 사람들의 모습을 살펴본 것이라고 할 수 있다. 지긋한 연령의 어르신들이 와서 빼곡하게 노트 정리를 하면서 안경 너머로 희미한 글씨를 보면서 줄을 긋고 중요 표시를 하는 것을 한 학기 동안 감동적으로 지켜보았다. 시험을 보는 것도 아니다. 더더구나 입시를 봐서 좋은 대학을 가는 것도 아니다. 심지어 학점을 잘 받아 졸업을 하는 것도 아니고, 취직을 하는 것도 아니다. 오로지 삶에 대한 열정과 지식에 대한 열망으로 그 자리에서 열심히 강연을 듣는 것이다. 항상 목적과 목표만을 위해 공부한 나에게는 신선한 충격이 아닐 수가 없다. 나는 대학에 가기 위해, 졸업을 하기 위해, 석사 학위를 받기 위해, 박사 학위를 받기 위해, 그리고 연구 경력을 위해 또는 프로젝트를 위해서만 공부했었다는 겸허한 반성이 들었다. 나는 매주 강연을 듣는 것만큼이나 중요하게 어르신들의 공부에 대한 자세를 배웠다.

이 책을 쓰는 도중 나는 축제라는 문화 테마를 집중적으로 연구할 기회를 얻었다. 그리고 틈틈이 이 책을 쓰면서 또 축제에 대한 책을 쓰기 위해 축제에 참여했다. 문화는 신화와 함께 움직이고 있는 유기체와 같다는 것을 이 축제의 장에서도 강하게 느꼈다. 우리의 문화에는 공부할 것들이 너무나 무궁무진하다. 이 책에서 이야기 하듯이 문학 역시 나에게는 거대한 신화의 범주 안에서 다루어지는 문화 담론이 되고 있다. 현대 사회는 문학 작품도 영화처럼 인식되고 애니메이션처럼 인식된다고 본다. 역으로 영화나 애니메이션이나 심지어 디지털 게임조차도 그 안의 서사성을 바탕으로 문학처럼 읽혀지는 텍스트가 될 수 있다. 나에게 미야자키 하야오의 애니메이션은 김유정의 단편소설과 같은 무게를 가진다. 책장에 소설책이 전시되는 것처럼 영화나 애니메이션의 DVD도 그러한 부피와 무게를 차지하고 있다는 말이 된다. 현대인은 마음이 우울할 때 더 이상 문자 텍스트인 소설에만 의지하지 않는다. 어쩌면 그것만이 진리라고 주장하는 사람들이 있거나 문자 텍스트의 우의만을 초지일관 강조한다면 그것은 좀 문제가 있는 발상이다. 현대인은 이미 영상세대이기 때문이다.

나는 이러한 나의 문화 해석 작업이 문화 해석에 활기를 주고 창의성을 불러오기를 감히 바라면서 그간의 강의실 메모들을 다시 정리해 보았다. 그리고 문화를 향유하는 현대인들에게 자신들의 해석이 꽤나 의미 있는 작업임을 느끼게 하고 싶다. 거대담론이 사라진 시대를 포스트모던의 시대라고 하던가. 마치 소립자들처럼 현대 사회에서 자존감을 얻지 못하고 정신적으로 소외되어 가는 사회가 바로 현대 사회인 것이다. 장 보드리야르가 원본 없는 이미지가 현실을 대체한다고 했던가. 우리는 우리의 삶에 주인이 될 수 있어야 한다. 그리고 그것을 위해서는 자기 자신을 둘러싼 문화

현상에 대해서 적극적인 의미를 부여해야만 한다. 앞에서 이야기 했던 것처럼 현대인은 실재의 가족을 얻고 싶어 하지 않는다. 그래서 실재로 결혼을 하려고도 하지 않는다. 〈우리 결혼 했어요〉에서처럼 그 생활이 가짜임을 알면서도 가상의 결혼 놀이에 열을 올리고 이상적인 커플을 뽑는다. 국민 여동생이나 국민 오누이가 어찌된 말인가. 한 밤의 토크쇼들의 난립은 바로 이 시대가 대화가 부족한 시대임을 역으로 반증하는 것이 아닐까. 거짓된 결혼을 보면서 가짜로 만들어진 만담들을 지켜보면서 현대인들은 착각을 한다. 마치 자기가 그 속에서 살아가고 있는 것처럼 말이다. 그러나 그것은 외로움을 잠식시키기 위한 환상적 그물망에 지나지 않는다. 그 시간이 지나고 채널이 꺼지면 공허함은 다시 뼈 속 깊이 파고들 것이다.

문화의 역동성을 신화라는 토대를 통해 살펴본 이야기들은 다소 과잉된 해석을 낳았을 수도 있을 것이다. 그러나 이러한 해석의 방법이 문화 창출의 창조적 상상력에 보탬이 되길 바란다. 이 책에서 혹시 발견할 수 있는 설익은 논의들은 독자들의 많은 해석과 비판과 질정이 가해질 것이라 믿는다. 늘 책을 낼 때 마다 춘향이가 곤장을 맞는 장면이 떠오른다. 부족한 사람이 책을 내니 드는 생각일 것이다. 문화의 공감대를 찾으려는 작은 노력이라고 부디 생각해 주길 바랄 뿐이다.

● 참고문헌

Anika Lemaire, 이민선 옮김, 『자크 라캉』, 문예출판사, 1994.

Bionsky, Marshall, 곽동훈 역, 『베일 벗기기: 기호학으로 풀어읽는 현대문화』, 시각과 언어, 1995.

Bordwell. D. Thompson. K. 주진숙, 이용관 옮김, 『영화 예술』, 이론과 실천, 1993.

C. G. 융, 이은봉 옮김, 『심리학과 종교』, 도서출판 창, 2006.

Caillois R, Le myth et L'homme, Callimard, 1983.

Campbell Joseph, 홍윤희 옮김, 『신화의 이미지』, 살림. 2006.

Campbell, Joseph. Myths to Live By, Bantam Books, 1972.

Campbell, Joseph. Occidental Mythology, Arkana, 1991.

Campbell, Joseph. Pathways to Bliss, New World Library, 2004.

Campbell, Joseph. Power of Myth, Penguin Compass, 1964.

Campbell, Joseph. The Hero with Thousand Faces, (1949), Princeton University Press, 1973.

Caughey. J. Imaginary source worlds: A cultural approach, Lincoln: University of Nebraska Press. 1984.

Cho Dong-il, Korean literature in cultural context and comparative perspective,Jipmoondang, 1997.

Cho Dong-il, Korean literature in cultural context and comparative perspective, Jipmoondang, 1997.

Doty, W.G. Mythography: The Study of Myths and Rituals. The University of Alabama Press, 1986.

Edward L. Galligan, "The Comic Vision in Literature" The University of GeorgiaPress, 1984.

Eliade Mircea(ed), The encyclopedia of Religion, Macmilan, 1987.

Erving Goffman, Frame Analysis, Northeastern University press, 1986.

Fergus P. Hughes, 김광웅 외 옮김, 『놀이와 아동발달』, 시스마프레스, 2003.

Field. S. Screenplay: The Foundation of Screenwriting, New York: Deli Publishing Group, 1979.

Gaston Bachelard, 곽광수 옮김, The Poetics of Space, 민음사, 1990.

Geddes & Grosset, Classical Mythology, New Lanark, 2002.

Gregory Bateson, A Theory of play and fantasy, Steps to an ecology of mind, New York, Ballantine, 1972.

Greimas, 김성도 역, 『의미에 관하여: 기호학적 시론』, 인간사랑, 1997.

Henri Bergson 김진성 옮김, 『웃음-희극의 의미에 관한 시론』, 종로서적, 1989.

J 호이징아, 권영빈 옮김, 『놀이하는 인간』, 기린원, 1989.

J.F.비얼레인, 현준만 옮김, 『세계의 유사신화』, 세종서적, 1996.

J.G. Frazer, 『황금가지』, 을유문화사, 2005.

J.Hilis Miller, Fiction and Repetition, Basil Blackwell Oxford, 1982.

J.Jeffrey Franklin, Serious Play, University of Pensylvania, 1999.

Johan Huizinga, Homo Ludens, Harlem, 1987.

K.K. Ruthven, 김명열 옮김, 『Myth신화』, 서울대학교 출판부. 1987.

Kim Yoon-shik, Understanding Modern Korean literature, Iipmoondang, 1998.

Lévi-Strauss, Claud. Structual Anthropology, Claire Jacobson and B.G. Schoepf, trans., Doubleday, 1967.

Lincoln, Bruce. Theorizing Myth: Narrative, Ideology and Scholarship, The University of Chicago Press, 1999.

Liszka, J.J. Semiotic of Myth, Indian University Press, 1989.

M. 엘리아데, 이은봉 옮김, 『종교형태론』, 한길사, 1996.

Matei Calinescu, Rereading, Yale University Press, New Heaven & London, 1993.

Michel Pigard, 조중권 옮김, 『문학 속의 시간(Lire Le Temps)』, 부산대출판부, 1989.

Mihail N. Epstein, After the Future, The University of Massachusetis, 1995.

Patrick O'neill, The Comedy of Entropy, University of Toronto Press, 1993.

Philip Thomson, 김영무 옮김, The Grotesque, 서울대학교출판부, 1986.

Polly Schoyer Brooks, Beyond the Myth, Houghton Mifflin company, 1990.

R. 바르트, 이화여대 기호학 연구소 옮김, 『현대의 신화』, 동문선, 1997.

R. 바르트. 정현 옮김, 『신화론』, 현대미학사, 1995.

Richard p. Martin, Myths of the Ancient Greeks, New American library, 2003.

Richard Schechner, Performance Theory, Routledge,1988.

Rob Wilson & Wimal Dissanayake(Ed), Global/ Local: Cultural Production and the Transnational Imagery, Duke University Press, 1996/2005,

Ryan, Marie-Laure, Possible Worlds, Artificial intelligence, and Narrative Therory,Indiana University Press, 1991.

Schwartzman, J, Trans-formation: The anthropology of children's play, New York Plenum, 1978.

Seo Dae-Seok, Myths of Korea, Jimoondang, 2000.

Seo Dae-Seok, Oral Literature of Korea, Jimoondang, 2005.

Stephenson, W, The Play theory of Mass Communication, The University of Chicago Press, 1967.

T.토도로프, 최현무 옮김, 『바흐친:문화 사회학과 대화이론』, 도서출판 까치, 1987.

T.G.A. Nelson, Comedy, New York , Oxford University Press, 1990.

Thomas Bulfinch, Myths of Greece and Rome, Peguin Books, 1979.

Turner. V, Celebration, Studies in Festivity and Ritual, Smithsonian Institution Press, Washington, 1982.

Turner. V, The Forest of Symbols: Aspects of Ndembu Ritual, Carnelluniversity Press, 1967.

Tzvetan Todorov, 바흐찐: 문학사회학과 대화이론, 최현무, 서울 까치, 1987.

강신주, 『장자의 철학』, 태학사, 2004.

강응천, 『문명 속으로 뛰어든 그리스 신들』, 사계절. 1996.

건국대학교 동화와 번역연구소 편, 『동화와 신화』, 새미. 2002.

고운기, 『우리가 정말 알아야 할 삼국유사』, 현암사. 2002.

고혜경, 『선녀는 왜 나무꾼을 떠났을까』, 한계레출판, 2006.

권중운 편저, 『뉴미디어 영상미학』, 민음사,

기 고티에, 유지나, 김혜련 역, 『영상기호학』, 민음사, 1997.

기호학연대, 『기호학으로 세상읽기』, 소명, 2002.

기호학연대, 『대중문화 낯설게 하기』, 문학과 경계사, 2003.

김겸섭, 『공감과 소통의 기호학』, 열린길, 2008.

김경용, 『기호학의 즐거움: 기호학으로 읽는 예술, 대중문화, 실천』, 민음사, 2001.

김경용, 『기호학이란 무엇인가』, 민음사, 1994.

김덕희 엮음, 『세계민담 전집08-프랑스편』, 황금가지, 2003.

김병욱, 『한국문학과 신화』, 예림기획, 2006.

김산해, 『수메르, 최초의 사랑를 외치다』, 휴머니스트, 2007.
김산해, 『신화는 수메르에서 시작되었다』, 가람기획, 2003.
김산해, 『청소년을 위한 길가메쉬 서사시』, 청아문화사, 2006.
김산해, 『최초의 신화 길가메쉬 서사시』, 휴머니스트, 2005.
김서정, 『멋진 판타지』, 굴렁쇠, 2002.
김선자, 『만들어진 민족주의 황제 신화』, 책세상, 2007.
김선자, 『변신 이야기: 필명의 인간은 불멸의 꿈을 꾼다』, 살림, 2004.
김선자, 『중국 신화 이야기』, 아카넷, 2004.
김성도, 『구조에서 감상으로』, 고려대학교출판부, 2002.
김성도, 『기호, 리듬, 우주』, 인간사랑, 2007.
김성도, 『현대 기호학 강의』, 민음사, 1998.
김소영, 『트랜스: 아시아 영상 문화』, 현실문화연구, 2006.
김열규, 『엄마와 아이가 함께하는 동화교실』, 소금창고, 2005.
김열규, 『한 그루의 우주나무와 신화』, 한국하굴정보, 2003.
김열규, 『한국인의 신화-저너머, 저 속, 저 심연으로』, 일조각, 2005.
김열규, 『한국 여성 그들은 누구인가』, 한국학술정보, 2001.
김열규, 『한국인의 자서전』,웅진, 2006.
김열규. 『한국의 전설』, 한국한술정보, 2002.
김영용, 『인터랙티브 미디어와 놀이』, 커뮤니케이션북스, 2007.
김용석, 『깊이와 넓이 4막 16장-해리포터에서 피버노바까지』,휴머니스트, 2002.

김용운, 오구라 키조, 『자 놀아보세: 다문화이해를 위한 한일 축제』, 토향, 2008.

김우창, 『풍경과 마음』, 생각의 나무, 2006.

김욱동, 『대화적 상상력-바흐친의 문학이론』, 문학과 지성사, 1988.

김욱동, 『포스트모더니즘』, 연세대학교출판부, 2008.

김욱동, 『포스트모더니즘과 예술』, 청하, 1994.

김원중, 『삼국유사』, 을유문화사, 2002.

김윤아, 『포켓몬 마스터 되기』, 살림, 2003.

김재용, 이종주, 『왜 우리 신화인가』, 동아시아, 2004.

김종화, 최혜실 편저, 『사이버 문학의 이해』, 집문당, 2001.

김준양, 『이미지의 제국-일본 열도 위의 애니메이션』, 한나래, 2006.

김춘희, 최혜실(편저), 『사이버문학의 이해』, 집문당, 2001.

김홍희, 『백남준』, 서울:디자인하우스, 1990.

김화경, 『세계 신화 속의 여성들』, 도원미디어, 2003.

김환희, 『옛 이야기의 발견』, 우리교육, 2007.

김환희, 『옛이야기의 매력』, 우리교육, 2007.

김희경. 『명작동화의 매력』. 서울 : 교문사, 1996

나경수, 『한국의 신화』, 한얼미디어, 2005.

나카자와 신이치, 김옥희 옮김, 『곰에서 왕으로』, 동아시아, 2003.

나카자와 신이치, 김옥희 옮김, 『대칭성 인류학』, 동아시아, 2005.

나카자와 신이치, 김옥희 옮김, 『불교가 좋다』, 동아시아, 2007.

나카자와 신이치, 김옥희 옮김, 『사랑과 경제의 로고스』, 동아시아, 2004.
나카자와 신이치, 김옥희 옮김, 『신의 발명』, 동아시아, 2001.
나카자와 신이치, 김옥희 옮김, 『신화, 인류 최고의 철학』, 동아시아, 2001.
나혜석 외 지음, 『신여성, 길 위에 서다』, 호미, 2007.
노스럽 프라이, 임철규 역, 『비평의 해부』, 한길사, 2000.
대니얼 챈들러, 강인규 옮김, 『미디어 기호학』, 소명출판, 2006.
댄 킨들런, 최정숙 옮김, 『알파걸-새로운 여자의 탄생』, 미래의 창, 2007.
데이브 로빈슨, 박미선 옮김, 『니체와 포스트모더니즘』, 이제이북스, 2002.
데이비드 델킨드, 『변화하는 가족』, 이화여자대학교 출판부, 1999.
데이빌 엘킨드, 이주혜 옮김, 『놀이의 힘』, 한즈미디어, 2008.
도날드 위니컷, 이재훈 옮김, 『놀이와 현실』, 한국 심리자료 연구소, 1997.
레비스트로스, 임봉길 옮김, 『신화학1,2』, 한길사, 2006.
로버트 스탬 외, 이수길 외 역, 『어휘로 풀어 읽는 영상기호학』, 시각과 언어, 2003.
로버트 A. 존슨 ,고혜경 역, 『신화로 읽는 여성성She』, 동인, 2006.
로버트 A. 존슨 ,고혜경 옮김, 『신화로 읽는 남성성He』, 동인, 2006.
로제 까이와, 이경자 옮김, 『일반미학』, 동문선, 1999.
로제 까이와, 이상률 옮김, 『놀이와 인간』, 문예출판사, 1994.
롤랑바르트, 이화여대기호학연구회 옮김, 『현대의 신화』, 동문선, 1997.
리처드 J레인, 곽상순 옮김, 『장보드리야르 소비하기』, 엘피, 2008.
마리아 니콜라예바, 김서정 옮김, 『용의 어린이들』, 문학과 지성사, 1998.

마빈 해리스, 박종렬 옮김, 『문화의 수수께끼』, 한길사, 1994.
마셜 맥루한 , 김성기, 이현우 옮김, 『미디어의 이해』, 민음사, 2002.
미르치아 엘리아데, 강응섭 옮김, 『신화, 꿈, 신비』, 도서출판 숲, 2006.
미르치아 엘리아데, 심재중 옮김, 『영원회귀의 신화』, 이학사, 2003.
미르치아 엘리아데, 이윤기 옮김, 『샤머니즘』, 까치글방, 1992.
미르치아 엘리아데, 이재실 옮김, 『대장장이와 연금술사』, 문학동네, 1999.
미르치아 엘리아데, 이재실 옮김, 『이미지와 상징』, 까치. 2005.
미르치아 엘리아데, 이재실 옮김, 『성과 속』, 한길사, 1998.
미르치아 엘이아데, 이재실 옮김, 『메페스토펠레스와 양성인』, 문학동네, 2006.
미르치아 엘이아데, 이재실 옮김, 『이미지와 상징』, 까치, 2005.
미셸 세르, 『천사들의 전설-현대의 신화』, 그린비, 2008.
미셸 푸코, 『감시와 처벌』, 나남출판, 2003.
미셸 푸코, 이정우 옮김, 『지식의 고고학』, 민음사, 2008.
미하일 바흐친, 김희숙, 박종소 옮김, 『말의 미학』, 길, 2006.
미하일 바흐친, 이덕형, 최건영 옮김, 『프랑수아 라블레의 작품과 중세 및 르네상스의 민중 문학』, 아카넷, 2004.
박규태, 『애니메이션으로 보는 일본-소녀와 마녀 사이』, 살림, 2005.
박인철, 『파리학파의 기호학』, 민음사, 2003.
박인하, 『아니메 미학에세이』, 바다출판사., 2003..
박지향, 『영웅 만들기-신화와 역사의 갈림길』, 휴머니스트, 2005.

발터 벤야민, 『기술복제시대의 예술작품/사진의 작은 역사 외』, 길, 2007.
백영달, 『보드리야르와 시뮬라시옹』, 살림, 2007.
베르나르 브리에, 권영신 옮김, 『세상에서 가장 재미있는 신화와 전설1.2』, 지엔씨미디어, 2008.
베르나르 제냉, 윤학로 옮김, 『애니메이션』, 이화여자대학교출판부. 2007.
벤저민 호프, 신동욱 옮김, 『푸우의 도와 피글렛의 덕 1』, 글로리아출판사, 2001.
브루노 베텔하임, 김옥순, 주옥 옮김, 『옛이야기의 매력1.2』, 시공주니어, 2006.
빅터 터너, 이기우, 김익두 공역, 『제의에서 연극으로』-인간이 지니는 놀이의 진지성, 현대미학사, 1996.
사라시나 겐조우, 이경해 옮김, 『아이누 신화』, 도서출판 역락, 2000.
사이언 알파스, 윤동구 옮김, 『장 프랑수아 리오타르, 포스트모더니즘을 구하라』, 엘피, 2008.
山田昌男, 『文化の詩學 II』, 岩波書店, 1983.
서남희, 『그림책과 작가 이야기』, 열린어린이, 2005.
서대석. 『한국 신화의 연구』, 집문당, 2000.
서정오, 『우리가 정말 알아야 할 우리 신화』, 현암사, 2003.
세르기우스 골로빈, 이기숙, 김이섭 옮김, 『세계 신화 이야기』, 까치, 2005(2001년 쇄).
손종흠, 『다시 읽는 한국 신화』, 휴먼북스, 2004.

송효섭, 『문화기호학』, 아르케, 2003.
송효섭, 『탈신화 시대의 신화들』, 기파랑, 2005.
수잔나 밀라, 황순자 옮김, 『놀이의 심리』, 형설출판사, 1990.
수잔J. 네이퍼 지음, 임경희, 김진용 옮김, 『인문학으로 읽는 제패니메이션아니메』, 루비박스. 2005.
스튜어트 심, 조현진 옮김, 『데리다와 역사의 종말』, 이제이북스, 2002.
스튜어트 심, 조현진 옮김, 『리오타르와 비인간』, 이제이북스, 2003,
스튜어트 컬린, 윤광봉 옮김, 『한국의 놀이-유사한 중국, 일본의 놀이와 비교하여』, 열화당, 2003.
스티븐 나흐마노비치, 이상원 옮김, 『놀이, 마르지 않는 창조의 샘』, 서울:에코의 소재,2008.
슬라보예 지젝, 김소영 옮김, 『삐딱하게 보기』, 시각과 언어, 1995.
시라시나 겐조우, 이경애 옮김, 『아이누 신화』, 도서출판역락, 2000.
시몬느 비에른느, 이재실 옮김, 『통과제의와 문학』, 문학동네, 1996.
시미즈 마사시, 이은주 옮김, 『미야자키 하야오 세계로의 초대』, 좋은책만들기, 2004.
신동흔, 『살아있는 우리 신화』, 한겨레신문사, 2004.
신화아카데미, 『세계의 영웅신화』, 동방미디어, 2002.
아이작 아시모프, 김대웅 옮김, 『신화 속으로 떠나는 언어이해』, 웅진지식하우스, 2006.
안인희, 『안인희의 북유럽신화 1.2』, 웅진지식하우스, 2007.

안정효, 『신화와 역사의 건널목』, 들녘, 2002.
알랭 바디우, 박정태 옮김, 『들뢰즈-존재의 함성』, 이학사, 2001.
애덤 로버츠, 곽상순 옮김, 『트랜스비평가 프래드릭제임슨』, 엘피, 2007.
야마나카 야스히로, 김은진 옮김, 『해리포터와 치히로 세대의 요즘 어린이들』, 사람, 2002.
어니스트 칼렌버그, 『에코토피아』, 정신세계사, 1991.
에밀 뒤르켐, 윤병철 외 옮김, 『사회학적 방법의 규칙들』, 새물결, 2002.
엘리자베스 라이트, 이소희 옮김, 『라캉과 포스트모더니즘』, 이제이북스, 2002.
여홍상, 『바흐친과 문화이론』, 문학과 지성사, 1995.
연구공간 수유+너머 근대매체연구팀 지음, 『신여성』, 한겨레출판, 2005.
오세정, 『한국 신화의 생성과 소통원리』, 한국학술정보, 2005.
와키 아키코, 홍성민 옮김, 『그림책에서 이야기책까지』, 현문미디어, 2006.
요시다 아츠히코 외 지음, 김수진 옮김, 『우리가 알아야 할 세계 신화』, 이손, 2000.
요한 호이징아, 김윤수 옮김, 『호모루덴스』, 까치, 2007.
월터J 옹, 이기우, 임명진 옮김, 『구술문화와 문자문화』, 문예출판사, 1995.
위앤커, 전인초, 『중국신화전설1,2』, 민음사, 1999.
유다정, 『발명, 신화를 만나다』, 창비, 2006.
유리 로트만, 김수환 옮김, 『기호계: 문화 연구와 문화 기호학』, 문학과 지성사, 2008.

유평근, 진형준, 『이미지』, 살림, 2001.
이규태, 『애니메이션으로 보는 일본-소녀와 마녀 사이』, 살림. 2006.
이명옥, 『팜므파탈』, 다빈치, 2007.
이반스트렌스키, 이용주 옮김, 『20세기 신화이론』, 도서출판 창, 2008.
이부영, 『아니마와 아니무스』, 한길사, 2001.
이어령, 『이어령의 삼국유사 이야기』, 서정시학, 2006.
이용우, 『백남준: 그 치열한 삶과 예술』, 열음사, 2000,
이윤기, 『꽃아 꽃아 문 열어라』, 열림원, 2007.
이윤기, 『이윤기의 그리스 로마 신화-헤라클레스』, 웅진 지식하우스, 2007.
이윤기. 『그리스로마신화1-신화를 이해하는 12가지 열쇠』, 웅진닷컴. 2001.
이윤기. 『그리스로마신화2-사랑의 테마로 읽는 신화의 12가지 열쇠』, 웅진닷컴, 2002.
이윤기. 『그리스로마신화3-신들의 마음을 여는 12가지 열쇠』, 웅진닷컴, 2002.
이인화, 『한국형 디지털 스토리텔링』, 살림, 2005.
이재선 외, 『개화기 문학론』, 형설출판사, 1993.
이정재, 『동북아 곰 문화와 곰 신화』, 민속원, 1997.
이종승, 『영화와 샤머니즘-한국적 환상과 리얼리티를 찾아서』, 2005.
이종한, 조미라(2005), 『애니메이션과 스토리텔링』, 글누림.
이토세이치, 박광순 옮김, 『신이의 나라 중국의 신화와 전설』, 넥서스, 2000.

자크 브로스, 주향은 옮김, 『나무의 신화』, 이학사, 2007.
장 뒤비뇨, 류정아 옮김, 『축제와 문명』, 한길사, 1998.
장 보드리야르, 이상률 옮김, 『소비의 사회』, 문예출판사, 1992.
장 보드리야르, 하태환 옮김, 『시뮬라시옹』, 민음사, 2007.
장 프랑수아 리오타르, 이현복 옮김, 『포스트모던적 조건』, 서광사, 1992.
장경렬 외 옮김, 『상상력이란 무엇인가』, 살림, 1997.
장영란, 『위대한 어머니 여신』, 살림, 2003
장영란, 『신화 속의 여성, 여성 속의 신화』, 문예출판사, 2001.
잭 자이프스, 김정아 옮김, 『동화의 정체: 문명화의 도구인가, 전복의 상상인가』, 문학동네, 2008.
잭 트레시더, 김병화 옮김, 『상징 이야기』, 도솔출판사, 2007.
전동렬, 『기호학』, 연세대학교출판부, 2005.
田中勝也, 『環東シナ海 の神話學』, 新泉社, 1984.
정재서, 『산해경』, 민음사, 1998.
정재서, 『신화적 상상력과 문화』, 이화여자대학교출판부, 2008.
정재서, 『이야기 동양신화1,2』, 황금부엉이, 2005.
제임스 로지 프레이저, 박규태 옮김, 『황금가지』, 을유문화사, 2005.
조지 마이어슨, 김완구 옮김, 『생태학과 포스트모더니티의 종말』, 이제이북스, 2003,
조지프 캐벨, 이윤기 옮김, 『천의 얼굴을 가진 영웅』, 민음사, 2004.
조지프 캠벨, 과학세대 옮김, 『신화의 세계』, 까치글방, 1998.

조지프 캠벨, 박경미 옮김, 『네가 바로 그것이다』, 해바라기, 2004.
조지프 캠벨, 이윤기 옮김, 『신화의 힘』, 고려원, 1992.
조지프 캠벨, 이진구 옮김, 『신의 가면1-원시 신화』, 까치, 2006.
조지프 캠벨, 이진구 옮김, 『신의 가면Ⅰ-동양신화』, 까치, 2002.
조지프 캠벨, 이진구 옮김, 『신의 가면Ⅱ-원시신화』, 까치, 2002.
조지프 캠벨, 정영목 옮김, 『신의 가면Ⅲ-서양심화』, 까치, 2002.
조지프 캠벨, 정영목 옮김, 『신의 가면Ⅳ-창작신화』, 까치, 2002.
조지프 캠벨, 홍윤희 옮김, 『신화의 이미지』, 살림, 2006.
조지프 캠벨, 이은희 옮김, 『신화와 함께하는 삶』, 한숲, 2004.
조현설, 『우리 신화의 수수께끼』, 한겨레출판, 2006.
존 로 타운젠드, 김무홍 옮김, 『어린이 책의 역사1』, 시공주니어, 2004.
주강현, 『우리 문화의 수수께끼1,2』, 한겨레신문사, 2004.
주디스 허먼, 최현정 옮김, 『트라우마』, 플래닛, 2007.
지그문드 프로이드, 이윤기 옮김, 『종교의 기원』, 열린책들, 2003.
지그문트 프로이드, 김명희 옮김, 『늑대인간』, 열린책들, 2004.
진 쿠퍼, 이윤기 옮김, 『그림으로 보는 세계 문화 상징 사전』, 까치. 2007.
진중권, 『놀이와 예술 그리고 상상력』, 휴머니스트, 2005.
진형준, 『상상적인 것의 인간학-질베르 뒤랑의 신화방법론 연구』, 문학과 지성사, 1992.
질 들뢰즈, 김상환 옮김, 『차이와 반복』, 민음사, 2008.
질 들뢰즈, 김재인 옮김, 『베르그송주의』, 문학과 지성사, 1996.

질 들뢰즈, 유진상 옮김, 『시네마1-운동-이미지』, 시각과 언어, 2002.
질 들뢰즈, 이정하 옮김, 『시네마2-시간-이미지』, 시각과 언어, 2005.
질베르 뒤랑, 유평근 옮김, 『신화비평과 신화분석』, 살림, 1998.
질베르 뒤랑, 진형준 옮김, 『상상계의 인류학적 구조들』, 문학동네, 2007.
철학아카데미, 『기호학과 철학 그리고 예술』, 소명, 2002.
최기숙, 『어린이 이야기, 그 거세된 꿈』, 책세상, 2006.
최기숙, 『환상』, 연세대학교 출판부, 2003.
최복현, 『신화, 사랑을 이야기하다』, 이른아침, 2007.
최복현, 『신화의 숲에서 사랑을 만나다』, 이른아침, 2008.
최윤정, 『슬픈거인』, 문학과 지성사, 2000
최은희, 『그림책을 읽자, 아이들을 읽자』, 우리교육, 2006.
최정은, 『트릭스터-영원한 방랑자』, 휴머니스트, 2005.
최혜실, 『신여성들은 무엇을 꿈꾸는가』, 생각의 나무, 2000.
카렌 암스트롱, 이다희 옮김, 『신화의 역사』, 문학동네, 2005.
캐서린 흄, 한창엽 옮김, 『환상과 미메시스』, 푸른나무. 2000.
크리스토퍼 효닥스, 김영주, 이원태 옮김, 『마셜과 가상성』, 이제이북스, 2002.
키런 오하라, 최훈 옮김, 『플라톤과 인터넷』, 이제이북스, 2004.
키리도시 리사쿠, 남도현 옮김, 『미야자키 하야오론』, 써드아이, 2007.
탬신 스파고, 김부용, 『푸코와 이반이론』, 이제이북스, 2003.
토머스 불핀치, 이경숙 옮김, 『그리스 로마신화』, 느낌이 있는 책. 2008.

페리노들먼, 김서정 옮김, 『어린이 문학의 즐거움1,2』, 시공주니어, 2004.
폴 아자르, 햇살과 나무꾼 옮김, 『책· 어린이· 어른』, 시공주니어, 1999.
폴 코블리, 조성택, 변진경 옮김, 『기호학』, 김영사, 2006.
표정옥, 『문학 게임』, 한국학술정보, 2006.
표정옥, 『서사와 영상, 영상과 신화』, 한국학술정보, 2007.
표정옥, 『현대문화와 신화』, 연세대학교출판부, 2006.
프리드리히 니체, 『선악의 저편, 도덕의 계보』, 책세상, 2002.
피터 페리클레스 트리나포스, 최경우 옮김, 『바르트와 기호의 제국』, 이제이북스, 2003.
하이브리드컬처연구소 편집, 『하이브리드 컬처』, 커뮤니케이션북스, 2008.
한경애, 『놀이의 달인, 호모 루덴스』, 그린비, 2007.
한국기호학회, 『문화와 기호』, 문학과 지성사, 1995.
한국문화인류학회, 『처음 만나는 문화인류학』, 일조각, 2003.
한국애니메이션학회, 『일본애니메이션의 분석과 비판』, 한울아카데미, 1999.
한국여성연구소, 『새 여성학 강의』, 동녘, 2005.
허정아, 『트랜스 컬처를 향하여』, 연세, 2008.
현은자 외, 『그림책의 그림읽기』, 마루벌, 2004.
히로나카 마사오시, 이정숙 옮김, 『놀이치료와 아동의 심리세계』, 시그마프레스, 2006.
히로코 사사키, 고향옥 옮김, 『그림책의 심리학』, 우리교육, 2006.

• Ⅰ~Ⅴ 작품 목록 정리

Ⅰ. 경계와 탈경계

1장 현실세계의 신화작용

- 영화: 〈중천〉, 〈마법에 걸린 사랑〉
- 텔레비전 자료: 〈우리 결혼했어요〉, 〈패밀리가 떴다〉

2장 문화 생성의 동력: 양성성

- 미야자키 하야오 애니메이션: 〈천공의 성 라퓨타〉, 〈바람계곡의 나우시카〉, 〈이웃집 토토로〉, 〈원령공주〉, 〈센과 치히로의 행방불명〉, 〈하울의 움직이는 성〉
- 이성강 애니메이션: 〈마리이야기〉, 〈오늘이〉, 〈천년여우 여우비〉
- 동화: 토미 웅거리 〈제랄다와 거인〉, 토미 웅거리 〈빨간모자〉

3장 메피스토펠레스와 공감

- 영화: 〈스타워즈 에피소드3: 시스의 복수〉, 〈배트맨: 다크나이트〉
- 뮤지컬: 〈지킬 앤 하이드〉
- 드라마: 〈마왕〉

4장 하이브리드 상상력: 인간과 곰

- 애니메이션 자료

1) 곰이 되고 싶어요(유럽, 아니크 하스트룹, 2004)

2) 이웃집의 토토로(일본, 미야자키 하야오, 1988)

3) 천년여우 여우비(한국, 이성강, 2006)

4) 곰돌이 푸(미국, 프랭크 니손, 2005)

5) 브라더 베어(미국, 애론 블레이즈, 로버트 워커, 2003)

- 동화자료

1) 그림형제 동화: 〈곰가죽〉, 〈굴뚝새와 곰〉

2) 중국동화: 〈곰의 옥수수 따기〉, 〈꼬마곰이 참대를 삼켰어요〉

3) 미국동화: 〈세상에서 가장 키가 큰 안젤리카〉

4) 한국동화: 〈곰나루 전설〉,〈단국신화〉

5) 영국동화: 〈곰 사냥을 떠나자〉

6) 호주동화: 〈별이 된 큰 곰, 리바 글래슨, 2000〉,

7) 미국동화: 〈곰에게 들려 준 이야기, 데니스 헤이즐리, 2003〉

8) 벨기에 동화: 〈엄마와 곰, 나탈리 퀸타르트, 2005〉

9) 미국동화: 〈헴록 산의 곰, 웰리스 델그리시, 2007〉

10) 독일동화: 〈심술궂은 곰, 우도 바이겔트, 2007〉

11) 독일동화: 〈잘 자라 아기 곰아, 크빈트 부흐홀츠, 2002〉

12) 일본동화: 〈아기 곰의 가을 나들이, 데지아 게이자부로, 1996〉

II. 호모 루덴스

5장 레브리스와 수수께끼 게임

- 대상 그림동화: 강전희 〈한이네 동네 이야기〉, 레이먼드 브리그스 〈산타할아버지〉, 〈산타할아버지의 휴가〉, 〈눈사람 아저씨〉, 리버

튼 〈작은집 이야기〉, 샤를로테 테마톤스 〈노란 풍선의 세계여행〉, 앤서니 브라운〈숲 속으로〉, 정근〈마고할미〉, 피터 시스〈마들렌카〉

6장 트랜스 컬쳐의 교차적 상상력

- 영화: 〈놈놈놈〉
- 애니메이션: 〈쿵푸팬더〉, 〈원령공주〉, 〈센과치히로의 행방불명〉, 〈바람계곡의 나우시카〉, 〈벼랑위의 포뇨〉

7장 호모 루덴스와 트릭스터 상상력

- 뮤지컬: 〈형제는 용감했다〉, 〈맘마미아〉
- 미술: 〈백남준 작품들〉
- 영화: 〈맘마미아〉, 〈캐리비언의 해적〉

Ⅲ. 호모 뮈토스

8장 신화의 문화 반영성

- 소설: 한강〈몽고반점〉

9장 이미지와 메타언어

대상 작품: 『몽고반점』(한강), 『푸른 사과가 있는 국도』(배수아), 『리기다소나무 숲에 갔다가』(김연수), 『칼의 노래』(김훈), 『화장』(김훈), 『빗살무늬 토기의 추억』(김훈), 『블랙러시안』(김경욱), 『내

인생의 마지막 4.5초』(성석제)

10장 생태학과 신화 상상력

- 애니메이션: 〈호튼〉, 〈슈렉〉, 〈꿀벌 대소동〉, 〈쿵푸팬더〉,
- 동화: 〈프레드릭〉, 〈여섯 마리 까마귀〉, 〈고릴라〉, 〈나냐? 고양이야?〉, 〈백만 번 산 고양이〉, 〈살아 있는 모든 것은〉, 〈숲 속으로〉, 〈늑대가 들려주는 아기돼지 삼형제 이야기〉, 〈옛날에 오리 한 마리가 살았는데〉

11장 이분법적 신화 상상력

- 소설: 김훈 〈칼의 노래〉, 〈빗살무늬 토기의 추억〉, 〈화장〉

IV. 신화, 꿈, 미래

12장 트라우마를 넘어서: 생존의 가면놀이

정미경 대상 작품: 「성스러운 봄」「발칸의 장미를 내게 주었네」「비소 여인」「나의 피투성이연인」「밤이여, 나뉘어라」「호텔 유로, 1203」「달은 스스로 빛나지 않는다」「나릿빛 사진의 추억」「내아들의 연인」「바람결에」

13장 영웅에 대한 딜레마적 담론

- 소설: 김훈 〈남한상성〉

14장 유토피아와 디스토피아

- 영화: 〈매트릭스〉, 〈이글아이〉, 〈빌리지〉, 〈웰컴투 동막골〉, 〈트루먼 쇼〉
- 애니메이션: 〈월·E 〉, 〈볼트 〉

V. 공감과 치유

15장 자기 찾기의 역설

- 영화: 〈악마는 프라다를 입는다〉
- 드라마: 〈무적의 낙하산 요원〉, 〈환상의 커플〉

16장. 디아스포라의 공감

- 영화: 〈님은 먼 곳에〉
- 소설: 파울로 코엘료 〈연금술사〉